高等教育政策与管理研究丛书

主编：陈学飞　副主编：李春萍

二　编
第 5 册

高校在学生危机事件处理中的组织困境研究

董晓华 著

花木兰文化事业有限公司

国家图书馆出版品预行编目资料

高校在学生危机事件处理中的组织困境研究／董晓华 著－－
初版－－ 花木兰文化事业有限公司，2017〔民106〕
序2+目4+236面；19×26公分
（高等教育政策与管理研究丛书　二编　第5册）
ISBN 978-986-485-137-9（精装）
1.危机管理　2.高等教育
526.08　　　　　　　　　　　　　　　　　106013531

ISBN-978-986-485-137-9

9 789864 851379

高等教育政策与管理研究丛书
二编　第五册　　　　　　ISBN：978-986-485-137-9

高校在学生危机事件处理中的组织困境研究

作　　　者 董晓华
主　　　编 陈学飞
副 主 编 李春萍
总 编 辑 杜洁祥
副总编辑 杨嘉乐
编　　　辑 许郁翎、王筑　美术编辑 陈逸婷
出　　　版 花木兰文化事业有限公司
社　　　长 高小娟
联络地址 台湾235 新北市中和区中安街七二号十三楼
　　　　　电话：02-2923-1455／传真：02-2923-1452
网　　　址 http://www.huamulan.tw 信箱 hml810518@gmail.com
印　　　刷 普罗文化出版广告事业
初　　　版 2017年9月
全书字数 214728 字
定　　　价 二编5册（精装）台币 9,000 元　　　　　版权所有 请勿翻印

高校在学生危机事件处理中的组织困境研究

董晓华 著

作者简介

董晓华，教育学博士。自 1995 年起至今任职于北京大学物理学院（系），长期负责物理学院学生事务，期间曾于 2006 年，2014 年两次赴美进修。对学生道德教育，学生成长与发展，危机事件处理有较多涉及。

提　　要

我国传统上非常重视家庭和教育，子女的教育极易引起关注和共鸣。高等教育决定了国家和社会的未来，决定了个人能否融入社会主流，国家利益、社会利益和个人利益都在高校聚焦，高校培养人才的社会责任远比既往任何时期都更加备受瞩目。本书讲述了高校危机事件处理的几个案例，这些案例在中国社会发展的特定阶段具有一定的代表性，展现了高校管理存在的困难和问题。危机事件的处理过程艰难曲折，研究者试图通过此类场景去理解组织行为和决策，理解高校的管理和运行的情况以及高校面临的困境。高等教育从精英教育走向大众教育之后优质教育资源稀释，师生比、管理水平乃至学校的文化都面临挑战。与此同时，经济高速发展与社会碎片化并存，个人在社会系统面前孤立无助，这种无助不仅仅是个人的困境，更是社会性的，尤其在需要承担极大风险之时，任何组织或者个人都难以承担无限责任，亟需建立社会参与危机化解的系统性机制，拯救个体和组织的孤立无助。危机是危险，也是机会，是组织更新和发展的契机，能否有效应对危机是组织和个人生存淘汰的法则之一，危机对于组织和个人都如凤凰涅槃，能够在危机中成长，便能在危机中重生。

序　言

　　这是一套比较特殊的丛书，主要选择在高等教育领域年轻作者的著作。这不仅是因为青年是我们的未来，也是因为未来的大师可能会从他们之中生成。丛书的主题所以确定为高等教育政策与管理，是因为政策与管理对高等教育的正向或负向发展具有重要、甚至是决定性的意义。公共政策是执政党、政府系统有目的的产出，是对教育领域社会价值的权威性分配。中国不仅是高等教育大国，更是独特的教育政策大国和强国，执政党和政府年复一年，持续不断的以条列、规章、通知、意见、讲话、决议等等形式来规范高等院校的行为。高等教育管理很大程度上则是政治系统产出政策的执行。包括宏观的管理系统，如党的教育工作委员会及各级政府的教育行政部门；微观管理系统，如高等学校内部的各党政管理机构及其作为。

　　这些政策和管理行为，不仅影响到公众对高等教育的权利和选择，影响到教师、学生的表现和前途，以及学科、学校的发展变化，从长远来看，还关乎国家和民族的兴盛或衰败。

　　尽管高等教育政策和管理现象自从有了大学即已产生，但将其作为对象的学术研究却到 19 世纪和 20 世纪中叶才在美国率先出现。中国的现代大学产生于 19 世纪后半叶，但对高等教育政策和管理的研究迟至 20 世纪 80 年代才发端。虽然近些年学术研究已有不少进展，但研究队伍还狭小分散，应然性研究、解释性研究较多，真实的高等教育政策和管理状况的研究偏少，理论也大多搬用国外的著述。恰如美国学者柯伯斯在回顾美国教育政策研究的状况时所言："问题是与政策相关的基础研究太少。最为主要的是对教育政策进行更多的基础研究……如果不深化我们对政策过程的认识，提高和改进教育效果是无捷径可走的。仅仅对政策过程的认识程度不深这一弱点，就使我们远远缺乏那种可以对新政策一些变化做出英明预见的能力，缺乏那种自信地对某个建议付诸实施将会有何种成果做出预料的能力，缺乏对政策过程进行及时调整修正的能力"。（斯图亚特.S.纳格尔.政策研究百科全书，北京：科学技术文献出版社，1990:458）这里所言的基础研究，主要是指对于高等教育政策和管理实然状态的研究，探究其发生、发展、变化的过程、结果、原因、机理等等。

编辑本丛书的一个期望就是，凡是入选的著作，都能够在探索高等教育政策和管理的事实真相方面有新的发现，在探究方法方面较为严格规范，在理论分析和建构方面在前人的基础上有所创新。尽管这些著作大都聚焦于政策和管理过程中的某个问题，研究的结果可能只具有"局部"的、"片面"的深刻性，但只要方向正确，持续努力，总可以"积跬步以至千里，积小流以成江海"，逐步建构、丰富本领域的科学理论，为认识、理解、改善政策和管理过程提供有价值的视角和工具，成为相关领域学者、政策制定者、教育管理人员的良师和益友。

主编 陈学飞

序　言

　　高校和高等教育始终是公众关注的焦点话题，高等教育承载了为国家选拔、培养人才的社会责任，也承担了社会流动，为家庭改变命运，或者维持社会阶层地位与生活质量的责任。每当高校突发各种学生危机事件，即意味着原来的预期被打破，尤其是家庭的未来变得极具不确定性。这类事件极易引发舆论广泛关注，公众会抱有强烈的同情，处理过程甚至可能引发激烈的冲突并引起社会舆论和民意的广泛参与。研究者亲历多起危机事件处理，访谈了数十位经验丰富的管理者，发现了一个具有普遍性意义的现象：当事人不接受事件的结果和处理过程，社会公众对此类事件议论纷纷，各执一词，管理者对学校在处理此类事件中应承担的责任、组织的协调与合作、舆论的压力等问题也存在不同程度的困惑。当事人、公众和学校都有不满，真相也似乎不得而知。

　　本研究选取了研究者认为比较有典型意义的学生危机处理事件，还原案例处理过程，展示了组织面临的诸多困境：高校的组织行为超出了组织边界，身不由己地承担了政府的职责，却没有相应的权力、能力去担当；高校在组织结构上与政府趋同，权力与责任却不对等，院系作为教学科研机构，权力小责任大，却作为主责部门承担了大量社会性事务，责任归属存在问题；社会公众对规则、法律缺乏清晰认知，人情大于规则、回避冲突、个体缺乏独立性、公众对精英教育预期过高等认知局限给学校施加的舆论压力使得组织难以按照规则进行治理。

　　本研究认为未来的努力方向应该是依靠法律和规则来解决组织冲突和危

机，使权力、责任、能力匹配，规则、程序清楚是解决冲突的最佳途径；决策者理解社会的各种利益诉求，并通过社会合作突破困境，使得危机可以成为推动社会建立共识的机遇，丰富社会的精神生活，形成尊重社会的差异性、复杂性、多样性并承担各自责任的理性认知，推动社会逐步形成整体性价值观，减少非理性对高校乃至整个社会的困扰。

目
次

第一章 研究的问题以及相关研究述评

第一节 研究的背景、问题界定与现实意义

一、研究的背景：高校学生危机事件广受社会关注

高校是年轻人聚集的地方，高校所面对的学生群体，正值他们人生最敏感和最富有激情和创造力的阶段。他们身上寄托了家庭和国家的希望，如果他们没有未来，家庭、国家和社会也没有未来。社会公众、学生的家庭对他们寄予高度期望，发生在他们身上的事件也极易得到公众格外的关注。高校学生大多已年满十八周岁，按照国家法律，作为十八周岁的成年人应该能够承担自己的责任。在面对这些看起来是成年人的学生的时候，大学到底应该以一种什么样的态度和方式去应对他们在学校发生的极端行为？

某学院一位研究生在宿舍突然身亡，家属震惊、悲伤的同时在网络论坛发帖，指责警方处理草率，质疑警方排除他杀的结论，认为孩子突然死亡另有隐情，甚至怀疑死者室友存在嫌疑；怀疑学校隐瞒真相，推卸责任。事件激起网民的同情，舆论普遍质疑学校内部存在问题。这位研究生的自杀事发突然，毫无预兆，自杀事件对死者身边师生造成强烈冲击。学校接待近二十位家属到校，历经三周时间的协商和等待，最后经警方调查得出该生自杀的结论。家属认为学生死在学校，学校应该赔偿，警方结论显示非学校过错导

致该生死亡。学校是否应该对此类发生在校园内的危机事件承担全部责任？

2000 年 5 月 19 日，北大政府管理学院学生邱庆枫在校本部参加转系考试后返回位于郊区的昌平校区途中遇害。消息传至校本部，学生对学校管理以及后勤服务的不满情绪被激化，校内发生大规模学生聚集。学生们深夜围住办公楼，要求跟校领导对话，要求学校追究昌平校区对遇害学生善后事宜处理不当的责任。事件因为临近敏感时间节点，引起海内外舆论高度关注。校内参与聚集的学生最多超过千人，也引起政府高层对学生群体性聚集失控的担忧。面对这一起发生在校外的刑事案件引发的校内学生群体性风波，学校在其中有什么样的责任，如何去承担和面对？

2002 年 8 月 7 日，北大山鹰社登山队攀登西藏希夏邦玛西峰时五位队员遭遇雪崩，两人遇难，三人失踪，举国震惊。学校立即着手山难事故善后处理工作，派出工作小组到西藏开展救援，学校方面接待了五位学生家属来校，共计近百人，每天接待媒体超过二十家。直至 8 月 26 日追思会结束，山难事件历时半个月告一段落。在山难的善后处理中，中国登山协会以及西藏自治区政府提供了专业支持和后勤支持，学校及时公布了营救进展，在电视、报纸上公开了事件的处理过程，公众对登山运动的危险性以及学生的行为进行了讨论。学校对这一起发生在雪域高原上的学生遇难事件该承担什么责任，对具有危险性的登山运动以及学生社团负有什么责任，需要什么样的专业能力能够应对登山的风险？学校是否应该承担所有的责任？

2008 年 7 月，临近毕业生离校之际，某学院一位学生家长在学院大楼办公区情绪失控，称自己坚持不下去不想活了，要死也要拉上其他人，不能白死等等。该家长的儿子 L 同学因为患有精神疾病在校期限超过学校允许的最长期限，并因为不及格科目太多不能获得学位。家长认为继续深造有助于孩子的治疗，反复向学校提出要求，希望为孩子争取深造机会。学校在提供经济资助与生活照顾的同时，坚持学位和保送研究生标准不能降低，学生的困难应该从其他途径寻求解决，并积极设法从当地政府、民间组织寻求帮助，但是无功而返。面临家长情绪失控威胁他人安全的风险，学校借着奥运之前安全排查的机会，将事件紧急报告给上级部门，在上级政府推动下，当地政府派人来学校协助处理，最终将母子送回当地。面对没有社会保障和社会支持却身患精神疾病的学生和他的贫困家庭，学校对学生离开学校之后的未来究竟该承担多大责任，有什么能力去承担这些责任？

这四个案例，分别展示了发生于校园内外的个体性突发事件、群体性事件以及特殊疾病学生的特殊诉求。学生自杀、遇害与精神疾病是高校目前面临的最为棘手的学生危机事件，这类事件的处理过程，最能够展示出学校遭遇冲突后陷入的困境，以及处理过程的艰难。学生自杀与遇害短期内引起舆论极大的关注和情绪波动，容易造成学生的群体性冲动，对学校的管理产生冲击。精神疾患因为患者的病情具有隐私性，不容易引起舆论关注，但是患者的治疗是一个长期的过程，且相关政策比较模糊，对学校的责任、能力提出了更大的挑战。

这类学生危机事件往往给高校带来极大的舆论压力和处理中的困难。类似的事件在过去的年代也许发生过，但是时代环境和背景不同，当年学生自杀、遇害等事件不会传播得如此之快，不会引起社会的广泛关注，也不容易把其他的社会矛盾、个人诉求一并加入进来。研究者访谈中了解到，八十年代校园群体性突发事件大多与政治相关，个体性危机事件除非与政治因素结合，否则传播的范围有限，受到波及的范围较小。今天的社会远比八十年代更为复杂，公众对自己的权益更为重视。独生子女政策也使得孩子成为家庭的中心，成为全社会的共同话题。站在学生和他们的家人的角度，他们与强大的高校相比处于弱势，采取了舆论造势等途径表达诉求和愿望，希望引起公众的共鸣和舆论声援来保障他们的权益。

在学生和学校的关系上有关研究指向法律对个人权利的保障，比如学生因为没有获得学位证书起诉学校，或者因为质疑学校处罚不当起诉学校，研究者多从学生个体作为弱势群体的角度去研究防范学校侵犯学生权益的行为。现实一方面存在大量学生个人权益需要保护维护的事实，同时，也客观存在发生冲突时学生家长对高校提出的非理性诉求远远超出高校所能承担的责任的事实。本研究希望展示这样的真实状态并揭示这些事件背后高校作为一个组织所面临的困境。

二、问题界定：高校面临组织困境

危机事件以及由此爆发的矛盾冲突将某些潜藏的问题撕裂展现出来。因为学校的处罚程序不当、依据不足等原因引起的法律诉讼已经得到众多学者、研究者的关注。本研究认为，凡是能够诉诸法律，在法庭上通过法律程序解决的事情，应该是界定比较清楚，可以采取正常的、理性的、合法的途径去面对，如果不清楚，也会在具体案例受理过程中不断清晰化。发生在校内外的学生自杀、遇害、精神疾病等危机事件处理，可能存在界定模糊的区域，相关责任人不清楚到底应该承担什么责任，或者学校很清楚没有过错，不应该承担责任，却不得不投入巨大精力去面对。当前学界对此研究尚不深入，这个问题在现实中普遍困扰着高校相关管理工作。

本研究认为学生危机事件引起的现实困境根本上是组织承担责任的边界界定问题：高校到底应该对学生负什么责任，哪些是学校应该承担的，哪些是学生应该承担的，哪些是社会、政府应该承担的？从组织责任的界定中延伸出组织承担责任的能力，组织有责任的事务就需要具备相应的能力去承担和处理，在处理过程中还存在组织间合作的问题，最后是公众对这些问题的认知，社会认知水平和态度会积累并造成舆论压力，对组织发展产生有利或不利的影响。

高校与政府之间的关系是一个政府全额拨款事业单位与上级主管部门的关系，政府办高校，高校办小社会，诸多关系混淆在一起难以分清。部分家长也把高校视同为政府，要求学校承担教育之外的无限连带责任，带给高校极大的压力和困难。高校的极端事件容易产生社会影响并扩散，高校维护社会稳定的特殊政治责任可能使危机事件处理更加谨慎而复杂，危机事件可能成为各方利益博弈的工具。一旦组织的规则、程序难以实现，组织的边界被突破，组织就变得更加复杂和不确定。

三、本选题研究的现实意义

1. 理解组织行为与组织环境的不确定性

在高校管理系统内，学生危机事件的处理属于学生事务。学生管理兼具行政与党委双重职能，既有行政管理的特点，也有思想政治教育的功能。日常管理包括学生的奖励奖学金、经济资助、就业指导、学业指导、心理辅导、各种能力培训等，也被赋予维护包括校园安全稳定在内的政治责任与社会责任。

高校学生管理所面对的学生处于青春期的不稳定状态之中，带来学生事务工作的不确定性。这种不确定性可能是突发的心理焦虑，精神问题，失恋，（也可能是）情绪失控。学生工作曾经被视为"救火队"，遇到紧急突发情况的时候尤其如此。除此之外，组织本身具有不确定性和混乱的特点。"在考虑行政人员怎样思考他们的工作时，有一点必须牢记在心。在人们完成工作时，不明确性、不确定性和混乱是组织环境的特点：总而言之，组织环境是混乱无序的。要求做出决策的情景常常是不断变化的，所以很难根据事实来分析；这些情况往往受许多相互矛盾的解释支配；并且问题往往没有被清晰地界定和归类。在每天处理许多问题的过程中，管理者常常与他人进行短暂的、自然的、面对面的语言交流。换句话说，他们常常在'救火'。"[1]当一个学生事务工作者坐在办公室准备按照原计划做一件事情的时候，一个情绪失控的学生可能两眼呆滞推门进来寻求帮助，一位生气的老师可能推门进来投诉学生的不当行为，派出所可能打电话来通知该学院某学生出现了违法行为需要院系派人马上去处理，甚至可能还有一位家长等着要求谈话以挽救他游戏上瘾面临被退学的孩子。虽然事情不会完全巧合地集中在一个时间段，类似的局面在实际工作中的确经常发生。这种局面决定了学生事务既具有工作对象本身的不确定性特点，也具有属于行政工作的不确定以及无序等特点，呈现出日常工作面对的问题具有随机性。行政管理力求效率和计划性，但是学生事务管理面对一个庞大的学生群体，青春期学生的个体性差异使得他们的突发情况很难控制在计划范围之内。

2. 理解组织面临的困境对学校管理的挑战

学校强调以学生为本的管理理念，学生个体存在特殊性、差异性、多样性，学生无小事，拖延耽误可能造成不可挽回的后果，学生出现的任何情况都需要及时处理。高校学生管理近些年不断面对各种危机事件，这些案例就如同学生的特点一样千差万别，没有固定模式，当事人没有时间去充分讨论和选择最佳的处理办法，往往是身不由己被推到第一线紧急应对。研究者在访谈中了解到学生事务管理者遇到的最大困难是区分和甄别学校承担的责任；最为痛苦和棘手之处在于学校没有责任的事情，还得设法承担责任，平息事端。不少极端事件最后本着"息事宁人"原则，不管是否应该由学校承担，因为难以界定，处理过程只好模糊过去。因此，如果本研究能够分析清楚学生突发事件中高校与家长、社会发生冲突引发的学校组织困境以及困境产生的原因，将会对理解现实困境有所帮助。

1　〔美〕罗伯特·G·欧文斯.教育组织行为学〔M〕.窦卫霖等译.上海:华东师范大学出版社，2001:367.

　　本研究选择的案例所集中的矛盾和问题具有代表性。学生自杀、遇害、精神疾病给学生和他们的家庭带来极大痛苦，也对学校的管理提出了挑战。对于所有的学校，上述情况都是痛苦的难题，都会在一段时间内给学校带来困扰。现实中自杀和遇害学生的家长通常倾向于跟学校要说法，要求学校为孩子的死承担责任。本研究涉及的案例，自杀、遇害、患精神疾病学生的家属跟学校之间都发生了冲突，引起了不小的风波。这些事情能否说清楚，学校在其中承担什么责任呢？

　　高校学生毕业离开学校本来是一个很正常的管理行为，看似正常的行为却出现了特殊的诉求。本研究展示的案例中学生 L 的离校甚至惊动了高层，学校借助于政府高层的力量才把学生离校的程序完成。精神疾病学生的受教育权益在何种程度上得到保护，谁来确定患病学生是否跟其他学生的教育期限一样？这个案例一方面说明特殊群体的受教育权存在政策空白，现实执行存在困难；另一方面，也说明当下社会的复杂性，社会矛盾的整体性，学校如果定位和功能不匹配，过多承担社会责任，一件小事也可能会成为大事，使得学校身处困境。牵涉民生保障的根本性社会问题如果得不到及时解决，组织即便职能与此无关，也会被迫卷入进来。案例中家长把事情闹大的动机可以归因于他们现实中有所诉求，他们个人的权益缺乏制度保障，社会各系统没有机构出来承担责任，没有针对这样一部分特殊群体的社会救助体系，他们通过"闹"寻求个人利益。学生没有离开学校之前，各级机构和组织默认为这是学校的事情，默认为学校对学生承担无限责任，学校求助社会支持无果，不得不自己设法解决这个矛盾。出于学校对学生的人文关怀和社会责任感，学校难以做出对身处困境的学生弃之不顾，将学生驱之门外的行为。但是学校毕竟权限和资源有限，如果回应学生的诉求，以何种身份和角色承担社会责任，存在难以界定的责任边界，事实上也无法承担无限责任。客观社会现实是一部分需要救助的群体由于种种原因处于孤立无助状态，需要社会关切和支持；也存在一部分群体抱有个人的目的，倾向于从"闹"中获益，他们以"闹"的方式追逐个人利益的行为放大了人性的私欲和贪婪，使得不把事情闹大就得不到解决的社会心态蔓延，造成组织运行成本膨胀，社会无序混乱。如果需要关爱的群体没有得到社会支持，另外一部分"会哭的孩子有奶吃"，社会规则、秩序和法律是随意的，社会的正常秩序就很难建立起来。没有共同认同和遵守的规则、秩序，公共理性也就无从谈起。

3. 组织困境是社会的一个缩影

"闹"通常被视为非理性，"闹"的成功取决于规则是否存在不确定性，是否有个人意志干预的空间。类似的处境，换一个场景，也许会在其他情境中再现，而社会中的每一个人都可能是这种无序状态的受害者。"规则的创建经常用来处理矛盾，缩减任意性以及为行政官员提供保护，尤其是在危机和不确定性发生的时候。"[2]建立在社会理性基础上的规则才可能使得社会具有确定性地运行良好，各司其职；才能把大学从沉重的社会责任中解放出来，给大学发展确定的空间。这种界定不仅仅需要学校制定规则，也需要社会的制度、规则、认知等稳定的制度和文化环境的支持。

"坚持个人的权利是十分重要的，这是实现普遍幸福中一部分的个人幸福的手段，也是提高普遍幸福水平这一利他之举的手段"[3]，个人权利的伸张是对个人的尊重，推而广之到保障所有人的利益。但值得警醒的是，个人意识的觉醒与社会公共利益之间要找到平衡。个人的诉求可以成为寻求私利的行为，也可以成为维护社会公正、建立起社会良性发展机制的机遇。避免在利益诉求过程产生暴力和激进行为，是组织和个人共同努力的目标，"从历史上看，激进的暴力总是继渐进失败之后发生的。今天反思，如果要避免暴力的发生，则渐进式的变革一定要适应社会基本需求，若是过于滞后，则渐进式的变革就成了渐而不进，变而不革。如果这样，一个激进的暴力前景就会出现。"[4]在当下的社会发展进程中，社会各个阶层达成何种共识，以何种方式共同担当社会责任，是整个社会面临的严峻挑战。发生在高校学生管理中的故事，只是社会的一个缩影，一个窗口。从这里，我们可以看到社会的困境，看到每个人都在社会中面临的相似处境。

第二节　危机管理、组织困境等相关研究述评

国内外关于危机、突发事件以及组织冲突等方面的研究已经有很多的成果，本研究参考了相关文献，主要集中在危机管理、高校管理、组织理论等方面。关于危机管理，主要集中在危机的概念，危机的处理策略；这些文献

2　〔美〕詹姆斯·马奇,马丁·舒尔茨,周雪光.规则的动态演变 成文组织规则的变化〔M〕.童根兴译.上海:上海人民出版社，2005:47.

3　〔英〕赫伯特·斯宾塞.社会学研究〔M〕.张红晖等译.北京:华夏出版社，2001:160.

4　秦晓.当代中国问题:现代化还是现代性〔M〕.北京:社会科学出版社，2009:57.

界定了危机的不同类别，处理原则以及操作建议。研究者从相关研究文献中发现"突发"、"危机"、"风险"等概念存在交互使用的模糊性，所查阅的参考文献包括了上述诸概念。

危机、突发、风险等事件发生在组织内部或者组织之间，跟组织有密切关系，对组织产生影响。有研究者认为组织是"一个开放的系统，是非决定性的并面临着不确定性，但同时又服从理性的标准而需要确定性。这个概念使得复杂组织的中心问题变成如何应付不确定性。"[5]高校以学术和知识传承文明并承担社会责任、服务社会需求，这个追求决定了高校是一个开放的组织。高校也是一个渐趋复杂的组织，其内在的复杂性不亚于任何一个大机构。社会矛盾的复杂性不断在影响和强化高校办学环境的复杂性和不确定性，各种危机事件使得高校面临激烈的冲突，冲突产生的组织的困难和窘迫状态即高校的组织困境。组织从危机中发现存在的问题，在积极回应危机的过程中改进组织结构与行为，从不确定中渐进地实现组织追求行为与决策确定性的目标。

一、危机、突发、风险等概念

1. 关于危机的概念

Shrivastava 认为危机威胁到组织的合法性、收益、生存，Fink 认为危机是一个威胁到组织完整性、声誉、底线的事件[6]。有的学者理解危机最初为军事敌意，逐渐包含具有紧急、紧张、急迫等重要转折点含义[7]。危机涉及带来严重威胁、不确定性、未知的结果和紧急的事件和过程[8]。威胁，不确定性，紧迫性是危机的三个特性[9]。日本学者认为危机要素由两部分组成：事态的不

---

5 〔美〕詹姆斯·汤普森.行动中的组织 行政理论的社会科学基础〔M〕.敬义嘉译.上海:上海人民出版社，2007:17.

6 Aba-Bulgu,Sardar M.N.Islam.Corporate crisis and risk management : modelling. straregies and SME applicatopn. Boston : Elsevier, 2007 : 14.

7 Edited by James L.Schoff. Crisis management in Japan & the United States: creating opportunities for cooperation amid dramatic change.Dulles:Tufts University，2004:23.

8 Edited by Ali Farazmand.Handbook of crisis and emergency management.New York:Marcel Dekker，2011:3.

9 Boin, Arjen.The politics of crisis management:public leadership under pressure.New York:Cambridge University Press, 2005:2.

确定性以及后果[10]。不少学者认为危机一词隐含危险与机遇的双重含义，国外学者认为危机概念包含了两个与生俱来的同时自相矛盾的可能性：破坏与机会。最早用于指病人命悬一线的转折点，这个词最贴切的表达就是中文里的"危机"，危险与机会并存。大多数有关危机的定义都采纳中文中危险与机遇并存的双重含义[11]。

2．对突发事件的理解

有研究者认为"突发的概念强调的是事件发生的不可预测性，紧急事件则强调事件处理的时间迫切，这两者并不能等同于危机事件。"他们认为"危机必定是突发事件，然而突发事件未必就形成危机"[12]，其逻辑关系如下：

这一观点得到其他研究者认同，"从逻辑上讲，危机必定是突发事件，但是突发事件未必形成危机。"[13]

其他研究者从突发事件的影响力等视角认为"'突发事件'的字面意思就是指历史或社会上突然发生的意料外的不平常的大事情。"[14]"突发事件在宏观上给国家，中观上给社区、组织，微观上给家庭、个人带来一定程度的损失。这种损失包括物质层面的人力、物力、财力甚至生命的损失，也包括精神层面给人们心理造成的伤害。"[15]有研究者认为突发事件的基本特征包括：危害性、偶然性、危机性、短暂性，突发与危机之间的关系是内含关系，"许

10 〔日〕铃木敏正等著.危机管理系统〔M〕.玄美兰译.沈阳:辽宁科学技术出版社，2009:3.

11 Gilpin, Dawn R.Crisis management in a complex world.New York:Oxford University Press, 2008:13.

12 薛澜,张强,钟开斌.危机管理〔M〕.北京:清华大学出版社，2003:24-28.

13 房宁,貟杰.突发事件中的公共管理〔M〕.北京:中国社会科学出版社，2005:272.

14 菅强.中国突发事件报告〔M〕.北京:中国时代经济出版社，2009:1.

15 朱力,韩勇,乔晓征.我国重大突发事件解析〔M〕.南京:南京大学出版社，2009:5.

多突发事件本身就是危机的一部分，并且是关键的一部分。当突发事件因处理不当而失去控制，朝着无序的方向发展时，危机便会形成并开始扩大。在这种情况下，突发事件就等同于危机。"[16]

3．对风险的理解

部分研究者从风险一词出发来研究相似的表述，"风险是积极结果与消极后果的结合体。风险既可以被理解为机会、机遇，也可以被理解为危险和不确定性。如果应对得当，风险可以被减小、避免，甚至转化为成功的机会。"[17]

"危机"或"转折点"是 crisis，"突发"或"应急"是 emergency 或 unexpected incideng, sudden occurrence。其中 crisis 程度更深，范围更广。cris-词根常用于象声词，如 crispy "酥脆的"；emerg-词根意指"发生"、"出现"、"暴露"等，如动词 emerge[18]。从英文的词源可以看出这几个词的程度区别。"风险、威胁和危险等词描述了极其相似的问题及危险来源，但也可以用来表示特定的概念。'风险'一词主要来源于金融管理活动，含有很强的计量因素，这些计量因素用于在面临各种各样的风险来源时估计成本和收益。'威胁'一词经常用于社会科学调查，此种调查旨在力求理解人们如何察觉威胁、安全及生存的情境，并以毫无防备或神经脆弱的人对此种情境的感觉来讨论威胁感。'危险'一词一般是由工程师和科学家用来描述诸如危险的化学品以及我们周围世界（地震、火灾、水灾、暴风和战争）之类有形危机。在本书中，主要用'危机'一词来涵盖以上所有的意思。"[19]这也是本文的观点，本研究所指"突发事件"、"危机"采纳希斯的观点，用"危机"一词涵盖包括了"突发"、"风险"等含义。

二、危机的研究价值

无论是危机、突发事件还是风险，对社会而言都有不确定性。组织处于不确定中，可能造成无序和失控，因而组织需要对上述的危机、突发以及风险状态有所应对和准备，以使组织健康成长，良性运转。研究者注意到已有的研究针对如下几个方面进行了深入探讨。

---

16 薛澜,张强,钟开斌.危机管理〔M〕.北京:清华大学出版社，2003:24-28.
17 杨雪冬.奉献社会与秩序重建〔M〕.北京:社会科学文献出版社，2006:17.
18 牛津高阶英汉双解词典〔S〕.北京:商务印书馆.牛津大学出版社，2005.
19 〔美〕罗伯特·希斯.危机管理〔M〕.王成等译.北京:中信出版社，2001:34-35.

1．研究的目的

⑴促成变革。"促成政府变革的重要因素就是危机的处理。应急管理能力是现代政府必备的行政能力。遭遇突发性的危机对任何政府来说，都是一场包含巨大风险的挑战。在这种挑战的压力下，政府原有体制和运行机制中，在常态管理中易暴露的弊端就会突显出来。"[20]危机揭开平常看不到的问题和弊端，一旦问题和弊端被揭开，必然引起公众关注，无论政府还是其他组织都面临舆论压力，需要对公众舆论做出回应，为了平息舆论压力，组织便存在改变的可能性。

⑵提高组织管理能力。"我们进行危机管理研究的出发点就在于如何提高组织层面的危机应对能力。"[21]问题和弊端被揭示出来，面对公众和舆论的质疑，组织需要作出回应，当组织内省并提出改变的具体措施时，既对上级和公众有一个交代，也逐渐提高了组织的管理能力。

⑶危机管理不是仅仅针对具体事件处理，而是建构组织。"不管任何危机，最终目的是为平时可以采取务实的行动，把各个行动有机地结合在一起，有组织去确保系统在可控范围内正常运转才是问题的关键。也就是说，要构建不管在什么危机状况下都能独立运行的组织体制。"[22]危机应对不是就事论事，组织目标在于确保系统在任何状态下都能够有效运行，发生任何突发情况都能快速、高效、有序地处理。

2．研究危机的积极意义

⑴危机为人们理解多样性提供素材。危机是一种极端状态的爆发，当事人的极端情绪对于社会其他群体，对于那些不在这个场景中的旁观者的意义在于危机把社会生活各个方面的可能性展示出来，展现了社会生活的复杂性、多样性。不同的危机也许有不同的管理方法，正如不同的利益群体有不同的诉求一样，危机在公众中间可能产生共鸣或者理解，也可能引起分歧和争议。无论这些意见与诉求是否合理、理性，都为社会提供了一种了解和理解的可能性；危机管理指向社会的理性选择，回应这些诉求，便于公众理解社会的多样与复杂。如果能够通过化解危机消除社会隔阂与矛盾，便能促进社会对

---

20 刘圣汉.应急管理学〔M〕.北京:中国矿业大学出版社，2009:98.

21 薛澜,张强,钟开斌.危机管理〔M〕.北京:清华大学出版社，2003:40.

22 〔日〕铃木敏正等.危机管理系统〔M〕.玄美兰译.沈阳:辽宁科学技术出版社，2009:3.

不同价值观的尊重和理解，进而建立社会的核心价值观。

（2）危机为社会带来开放和包容。一个社会的开放和包容是多样性带来的必然结果，在无选择的前提下，封闭的循环无法产生包容的社会心理。现阶段我国危机频发，各种社会矛盾尖锐复杂，部分根源在于某些封闭的体系面对开放的社会环境产生的突发事件难以做出快速反应；公众的诉求得不到封闭体系的及时反馈，封闭的体系延续自身的惯性运转，无论是惯性还是自身利益的需要，都不可能依靠自身力量打破固有话语体系和反应机制。原有的封闭体系可能触犯到公众利益，甚至与公众利益冲突，"社会在任何时候都不可能只依赖某一个制度，而需要的是一套相互制约和补充的制度；这些制度不仅包括成文宪法和法律明确规定的，可能更重要的是包括了社会中不断形成、发展、变化的惯例、习惯、道德和风俗这样一些非正式的制度。"[23]非正式的制度对当今的社会的影响可能超过正式制度的影响，危机管理过程可能激化非正式制度的影响，对管理者提出更有挑战性、灵活性的要求，不能仅靠习惯性思维熟悉的一两种制度解决问题。在危机的紧急状态下，对多样性的需求、对解决长期积压的矛盾的需求被提到紧迫的议程上；固有的观念被危机的威胁性和不确定性动摇，危机面临的紧迫性对管理者提出了快速反应的要求，临时的、随机应变的反应有可能打破原有规则，迫使原有的稳定状态向一种新的可能是不稳定的状态转变，使得改变成为可能。而危机带来的冲击和舆论的广泛参与，也给了公众了解不同场景的可能性，无论是追问现象背后的真相还是情绪的宣泄，都提供了彼此理解的平台。

（3）危机为社会带来创造力和活力。从积极的方面去理解危机，危机带来对原有秩序、规则的冲击，刺激组织和个人从一种稳定状态进入不稳定状态，使得潜在的问题、矛盾被公开化，迫使组织和个人寻找适当的解决办法，或者改变原有的稳定机制，重新评估组织的机制与规则，并借助危机对公众进行教育。"大多数公共组织是为从事符合公平、合法和效率等价值的日常工作而设计的。然而，危机管理却要求灵活性、创造性、简练性以及打破规则"[24]。危机事件导致组织陷入困境，"灵活性、创造性、简练性以及打破规则"是社会发展到一定阶段突破困境所必需的。因此，危机处理过程可以促进组

23 朱苏力.制度是如何形成的〔M〕.北京:北京大学出版社，2007:55.

24 〔荷〕阿金·伯恩,保罗·特哈特,〔瑞〕埃瑞克·斯特恩,邦特·桑德留斯.危机管理政治学〔M〕.赵凤萍等译.郑州:河南人民出版社，2010:17-18.

织反思和创新。"促进社会成熟的一个关键就是针对有争议的问题及总体决策而对其参与者进行教育。另外一个关键就是建立一个清楚的、累积的记录以便作为未来决策的参考。如果我们的决策变得越来越一致并可以预测，那么这就是智慧的标志。"[25]公众如果有机会知悉社会的复杂问题如何化解，能够了解各种突发事件的处理经验，他们对事态处理具有知情权、参与权，这样的经验必然有利于社会彼此理解，建立信任关系并达成理性认知与共识。公众的广泛参与也从人力和财力上分担和缓解了政府的压力，使得社会解决矛盾和危机的方法和途径具有多样性，公众更具有独立性和社会责任，而不是将所有责任全部推给政府，这样的社会才能充满活力。当公众对不确定性具备信心和应对经验，任何突发危机事件都不至于使社会陷入混乱，社会也将更为稳定。

三、我国危机管理研究成果及存在的问题

我国开展危机管理研究较早的课题是1990—1992年佘廉牵头的企业逆境管理研究课题，该课题得到国家自然科学基金会资助，重点研究了企业的各种逆境现象——经营失利、管理波动、管理失误，最后成书为《企业逆境管理》。该研究指出"逆境无法抑制的后果是企业危机。而危机无法扭转的后果是企业破产"[26]，在学术界较早关注到危机的严重后果。2003年SARS灾难发生之后有关危机的研究逐渐增多，研究者针对我国目前的危机管理现状，从组织化程度、协调机制、民意表达、社会力量参与等不同的视角进行了研究和探讨，并指出我国危机管理存在如下一些问题。

1. 社会组织化程度低

在研究者看来，"民众个体发挥的作用是十份有限的，民众可以通过参加政党、结社、参加社区组织或群众组织等方式组织起来，而组织起来的民众则可以发挥重要的影响"[27]。中国近代以来的政党建立组织，发动群众，其组织动员能力超越既往的历朝历代，能够有较强的执行力，将几千年来松散的民间力量凝聚起来，打破了家庭宗族之间的隔阂，整合了社会资源，极大地

25　〔英〕拉尔夫·基尼.人类可接受风险〔M〕.王红漫译.北京:北京大学出版社，2009:127.

26　佘廉.企业逆境管理〔M〕.沈阳:辽宁人民出版社，1993:416.

27　肖鹏军.公共危机管理导论〔M〕.北京:中国人民大学出版社，2006:195.

改变了中国社会的进程，就是民众被组织起来之后发挥积极影响的一个有力佐证。高校的学生管理重视班级、社团组织的管理，其实质也是如此。如果社会组织化程度低，极易发生群体失控行为，"在 1998 年 5 月发生的印尼排华事件中，印尼社会烧杀抢劫，秩序一度失控。尽管事件发生的主要原因在于当地政府对侨民的政策导向和外国反华势力的暗中支持，但与当地社会的组织化水平低，民众缺乏理性，因而容易受到外界的蛊惑也密切相关。所以，提高社会的组织化水平，使个人行为受到组织纪律的约束并在集体生活中训练个人理性，是实现社会稳定的微观基础。因此要提高社会公众参与危机管理的组织化程度"[28]。印尼排华事件中失控的局面，是社会无组织无序状态的负面典型，严重伤及无辜，残害生灵。这两个相反的案例可以说明组织化程度、纪律约束、个人理性与社会稳定之间存在密切的逻辑关联。

即便有现代政党组织的经验积累，但是中国社会的管理并没有彻底转变为现代组织体系。历史上中国传统小农社会以家庭和宗族为单位，经济活动依赖土地，相对固定封闭，传统家庭和宗族的强大维系力量避免了社会的失控，但也带来民间组织力量不发达，权力高度集中在政府的弊端。"受传统行政文化的影响，我国的行政体制带有高度集权的特点，政府对于行政权力的垄断特点突出。从某种意义上说，我国政府是一个'全能型'的政府，对社会公共事务表现出一种包揽一切的'父爱主义'。同时，公众也习惯于依赖政府，希望政府能够'包打天下'，缺少自发结成社会组织以应对公共突发危机的意识和冲动。"[29]在这样的现状下整个社会表面上看似有组织，实际上除了政府之外社会其他组织松散无活力，组织形式单一，责任过于集中，"由于缺乏解决社会冲突的制度化手段，且长期缺乏理性解决冲突的意识形态话语环境和文化环境，很难进行对话和协商，也人为地强化了社会冲突的敏感性。""群众的民主意识在不断增强，但政治参与能力相对较差，法制观念淡薄"[30]，这对于今天这个信息快速传递，利益诉求反映强烈的社会而言是一个危险，封闭的组织体系反应缓慢，民意的聚集异常快速，一旦发生危机时组织不能发挥作用，民众不依照规则和法律去处理，就可能出现由网络民意聚集到现实中的群体性聚集冲突行为，造成局面失控。"随着我国政府从全能政府向有限政府的转变，重大突发事件的应

28 肖鹏军.公共危机管理导论〔M〕.北京:中国人民大学出版社，2006:195.

29 王宏伟.重大突发事件应急机制研究〔M〕.北京:中国人民大学出版社，2010:115.

30 刘圣汉.应急管理学〔M〕.北京:中国矿业大学出版社，2009:27.

对必须引入公共治理的理念，建立有效的社会动员机制，使企业、非政府组织、非营利组织及公民个人能够有序地参与到应急管理中来，形成多元主体应急的局面。"[31]现代社会突发事件应对不仅仅是政府的责任，企业、非政府组织、非营利组织和个人都有责任积极参与，既需要政府宏观调控和指挥，更需要动员民众建立自救体系，才能形成反应快速且有效的应急体系。

2. 缺乏灵活的协调机制

社会的组织化程度与权力的集中存在一定的关联，但是权力集中并不意味着执行力强，特别是现有危机管理体制与长期以来形成的政府管理体制一样呈现条块分割状态，不利于组织发挥主动性和积极性。"由于长期高度集中的计划经济体制的影响，我国一直采用分部门、分灾种的单一救援体制和应急管理模式，所以政府应急管理主要还是依赖政府动员能力的发挥，喜欢采取大兵团作战的'人海战术'，善于投入军队等集团性的力量。这种形式有其优点，特别是应对单项危机事件的快速反应能力比较强，但相应的对复合危机事件的快速反应机制就显得效率比较低。而且，在具体的应急管理中，往往形成过于依赖上级指示，而自身的积极性和创造性严重不足，这对于要求在第一时间内做出正确反应的应急管理来说，显然是十分不利的。"[32]权力集中必然造成这个困境，政府自上而下发布指令养成了相当多的机构坐等上级指示，不敢或者不愿意承担紧急责任，不能主动采取应急措施规避风险，可能错失最佳工作时机。2012年7月21日北京暴雨，广渠门桥下一位司机被困于车中，现场人员不敢快速做出决定，一直等待领导到场下令才开始行动，然而为时已晚，等到他们设法把人救出来送到医院已无生命迹象[33]。每当发生重大突发事件，领导为了显示重视，也频频出现在媒体中以示亲临现场，这种所谓的领导重视的形式主义无助于解决困境，却可能拖延了突发事件处理的最佳时机。他们不到现场一定会被上级主管追责，也会面临极大的舆论压力，然而他们到现场也会影响现场的判断和快速反应。

研究者指出，行政系统的等级制度是一些机构和组织消极等待的主要原因，等级意味着权利和责任对等。"审批是中国行政管理的最大特色之一。突

---

31 王宏伟.重大突发事件应急机制研究〔M〕.中国人民大学出版社，2010:266.

32 刘圣汉.应急管理学〔M〕.中国矿业大学出版社，2009:30-31.

33 广渠门桥遇难车主妻子讲述救援经过〔EB/OL〕.2012-7-27. http://news.cn.yahoo.com/ypen/20120726/1202807.html.

发事件信息发布涉及责任问题，通常需要经过层层请示。在常态下，这种制度的弊端不太明显。但在应急状态下，突发事件的事态发展迅速，信息在经过层层审批后已经失去了时效性。因此，在突发事件信息发布管理中，应该体现组织扁平化的原则，加快信息流动的速度，提高信息发布的效率。"[34]行政审批制度缺乏灵活性和弹性，不利于调动组织和个人的积极性。突发事件处理如果层层审核，每一级组织和个人就失去快速反应的能力，不能自觉承担责任与风险。行政审批制在突发事件处理中几乎等于放弃了组织和个人的主动性、创造性、灵活性。

在层级审批制度下，领导者所处的环境，他们的信息来源以及他们个人的局限性会影响到危机的决策，"领导者的个人需求、情绪以及推断通常会影响到危机过程中圈内和圈外的人。大部分领导者被他们自己相信和喜欢的信息和意见所包围。不管对有效的危机反应有多么重要，在官僚等级顺序中领导者习惯上容易忽略或者忽视较低的机构。"[35]官僚等级顺序中领导者往往最接近身边的人，较低层级的人很难有机会接近领导，传递信息，因此容易导致重要的信息被有意无意中遗漏甚至疏忽，以致耽误决策。

3. 缺乏对媒体以及民意的足够重视

政府习惯于自上而下发布指令，这种单向的指令式社会管理模式容易造成民意难以上达高层。网络为民众发表意见提供了强大的平台，网络舆情传播速度超过以往任何时期，尤其在相对封闭的朋友圈内传播的可信度得到比较高的认同，不实信息容易以讹传讹。网络管控则易激起反弹的情绪，在突发事件信息不透明的情况下，加速恐慌的社会心理，对政府的公信力造成伤害。有研究者指出，在应对突发事项时"政府要妥善处理使用新闻媒体的力量，必须把握以下几个原则：一是要和媒体合作，做媒体的盟友和合作者，利用新闻媒体宣传、阐释政府的公共危机管理政策，掌握新闻媒体的舆论导向。二是发挥舆论监督的作用，保障公众的知情权和表达权。三是要防止谣言的误导，保持公共危机管理的统一基调和上下共识。"[36]管理者如果长期习惯于坐等上级指示，重视上级意见，按照上级意见回应公众舆论以及媒体的

34 王宏伟.重大突发事件应急机制研究〔M〕.北京:中国人民大学出版社，2010:86.

35 〔荷〕阿金·伯恩，保罗·特哈特，〔瑞〕埃瑞克·斯特恩.危机管理政治学〔M〕.赵凤萍等译.郑州:河南人民出版社，2010:65.

36 张彩云，郭晓峰，王存银.公共危机与管理〔M〕.兰州:兰州大学出版社，2009:48.

声音，回应方式难免严重滞后，缺乏灵活性。组织如果不主动参与舆论，谣言必然领先掌握舆论。对于公共组织而言，掌握并引导舆论就掌握了话语权和主动权。"一个组织涉及公共利益时，就不该有隐私。隐私和秘密就是一回事，而且如果把记者排斥在外，他们就会寻找发泄不快的途径。"[37]近年来政府、组织的公信力屡屡受到质疑，与危机事件的舆论应对不及时、不妥当有关系，公共组织跟媒体和记者的关系亟需改善。在微博、微信及众多社交网络平台兴起的时代，三人言而成虎，不重视舆论将会对组织的信誉与形象造成严重危害。研究者注意到，公共组织已充分意识到媒体和舆论的压力，但是如何有效应对，尚需提升相关机制。

4. 社会参与危机应对的力量不足

(1) 社会动员能力弱。危机应对不应该仅仅是政府的事情，我国的现实情况是"政治动员能力强、社会动员能力弱，尚未建立起一个能够有效组合政府、市场和第三部门等各种力量应对重大突发事件的社会动员机制，没有形成网络状的应急管理体系。"[38]市场和第三部门在国外的危机处理中是政府力量的必要补充，甚至在某些情况下是突发事件、危机事件应对的主要力量，但是这些组织在我国处理危机事件时普遍缺位。造成这样的状况，既有这些组织自身发展的问题，也有政府的问题，政府需要通过立法等诸多措施明确社会组织的定位与边界，为这些组织的发展创造必要的环境，制定政策鼓励他们参与危机突发事件的处理。在没有授权和责任不清晰的情况下，社会组织没有权利力和机会承担风险和责任，这些组织始终处于"发育不全"的状态，难以形成良性循环；如果只有政府承担危机处理的责任，一旦政府处置不当必然引起舆论的质疑。

(2) 善后措施不到位。善后措施是恢复社会活力的必要保障。"我国重大突发事件应对的善后措施不到位，削弱了社会的恢复能力，这主要表现在两个方面：(1)损失补偿机制不健全，社会保障与保险行业的作用没有得到充分发挥，因灾致贫的现象时有发生；(2)重视经济损失的恢复，忽视对受灾者及其家属的心理干预。为此，我们需要建立健全重大突发事件的恢复重建及调

---

37 罗伯特·罗森茨魏希.大学与政治——美国研究型大学的政策、政治和校长领导〔M〕.王晨译.保定:河北大学出版社，2008:29.
38 王宏伟.重大突发事件应急机制研究〔M〕.北京:中国人民大学出版社，2010:15.

查评估机制。"[39]我国的社会保障和保险在提供社会支持方面严重滞后，社会保障缺位即是政府缺位；保险缺位则是保险公司的社会责任与风险承担的缺位，营利是这些公司的必然追求，但是国家的监管是否到位也会影响到这类企业是否有意愿和主动性承担社会责任。

(3) 缺少第三方独立调查的参与。"在善后处理阶段，需要开展具有第三方性质的独立调查工作，公正甄别事件诱因，进行责任归属、纠纷处理及补偿分配等工作。"[40]第三方独立调查才能进行客观判断，并在此基础上分清责任。我国重大危机事件的调查都由政府派出调查组，成员虽然包含专家，但是因为政府的主导性较强，某些政治和社会因素考虑过多，专家的独立性难以保证，调查组的专业水平和独立性以及调查结果容易受到质疑。"我国目前由于尚未建立第三方性质的独立调查制度和机构，对各种危机事件的调查结果缺乏足够的权威性，而且很多时候政府出于'稳定压倒一切'的政治生态的影响，很少通过法制化的信息披露制度及时公布事故调查报告，民众经常无法及时了解事故真相，因而，现存的事故调查机构在实际运作中存在不少困难，也带来很多不必要的麻烦。"[41]过多政治影响的考虑参与到调查中影响到政府的公信力，也影响到政府对社会舆论的引导和决策。

(4) 常设机构未能有效发挥作用。常规的社会管理并非都在处理极端复杂的矛盾，通常存在规律性，如果能够及时处理规律性的问题，许多潜在的矛盾可能被引流疏导，不至于山洪暴发冲毁堤防。反之，没有长年累月的疏导，积累的矛盾必然通过一件突发事件作为导火索，引发连锁效应的冲突和对抗。多数行政管理者的日常工作并不涉及处理突发事件，他们对于社会问题的复杂性也很难从整体上去理解和掌控，而他们却可能处在某一个火山口上。"社会问题的复杂性在于：任何一个突发事件，都可能把潜在的社会矛盾引发出来，威胁整个社会的安定。"[42]要避免潜在的社会矛盾激化，最好是通过常规的管理消化这些矛盾。"政府面对突发事件的危机处理能力，很大程度上取决于政府常设机构官员的素质和工作效率"以及"广大民众对现行制度和政府

39 王宏伟.重大突发事件应急机制研究〔M〕.北京:中国人民大学出版社，2010:16.
40 张彩云，郭晓峰，王存银.公共危机与管理〔M〕.兰州:兰州大学出版社，2009:49.
41 薛澜，张强，钟开斌.危机管理〔M〕.北京:清华大学出版社，2003:89.
42 王梦奎.中国中长期发展的重要问题〔M〕.北京:中国发展出版社，2005:382.

的信心"[43]。危机应对的基础在于日常工作，在于现有政府职能部门的执行力，在于他们是否能够及时处理日常的诉求和矛盾，他们的常规管理就是疏导渠道。所谓建立危机处理机制，也不是要重新设立一个应急事件委员会之类的政府临时机构，而是要明确突发事件情况下，各个政府机构之间的分工、责任和工作程序，以减少突发事件带来的损失和对经济、社会生活的负面影响。

中国社会特有的上访现象严重困扰地方政府，存在常设机构没有充分行使责权发挥作用的因素，因某些机构不作为带来的必然结果。应星教授《大河移民上访的故事》对此有形象的描述。移民利益受损，而基层组织互相推诿，他们没有匹配的资源和权力化解矛盾，甚至也利用矛盾去博弈局部利益。上访制度曾经被作为组织了解民意的手段和途径，"上访在实践中更多是作为国家的一种门面和安全阀机制而存在着的。它的重要性不在于'一访就灵'的问题解决上，而在于提供群众诉苦的机会和留出解决问题的一线曙光上。"[44] 在基层组织得不到回应的民众，试图通过越级上访，甚至缠访来表达利益诉求，也不过是寄希望于这一线曙光。"既然国家垄断了社会组织力量、排斥任何非政府的行动力量，那么在科层制的实际运作中就必然导致这种情况的出现：政府总有应付不完的紧迫问题；那些萌芽问题，只要得不到政府的解决，它们就不会自然得到解决，而只会进一步发育，直到解决不了的问题，才会被纳入政府的议事日程。"[45]反复上访、缠访、长达数年的上访，甚至成为判断问题紧迫性的要素，在高昂的成本之下，社会运行的效率可想而知，其中失掉的公信力对社会的损伤更是难以估计。

遍及全国的上访行为，各有不同的内容和诉求，其中既存在地方政府不作为造成的寻求利益诉求的越级上访，寻求中央政府的最高权威支持，也有钻空子的谋取私利的上访专业户，"行使权力不力使上访钉子户有机可乘，政府官员对上访钉子户又气又恨，却又无可奈何。在这种情况下，无原则妥协或者无限期拖延成为乡镇干部不得不采取的策略。"[46]这样的策略鼓励了越来越多的谋利型上访层出不穷，各级政府忙于用小恩小惠来应付，无法从根本

43 王梦奎.中国中长期发展的重要问题〔M〕.北京:中国发展出版社，2005:382.

44 应星.大河移民上访的故事〔M〕.北京：三联书店，2001:28.

45 应星.大河移民上访的故事〔M〕.北京：三联书店，2001:29.

46 田先红,杨华.税费改革后乡村治理困境与基层信访治理内卷化——以农民上访的主要类型为分析基础〔R〕.2012-10-9. http://www.chinareform.org.cn/Economy/Agriculture/Practice/201209/t20120922_151048.htm.

上解决问题。基层政权和组织代表了社会的基本秩序，一旦基层处于无序状态，不能支撑社会正常的运转，各级政府不能正常行使权力进行社会治理，变成以"维稳"的方式进行特殊应对，其成本急剧攀升，看似政府买单，本质上是由整个社会来承担无序状态的沉重代价。

上访本身违背社会的法律体系和规则，也是中国特殊的社会治理方式。"制度作为一组规则的集合，是对人们行为边界的界定和规范，其背后则是对利益、权力和权利边界的界定和保护。政府试图用制度的调解手段，但往往是用人际关系，处理冲突问题的方式没有形成制度化。有制度必须有边界，只有在制度边界非常清晰的前提下，使得冲突制度化，才能产生正向的功能。"[47]制度边界建立在法律、规则的基础上，组织的责任、行为方式受到一定的约束和限制，才能避免在冲突中承担无限责任，避免冲突中的利益诉求被无限扩大。某些危机之所以成为社会动荡的导火索，可能因为封闭体系反应迟缓，信息不对称，也可能因为人为的不当措施，无论是利益还是权利、权力，冲突中的各方诉求都应该在有边界限制的前提下通过协商和谈判达成共识。

四、现有高校学生危机管理研究成果

除了 SARS、地震、群体性聚集和冲突等影响社会生活的重大突发事件研究，与高校学生相关的危机事件也因为高校学生的社会影响面广泛而被研究者普遍关注。相关研究集中在案例、危机管理系统、制度框架等方面，已有文献在广度和深度上均已取得不少成绩。

1. 高校学生管理危机

孙本初先生认为校园危机具有如下几个特点：阶段性，通常可分为危机警讯期、危机预防/准备期、危机遏制期、恢复期与学习期；威胁性，威胁性的程度受损失价值的大小而定，而此类的认定过程全依决策者的认知而定；不确定性，包括状态的不确定、影响的不确定、反应的不确定等；紧迫性，当危机发生时，决策者必须立即能对情境作出适当的反应，往往在时间的压力与信息不足的情形之下会影响决策的品质。[48]

张彦等把学生管理危机定义为"凡是发生在高校校园内或者与高校成员

---

47 李琼.政府管理与边界冲突〔M〕.北京:新华出版社，2007:258.

48 孙本初.校园危机管理策略.教育资料与研究〔J〕,1996(1).

相关的，在事先未预警的情况下，可能严重危害和挑战高校正常秩序和核心价值，并可能带来其他不良后果的显性事件和潜伏着问题而尚未爆发之状态，均可称之为高校危机，与学生管理相关的对高校的教育教学和生活秩序以及高校声誉造成一定冲击和影响的事件或状态，均可称之为高校学生管理危机。"[49]因此，与学生管理相关，对原有的状态造成冲击和影响的事件、状态，即为学生危机事件。

2. 校园危机分类

校园危机可以按照多种标准进行分类。以危机发生的规模划分，危机有大、中、小三个等级规模的危机。针对不同规模的危机层级分类采取不同的应对措施。从危机影响对象的范围可分为个体性危机、学校整体性危机、社会性危机。个体性危机主要是指高校内部师生人身财产安全所引发的危机；学校整体性危机是指影响的范围波及到整个高校内部的危机；社会性危机则是指在全社会范围内爆发的危机。从危机事件的性质和特点看，有人为危机和非人为危机的差别。

按照校园事件的起源方式划分，校园危机事件可划分为两类：

(1) 非源发性危机。这种危机主要是由高校以外的社会中发生了某种危机波及到了高校，这些危机的根源不在高校校内，并非由于高校内部因素而引发。这类危机包括自然的危机：破坏性地震、洪涝灾害；人为的危机：政治危机、经济危机、军事危机；以及基于社会因素的恐怖袭击、学潮等。还包括由于自然和社会因素交互作用导致的重大火灾、恶性疾病流传等。2003 年在我国爆发的非典危机即为典型范例。这些危机的共同特点是影响范围广，危害程度深，可能导致高校教学科研中断，师生生命财产安全受到严重威胁。

(2) 高校源发性危机。该类危机属于内部校园危机，包括学生心理危机：自残、自闭、自杀身亡；由于高校内部管理的原因而引发的信任危机：食堂质量及价格问题引起的学生罢餐、网络管理不当引起的学生抗议、教室管理不当引起的师生与管理员冲突、处罚不当引起的学生与管理部门对抗、学生为个人权益抗争申诉等；人际交往危机：学生因为生活习惯以及个性差异引起宿舍矛盾并产生的极端行为，包括偷窃、斗殴、投毒、人身伤害等。这些

---

49 张彦.高校学生危机管理研究 典型案例与处理机制〔M〕.北京:北京大学出版社,
　　2008:5.

危机都使学校的正常秩序以及社会声誉受到严重影响。

3．已取得的阶段性研究成果

⑴ 整理了丰富的危机处理案例。08 年 3 月出版的张彦主编《高校学生危机管理研究 典型案例与处理机制》收集整理了发生在高校的案例，从日常行为管理、心理健康、不可抗意外以及群体事件等四个方面，提供了具体案例并进行案例分析和点评。这些案例均有一定的代表性，案例的处理过程充分说明了高校学生管理的复杂性，说明了学生危机事件涉及到的各种复杂社会问题和个体差异，处理过程为高校的学生危机管理提供了很好的借鉴。该书为国内高校的学生危机管理进行了具有开创性、系统性的典型案例的整理与研究。《高校危机管理案例研究》[50]一文选取三个案例作为研究对象：郑州大学升达学院学生暴动事件、耶鲁大学法学院爆炸案、上海商学院失火案，该研究从案例"重点考察两个方面，一方面是校方的危机预防和危机管理措施，另一方面是学生的危机知识和应对危机的技能。第一则案例突出高校危机管理意识淡薄和高校危机管理体系的不健全，第二则案例介绍了国外高校危机心理干预的经验，第三则案例意在说明高校学生危机意识淡薄、危机知识和危机应对能力的不足。"该研究者选择三个案例，分别从两个方面去考察问题，展示的问题有价值，但是没有从管理的视角提出有效的办法。该文提出的建议"强化危机意识、完善危机管理体系；重视危机教育，提高高校应对危机的能力；构建信息反馈系统、进行及时沟通、确保危机处理及时；及时做好高校危机事后恢复工作，重视危机心理干预" 在相关论文中均有体现，反映出一定的普遍性。

⑵ 进行了校园危机管理的系统研究。《校园突发事件应急管理》[51]一书是教育部哲学社会科学研究重大课题的成果，该书对于校园应急管理进行了系统阐述，从决策机制、运行机制、师生参与和信息管理机制以及预防和善后处理等各方面进行了系统的研究。《学校突发事件应急管理》一书总结了国内外应急管理的理论研究与实践经验，分析了应急事件中学校与各类主体的法律关系，着重从预警机制研究方面提出了规范、组织构建、制度构建等主张。该研究指出，预警机制需要安全性、协同性、合法性、科学性、针对性、适度性、保密性、快速性，从信息、预案内容、教育等方面讨论了制度构建的

50 李强.高校危机管理案例研究〔D〕.济南:山东师范大学，2010.

51 丁烈云，杨新起等.校园突发事件应急管理〔M〕.武汉:华中师范大学出版社，2009.

建议。[52]《高校应急管理能力研究》提出了高校应急管理经济学、制度学、管理学能力结构框架，并就高校应急管理过程、职能、能力结构要素三个维度构建能力内涵结构模型以及能力评价模型。[53]《高校危机管理能力评价指标体系的构建》[54],《高校辅导员对大学生心理危机干预的能力结构研究》[55]也对此进行了相关研究。

（3）提出了危机管理的制度性框架。《我国高校危机管理探究》[56]提出构建高校危机管理体系的思路在于"组建危机管理小组；建立危机预警系统；制定危机预定计划；实施危机模拟演练；建立'安全阀'机制疏导校内矛盾；进行危机应对和沟通；进行危机过后的恢复和评价"对危机管理提出了系统性建议。其他研究包括《大学生突发事件预警指标体系的构建》;《黑龙江高校突发事件应急管理体系研究》;《高校突发事件应急管理机制研究》;《我国高校应急管理协同机制研究》等[57]。其中,《基于危机管理理论的大学校园危机管理研究》[58]一文特别指出了"基于调查得出大学校园危机发生的原因和大学校园危机管理中存在的问题:学生的危机意识不强、高校危机教育缺失、缺乏有力的管理组织保障、安全设施不完备和部分设施老化以及国家校园专项立法不足，并在此基础上进行归因分析。最后提出大学校园危机管理的防范与治理措施，要形成校园危机防范组织和预警系统，要理性对待校园危机，要学习理论与实践训练并重，要做好危机后的评估与反思，发挥思想政治教育管理对校园危机的防范作用"，这段论述代表了此类论文的思路和研究过程。

相关研究提出组织机构建设应该考虑"强化学校应急处置工作办公室的综合协调功能，可由学校应急处置领导小组副组长、负责学校安全工作的党委（党总支、党支部）副书记兼任办公室主任，学校办公室主任、学生工作处处长、保卫处处长等任副主任，办公室设在学校办公室。这个机构的日常

---

52 孙斌.学校突发事件应急管理〔M〕.北京:气象出版社，2008.

53 刘伟.高校应急管理能力研究〔D〕.北京:中国矿业大学，2009.

54 周笑朵.高校危机管理能力评价指标体系的构建〔D〕.成都:电子科技大学，2010.

55 肖京林.高校辅导员对大学生心理危机干预的能力结构研究〔D〕.昆明:云南大学，2010.

56 李可庆.我国高校危机管理探究〔D〕.西安:西安建筑科技大学，2007.

57 何思.华南理工大学，2010;李晓松.东北林业大学，2010;秦浩.苏州大学，2010;何新.电子科技大学，2010.

58 艾枫月.基于危机管理理论的大学校园危机管理研究〔D〕.大连:大连理工大学，2008.

工作就是定期或者不定期地分析安全稳定工作的形势，排查安全隐患，向学校提出相应的对策和建议，并负责学校安全整改措施落实的督办工作。一旦突发事件发生，这个机构立即转入应急状态下的综合协调机构，在学校领导小组的领导下，发挥综合协调的重要作用。"[59]这些建议细化了高校突发事件处理的组织框架和结构。

《中国高校突发事件应对机制研究》[60]提出完善机制的建议包括"政府法规体系建设与高校突发事件应对机制的完善；社会联动与高校突发事件应对机制的完善；高校管理创新与突发事件应对机制的完善；学生危机素质培养与高校突发事件应对机制的完善。"其他还有《我国高等院校一校多区突发事件的管理研究》[61]，《高校突发事件应对研究》[62]，《我国高校突发公共事件管理研究》[63]，一校多区以及大学城管理也成为研究者比较关注的话题。

张培《中美高校危机应急管理机制比较研究》"从静态上通过对两国高校危机管理的理念、危机管理的组织体系、危机管理的立法体系和危机管理的社会支持等方面进行考察，从动态上按照危机管理的时间序列，从危机事前预警防范、事中应对处置和事后善后恢复等三大阶段的角度，进行系统地比较分析。"[64]并针对大学城危机管理的困难提出了自己的政策建议。

不少研究者关注到危机善后处置，认为需要引入社会机制，由保险公司承担风险责任，比如有的研究者建议："(1)出台《学生保险条例》；(2)成立专门的学生保险管理机构，处理学生伤害事故的保险赔偿问题；(3)创新学生保险理赔模式，走向'记账式'即时理赔，实现一卡通；(4)整合学生保险险种；(5)加强对学生伤害事故保险赔案与学生保险运营案例的研究。"[65]这些建议具有可操作性，在现实中容易推行。

有的研究者注意到学生组织的作用，强调危机处理过程应该充分发挥学生组织的作用，"很多高校的学生组织的学生参与率极高，而且同学们对学生

59 丁烈云.杨新起.校园突发事件应急管理〔M〕.武汉:华中师范大学出版社，2009:70.

60 刘阳.中国高校突发事件应对机制研究〔D〕.长春:吉林大学，2010.

61 潘晨涛.昆明:云南大学，2010.

62 刘哲.北京:中国青年政治学院，2010.

63 张胜强.南昌:南昌大学，2010.

64 张培.中美高校危机应急管理机制比较研究〔D〕.重庆:西南政法大学，2009.

65 高顺伟.关于学生伤害事故保险赔偿现状与问题的研究〔D〕.上海:华东师范大学，2008.

组织参与学校民主管理的热情很高。如果学校对学生组织加以认真引导，并建立健全参与机制，必将使校园突发事件应急管理工作开展得更加顺利。当突发事件真正到来的时候，学生组织可以协助学校进行应急管理和紧急救助，这也容易得到广大同学的积极响应和配合"。[66]除了校方建立应急机制，学生组织参与的设想与强调社会组织参与危机处理的思路是一致的。

在检索过程中，研究者发现，突发事件与危机事件的重复率很高，在不同的关键词检索结果里，同一篇论文反复出现。这也可以说明，在分类统计中，突发事件与危机事件等概念的界限比较模糊。

4. 现有研究存在的不足

上述研究虽然已有不少成果，但"现有研究主要集中于泛泛的一般性研究，对于个案缺乏深层剖析，更缺乏在归纳案例基础上的管理规律研究"[67]，研究的路径上"国内目前的研究基本集中于中层理论的研究，而宏观理论和微观对策的研究比较欠缺。宏观理论方面，缺少一个全国性的高校危机事件应急管理框架。而在微观领域，针对各个学校的具体的、操作性强的对策制定过程比较缓慢。"[68]有的研究从危机管理的某一个方面入手，或能力构建、或评估体系构建、或某一类危机管理，较少从宏观以及管理者角度研究高校学生危机管理；有的研究已经发现了问题，但是没有进一步深入研究下去。有的研究者缺乏亲历高校学生突发事件危机处理的经历，对处理过程的复杂性与艰巨性理解不够深刻。在研究视角上，也还仅限于危机本身，未能拓展理论依据，借助于包括组织理论在内的多种理论支持去分析危机，没有对发生危机的组织以及组织间关系等问题进行反思探讨。

五、组织理论关于冲突与困境的研究

人是世界上最为复杂的生物，人类的知识体系中对人的认识以及人与人之间关系的认识远不如对自然界的认识那样量化精确，长期以来存在相当的模糊性和较强的主观性，因人而建的组织必然也具有难以认识的复杂性，"组织中的构造以及秩序的本质，都具有不确定性"[69]，突发、风险、危机等事件

66 丁烈云，杨新起.校园突发事件应急管理〔M〕.武汉:华中师范大学出版社，2009:122.
67 新时期维护高校稳定工作体系及机制研究〔R〕.北大课题组内部资料，2008.
68 张培.中美高校危机应急管理机制比较研究〔D〕.重庆:西南政法大学，2009.
69 〔法〕埃哈尔·费埃德伯格.权力与规则 组织行动的动力〔M〕.张月等译.上海:上

更加强化了组织的不确定性，引起组织冲突，使得组织行为与决策更加困难，造成组织窘迫、困难的处境。组织理论从组织的本质、组织的复杂性、组织解决冲突的意义、目标等方面进行了研究，经历了一个从负面评价到积极评价的过程，逐渐认识到突发、风险、危机造成的组织困境对组织发展并非仅仅只是消极的，在突发、风险等危机事件中的冲突反而有益于组织不断内省存在的矛盾，通过积极回应危机，确保组织充满生命力和活力。

1. 适应冲突是组织发展的需要

组织是人类特有的社会单元，跟人的社会性特征一致。人类的生存与发展需要彼此关联，彼此的强关联关系决定了组织存在的必然性。组织理论认为，"组织是由人及其相互关系组成的。"[70]人及其关系组成的组织，具有人特有的社会性，丰富性，多样性，当个体的目标与组织发生分歧时，其差异性造成人际冲突。鉴于个体的复杂性，人际之间发生冲突是必然现象。人类社会的历史充满冲突与矛盾，但是在冲突矛盾中人类学会了生存，学会了理解差异。善于总结冲突的经验和教训的民族，也更好地利用冲突获得了发展的机会。研究者从理性系统视角出发指出"组织是意图寻求目标并且结构形式化程度较高的社会结构集合体。"[71]人们聚集在组织内追求共同的目标，并依靠形式化的结构凝聚到一起，相对个体的孤立性，组织的群体性创造了个体难以达到的生存空间和平台。为了达到诉求的目标，个体不得不自愿放弃散漫自在状态，加入结构严谨，更为形式化的组织中。研究者从自然系统的视角认为"组织是一个集合体，参与者寻求多种利益，无论是不同的还是相同的。但是，他们也认识到组织作为一项重要资源永久存在下去的价值。"[72]正如中国古人所云"天下熙熙皆为利来，天下攘攘皆为利往"，组织则为追求利益的人性提供了共同体来保障个体利益，利益共同体的存在可以超过个体存在的周期，具有长久的延续性。还有研究者从开放系统的视角认为"组织是

海人民出版社，2005:6.

70　〔美〕理查德·L·达夫特.组织理论与设计精要〔M〕.李维安等译.北京:机械工业出版社，2003:5.

71　〔美〕W.理查德·斯格特.组织理论:理性、自然和开放系统〔M〕.黄洋等译.北京:华夏出版社，2002:24.

72　〔美〕W.理查德·斯格特.组织理论:理性、自然和开放系统〔M〕.黄洋等译.北京:华夏出版社，2002:24.

参与者之间不断变化的关系相互联系、相互依赖的活动体系；该体系根植于其运行的环境之中，既依赖于与环境之间的交换，同时又由环境建构。"[73]组织包含人，人际互动关系，关系结构，人与人的关系及其结构通过组织得以固化，组织因人的活动得以彰显其存在的价值。从时间维度上看组织不是封闭的体系，人与人之间，人与组织之间、人与环境之间相互依存，也相互影响和改变。

组织由人组成，人的生命周期有限，在人类历史的跌宕起伏中，组织演变存在很多不确定因素，持乐观态度的研究者认为冲突对组织的生存和发展存在积极的因素，"系统论认为冲突和适应是不可分开的概念。冲突对于有生命的事物来说是不断产生、改进及进化的，同时也是系统抵御停滞、冷漠、无序及消亡的关键。有三种假设指导我们在系统内思考冲突：第一，我们认为组织会经历成长和衰败，同时我们也认为这种成长的周期，与合作和冲突的周期会一样发生。第二，冲突在多种情况下被视为减少选择机会（或者是限制选择机会）以适应环境的一个过程，这种适应性是预期行为的结果，这种行为可能会减少冲突也可能不会减少冲突。第三，系统内的过程是相互关联和联系的。"[74]组织如同生物有机体一样存在新老更替的周期性，冲突是组织适应变化的方式，在冲突中进行选择，可能去掉组织陈旧僵化的结构和功能，增强组织的适应能力和生命力。

作为人类文明与知识的传承机构，学校已经存在上千年，学校和教会被认为是所有组织中生命力最为长久的机构，相对其他社会组织也更为稳定。只要人类自我延续的动力存在，学校就不会消亡。公共组织"组织起来的目的通常在于完成一项给定的任务或传送一项特定的服务，而且它们应该是稳定的、受命的、可预见的、具有不竭的财力并且在公共部门中占有合适的位置。"[75]公共组织服务于社会的共同利益，承担社会的责任和使命，得到政府和私人的支持，它们的使命和目标是长远的，但是它们身处的环境并非一成不变，甚至在特殊情况下瞬息万变，危机状态正是一种需要组织回应的特殊

73　〔美〕W.理查德·斯格特.组织理论:理性、自然和开放系统〔M〕.黄洋等译.北京:华夏出版社，2002:26.

74　〔美〕罗伯特·B·登哈特,珍妮特·V·登哈特,玛丽亚·P·阿里斯蒂格塔.公共组织行为学〔M〕.赵丽江译.北京:中国人民大学出版社，2007:350-351.

75　〔美〕H·乔治·弗雷德里克森.新公共行政〔M〕.丁煌等译.北京:中国人民大学出版社，2011:33.

情况。"大多数公共组织是为从事符合公平、合法和效率等价值的日常工作而设计的。然而，危机管理却要求灵活性、创造性、简练性以及打破规则"[76]。危机的复杂性需要多种办法去应对，有研究者认为"并不存在一个管理组织冲突的最佳方法。虽然，有许多管理冲突的办法，但其中每个方法都只适合于某种特定的情境。然而，选择管理冲突的基本原则是，要让冲突尽可能减小破坏性（例如，对立情绪），并且最大限度地增强组织成长与发展的机会（例如，增强信任感，促进问题的解决）。"[77]方法虽然各异，但是共同遵循减小破坏、发展组织认同、促进问题解决的基本原则。

因此，组织既是稳定的，也是不确定的，组织的边界是变化的。"组织是一个复杂的开放系统，它要受周围环境的影响。事实上，我们甚至可以说，组织就是它存在并运作于其中的环境和文化的有机组成部分。"[78]高校作为一个组织，具有稳定的基本职能和要素，也是社会的有机成分，受到各种因素的影响。现代社会价值观的多元和社会矛盾的冲突都可能对高校的日常管理和稳定运行带来冲击，高校将社会问题和矛盾置身事外的象牙塔时代早就过去了，即便不是高校主动出击，社会矛盾也会不期而遇，与高校的各种突发事件结合起来发酵，引发公众舆论的高度关注，甚至被扩大化而严重影响高校的声誉和社会形象。

2. 解决冲突的能力决定组织的前景

构成组织的个体具有主观性和复杂性，彼此之间难免存在分歧和差异，因矛盾分歧难以消除而起冲突。不同的组织所代表的不同利益诉求也造成群体间的差异，协调组织之间以及组织内部的差异具有相当的挑战性。"在组织管理的实践中，有调查表明，管理者平均化 20% 的时间处理组织中的冲突问题，他们或是冲突的参与者，或是作为两个发生冲突的下属的调解人的身份出现的。在现代社会中，处理冲突的能力，与管理者的成功成正比。"[79]具有

76 〔荷〕阿金·伯恩,保罗·特哈特,〔瑞〕埃瑞克·斯特恩,邦特·桑德留斯.危机管理政治学〔M〕.赵凤萍等译.郑州:河南人民出版社，2010:17-18.

77 〔美〕罗伯特·G·欧文斯.教育组织行为学〔M〕.窦卫霖,温建平译.上海:华东师范大学出版社，2001:324.

78 〔美〕菲利普·J·库珀等.二十一世纪的公共行政 挑战与改革〔M〕.王巧玲等译.北京:中国人民大学出版社，2006:206.

79 陈振明,孟华主编.公共组织理论〔M〕.上海:上海人民出版社，2006:184.

良好的冲突解决能力的组织也具有不断发展的能力，推而广之，社会和国家也是如此，有研究指出，"在工业化和正致力于现代化的国家里，社会由具有不同政治利益的团体组成，民主的前景在很大程度上仰赖于社会组织解决冲突的能力。如果不同团体的成员相互之间没有适当的联系来认识他们的偏见、不宽容和其他细小的差异，并借以发展出一个共同体的感觉，社会的基本矛盾就无法通过民主与和平的方式达成协调。"[80]解决冲突的能力成为所有组织和社会面临的共同考验，能否以和平方式化解矛盾与分歧决定了组织是否有前景，社会和国家是否有凝聚力和稳定发展的未来。

这对于我们当下的社会尤其重要，我们的社会处于高速发展的过程中，发展带来希望，也产生不满。公众期待着自己的权益得到保护，分享高速发展的成果，提升自己的生活质量与幸福感。对个人权益的追求必然产生自我保护和寻求保护的意识，希望政府、社会的治理模式有利于个体的生存发展。当然，公共权力与个人权力之间也在不断博弈。有研究指出"社会建设的现时目标是以建设公民社会形成对权力的有效制约、建设能动社会对市场形成必要制衡；其终极目标则是形成建立在有限的政府、有边界的市场与自组织的社会三者之间相互制衡和良性互动基础之上的多元社会治理体系和社会治理模式。从这个意义来说，我们所说的和谐社会应该是权力、市场与社会之间的和谐，也就是权力、市场与社会之间相互协调与制衡的格局以及这三者之间的和谐与均衡发展。"[81]理想状态是政府、市场、自组织各自承担责任，在划定的边界内行使权力，责任清晰，归属有别，分歧和矛盾可以找到合理的解决办法，使得社会运行有序可控。社会的长期稳定需要通过建立协商机制化解矛盾并达成共识，而当下社会面临的共同难题正在于此，只有从不确定性中找到均衡和共识才能摆脱冲突引起的无序与混乱状态，整个社会才能发展为利益共同体。

3. 减少行为与决策的不确定性是组织的目标

组织应对危机的目标是"减少不确定性，保持连续性。"[82]人的行为受到环境和主观意志的影响和干扰，个体的认知水平也有局限性，多种因素使得

80 〔美〕迈克尔·罗斯金,罗伯特·科德,詹姆斯·梅代罗斯.政治科学〔M〕.林震等译.北京:华夏出版社，2001:72.

81 清华大学社会学系社会发展研究课题组.走向社会重建之路〔J〕.民主与科学,2010,6.

82 〔美〕劳伦斯·巴顿著.组织危机管理〔M〕.符彩霞译.北京:清华大学出版社,2002:43.

人类的行为存在不确定性。人的社会性决定了人的群居性，群居生活形成组织，由人所组成的组织的存在合乎理性，人类试图从组织中寻找归属感和认同感，抱团取暖以应对不可知和不确定的境遇。人的现实利益需要，逃避孤独的社会心理，追求永恒的精神理念，将组织引导至规范理性，因而在人类社会进化过程中，留下了持续性发展的经验。纵观世界各国，具有稳定性的国家在不断积累经验与财富，政局动荡的国家与社会则多数处于贫穷之中。从经验中学习使得人类的认知能力不断提升，"人类系统是不可预测的，变化也是非线性的，学习也是动态的和成型的（patterned）。人类并不完全遵循因果逻辑。人们挖掘事物的联系和意义，寻找持久深层的关系。"[83]公共组织是人类分享资源与经验的地方，追求相对长久的稳定性。从人类历史的长期性来看，危机是矛盾引起的阶段性冲突的一次爆发，需要灵活性甚至突破规则。如同洪水肆虐泛滥之后更改河道，一种方式是修筑堤坝，加固原有的防洪设施；另一种方式也许就是更改河道，沿着洪水泛滥的渠道修建新的防洪设施。长期的经验证明人类有足够的灵活性与弹性去应对危机，审时度势，以灵活的手段维护较为稳定的目标。

危机是人类学习的一个过程，一种方式，管理危机和冲突，一方面是把破坏的可能性降到最低程度，另一方面，是使冲突尽可能地产生有效的、创造性的和有益的结果。"[84]冲突的积极意义在于帮助人类从危机中找到减轻破坏并获得持续发展的可能，这是人类精神力量所在，不惧艰难和挑战，勇于正视现实困境，追求共同体利益的最大化，努力设法化解危机。"在风险情况下，理性通常被定义为选择期望效用最大的备选方案"[85]，共同体利益最大化便是理性认知与实践经验的选择。

理性回应危机，首先要认识到组织是复杂的，"复杂性是组织的一个最重要的特征。"[86]组织的稳定性与处理危机时的灵活性存在冲突，是否具有灵活性和应变能力决定了组织是否能够处理好危机。高校是一个复杂的大型组织，

83　〔美〕威廉·G·坎宁安,保拉·A·科尔代罗.教育管理 基于问题的方法〔M〕.赵中建译.南京:江苏教育出版社，2002:63.

84　〔美〕罗伯特·G·欧文斯.教育组织行为学〔M〕.窦卫霖,温建平译.上海:华东师范大学出版社，2001:409.

85　〔美〕詹姆斯·马奇,赫伯特·西蒙.组织〔M〕.邵冲译.北京:机械工业出版社,2008:123.

86　〔美〕理查德·H·霍尔.组织：结构、过程及结果〔M〕.张友星,刘五一译.上海:上海财经大学出版社，2003:71.

内部结构复杂，人员组成复杂，却具有相对自由松散的组织管理模式，这种模式建立在教师对学术和教学拥有高度自主权的基础上，但在应对学术和教学之外的突发危机事件时，原本征对内部特性的高校管理模式就可能存在先天不足。

六、高校组织发展困境研究

在高校自身发展和社会矛盾均处于一个特定阶段的时期，高校管理面临的困境是多方面的。高校传统上比较脱离现实社会，高校的教师和管理者也比较熟悉自己的领域，不熟悉校外的社会事务，更不熟悉社会矛盾和社会治理。高校的发展在组织功能与职责定位、发展规模等方面遵循自身的规律，未必与社会的需求和目标一致；现阶段整个社会的组织化程度以及社会心理预期、社会组织的协调机制等方面存在不同程度的困难甚至难以沟通之处。个人在各种社会关系中面临自我与他我，个人与群体，理想与现实等多方面的困扰，尤其是青年学生，他们的自我认知尚在形成之中，对阶段性的困难难以完全理解，他们所采取的措施可能失之偏颇。他们生活在网络之中，习惯于在网络世界中解决自己的问题，当他们遭遇不幸时，他们的经历容易通过网络传播和扩散，引起相似境遇的群体的共鸣。一些社会矛盾可能因为他们的特别遭遇被激化扩大，比如因学生突发危机事件的聚焦把社会矛盾集中于学校，使得学校与家长、社会之间产生冲突。高校内部管理当然也有自身的问题，比如权责关系不清晰，规则和程序有一定的模糊性等，均为发展过程中的阶段性问题。同时，由于社会的一些整体性矛盾和困难，造成高校学生危机事件背后牵扯出隐藏的相关社会问题，高校也很难仅靠一己之力化解这些矛盾和冲突。当本该承担社会职责的机构与组织缺位之时，学校被迫成为各种社会矛盾的替罪羊，不得不承担原本不属于学校的责任。当下我们的社会变迁中，传统组织的权威性渐渐弱化，新型组织结构相对松散，不同价值观和利益诉求的矛盾冲突缺乏有效的沟通渠道，社会共识的基础既有传统文化的局限性打下的烙印，也有各种现实因素局限的制约，上述种种局限性试图参与高校学生危机事件处理并施加舆论压力，必然带给相关高校极大困扰。研究者认为上述诸多困难就是高校目前面临的组织困境。

1. 高校的组织功能与定位的困境

高校是一个特殊的公共组织，"高等教育研究高深的学问。"[87]研究高深学问的地方的特殊性在于它的门槛，门槛内外有别，并非对所有人平等开放。"学术界不是人人平等的民主政体，而是受过训练的有才智的人的一统天下。"[88]由特殊人群组成的机构，对社会所承担的责任通过学术研究与知识传承得以实现，通过人才培养促进个体的社会化，从而帮助个体和社会实现其价值。教育的过程"不应是一种简单的外部灌输或者塑造，而应保护受教育者的主动性、积极性、求索精神和创新精神，激励受教育者对比当下的自我更高、更完善、更美的主动追求，帮助每一个人探索和开拓新的生活。"[89]建立在这样的理念基础上的高校学生管理把学生视为独立的具有创造力的个体，学校应该提供平台和机会给他们施展才干，而不是像保姆一样照顾他们的起居生活，为他们承担所有的责任。

对于创造知识和人才培养之外的社会责任，研究者有不同的理解。有学者认为高校的社会责任在于"大学主要是通过培养人才为社会服务的，大学要根据社会的需求，努力培养各类合格人才，以满足社会的不同需求。从资源配置来说，大学教育既不是公共产品也不是私人产品，而是准公共产品，由此大学也具有社会公益性，必须为社会的物质文明和精神文明建设服务。"[90]这种观点立足于人才培养的知识性特点以及大学的公益性组织特性。有的研究者认为"时代强烈地呼唤人们对大学在新形势下应当承担的社会责任进行再认识，要求大学既要走出'象牙塔'，又要超越'象牙塔'，全面地承担起时代赋予大学的教育责任、学术责任、既要服务又要引导社会前进的责任以及国际责任。这是当前大学文化问题研究的一个重大课题，也是新形势下全面开创大学和教育改革创新新局面的重要前提和基础。"[91]这无疑是一个艰巨的全面的任务和要求，可以作为国家需求或者高校的最高追求。还有的研究者认为"当代大学的社会责任应归结为五个方面：人才培养责任、学术研究

84 〔美〕约翰·布鲁贝克.高等教育哲学.王承绪等译.浙江教育出版社，1998:2

88 〔美〕约翰·布鲁贝克.高等教育哲学.王承绪等译.浙江教育出版社，1998:46

89 劳凯声.重新界定学校的功能〔J〕.教育研究，2000,8.

90 杨德广.试论现代大学的性质和功能〔J〕.高等教育研究，2001,1.

91 王冀生.超越象牙塔:现代大学的社会责任〔J〕.高等教育研究，2003,1.

责任、服务社会责任、社会思想先导责任和社会理性价值批判责任。"[92]这种观点囊括了高校的所有责任。有的研究者从大学精神出发，认为"批判性是大学对社会的应有责任""大学必须与社会相执而立，批判性是大学与社会的边界。"[93]这种视角从大学精神去理解大学的社会责任。

有的学者从高校承担的后勤事务等角度出发，考察高校的社会责任，指出"后勤的运行和发展仍然是高校的社会责任之一，是牵掣学校管理者精力的重要问题，也是学校财政负担的重要内容。这个责任不仅限于经济负担，还会带来很多法律上的责任和道义上的责任。"因此提出"对大学社会责任的研究，目的是要厘清大学应该承担什么责任而不应该承担什么责任，在大学与环境之间划定一条大致的界限。进一步说，对大学社会责任研究的目的之二，是确定大学承担社会责任需要付出什么样的代价、会带来什么样的后果，与大学有限的资源配置之间到底存在什么样的关系。"以此明确"大学承担的责任越多、对社会责任回应得越多，大学的运行成本就越高。"[94]组织运行需要成本，如果包揽所有的社会职能，必然挤压用于核心责任上的资源和投入，包括挤占学生培养和教师激励所需要的资源。高校只有把需要承担的责任分清，控制约束自己的行为边界，合理分配有限资源才能在重要的职能上对社会需求做出回应。原本属于社会事务的后勤事务长期以来占用了学校相当多的资源，分散了学校本该具有的核心职能。

有研究针对指向教师和学校的批评和质疑指出，"超出教师职业职责的社会责任，并不仅仅意味着更多的精力投入，更包含较多在教师执行这些责任时可能发生的意外事件或行为过失及由此引发的法律责任和其他社会责任，尤其对于那些相当时间内难以解除和转移的社会责任，给教师造成的心理压力或思想负担更不难想象。"因此呼吁"健全和完善教育立法，厘清学校、家庭和社会各自的教育责任，明确家庭、学校和社会的责任分担，确保家庭、社会切实担当起其应予承担的教育责任，是解决问题的先导和前提。"[95]当高校学生杀人等极端事件见诸报端时，舆论指责学校教育失败，有研究者指出"让大学生和大学

---

92 王强.关于当代大学社会责任及其冲突问题的思考〔J〕.辽宁教育研究，2008,4.

93 黄子杰,程广文.批判性:大学与社会的边界〔J〕.东南学术，2010,3.

94 王守军.关于大学社会责任的一种结构化分析思路初探〔J〕.清华大学教育研究，2005,11.

95 刘春花.对教育责任失衡的思考〔J〕.教育发展研究,2005.21.

走出困境，应当关注的恰是每个个体的素质与责任。只有集体的归集体，个体的归个体，学校的归学校，社会的归社会，才能让大学的发展与个体的成长，在有明晰的责任与权利环境中，得以保障。"[96]也就说，学生的个体行为与大学的教育之间，不能简单地划等号，凡是学生的行为，均归因于大学教育出了问题，是一种不负责任的判断。个人、学校、社会都有各自的责任边界，把个人的过错归因于学校，责备学校没有尽到责任，无疑是强迫学校承担所有的责任。从组织和个人的责任边界去界定问题，确立了问题的根本所在。"大学已经从社会边缘步入中央，所面对的社会需求空前膨胀、急剧增长之际，这种'审视'应当重估大学承担社会责任的价值所在，厘定大学社会责任的边界、层次与缓急轻重。"[97]大学不是万能的，不可能为所有的事情承担责任。教师、学生、学校各有自己的责任，不可能要求某一个人、群体或者组织承担全部社会责任。大学有局限性，公众的认知也要朝向营造教师乐教、学生成长有担当、学校责任清晰的舆论环境，才有利于教育和学校的发展。

"当组织关注它们自己力不能及的'社会问题'时，它们的行为是'不负社会责任的'。当它们由于专注于它们自己的特定工作而满足了社会的需求时，它们的行为便是'负社会责任的'。当它们把公众的需求转变为它们自己的成就时，它们的行为是最负责任的。"[98]德鲁克区分了组织对社会需求满足的不同层次，上述各种社会责任的诉求也都有各自的合理性，高校承担社会责任也要从教育的知识性、学术型以及公益特点出发，做自己力所能及的事情，将最高的追求内化于组织的自觉理想之中。正如有的研究者所言"高等学校对支持和帮助它们的社会承担责任，也对它们的学生和为它们工作的人承担责任。但是，从历史的角度和它们现在的核心价值来看，高等学校是教师和学者集中地地方。从运作方式来看，大学在很大程度上等同于教师。"[99]高校应该承担社会责任，但是考虑到高校的组织特性，高校更应该首先承担起教师育人与创造新知识的责任。

高校的组织功能和定位需要结合自身的特点和使命，所谓无限责任的要

96 熊丙奇.大学教育的责任边界〔EB/OL〕.〔2012-2-20〕.http://blog.sina.com.cn/s/blog_46cf47710100n6dd.html.
97 龚放.试论现代大学的社会责任〔J〕.北京大学教育评论，2008.4.
98 〔美〕彼得·F·德鲁克.社会的管理〔M〕.上海:上海财经大学出版社，2006:61.
99 〔美〕唐纳德·肯尼迪.学术责任〔M〕.阎凤桥等译.新华出版社，2002:31.

求既违背高校的特殊性，也不具有现实的可能性。不管社会公众对高等教育赋予何种期望，高等教育研究高深学问的特殊性决定了这个组织是知识性的，"如果没有理性的边界，边界变化迅速而无法预料，那么就不会有稳定的组织结构"[100]，高校的组织边界来自于学术研究和人才培养的定位，学术研究和人才培养是人类文明发展的经验传承和智慧结晶，是一个漫长的过程，由此决定了高校是一个相对稳定的组织，其行政机构的职责是代表学校的权益去协调处理与学术相关的事务。学生危机事件与学术研究无关，但是与人才培养相关，是高校需要谨慎处理的不确定性。在处理高校学生危机事件中如果没有区分地满足一切社会需求，承担一切责任，可能由此导致高校不得不面对难以承受之重。

2. 依法治校的困境

1998年颁布的《中华人民共和国高等教育法》第三十条规定"高等学校自批准设立之日起取得法人资格。高等学校的校长为高等学校的法定代表人"，明确确立了高校在法律意义上的独立性。依据《中华人民共和国民法通则》第三十六条规定"法人是具有民事权利能力和民事行为能力，依法独立享有民事权利和承担民事义务的组织。"在法律的意义上高等学校的运行与管理具有独立性。这些规定回应了1994年《中国教育改革和发展纲要》的要求。

但是有研究者指出"20多年来，中国高等教育改革的过程可以说是一个政府逐渐放权、大学逐渐独立的过程。到目前为止，这种改革过程远远没有完成，政府仍然有直接干预大学内部事务的习惯。因此，大学的权力虽然写进了法律，但大学的办学自主权远远没有落实。"[101]1998年国家颁布了高等教育法，教育部依然一再发布文件强调依法治校，"实行依法治校，就是要在依法理顺政府与学校的关系、落实学校办学自主权的基础上，完善学校各项民主管理制度，实现学校管理与运行的制度化、规范化、程序化，依法保障学校、举办者、教师、学生的合法权益，形成教育行政部门依法行政，学校依法自主办学、依法接受监督的格局。"[102]这些意见反复强调依法治校，说明执行的现实情况并不理想。

---

100 〔美〕詹姆斯·马奇,赫伯特·西蒙.组织〔M〕.邵冲译.北京:机械工业出版社, 2008:154.

101 朱新梅.知识与权力 高等教育政治学新论〔M〕.北京:教育科学出版社,2007:219.

102 教育部关于加强依法治校工作的若干意见〔R〕.教政法〔2003〕3号.2003-7-17.

依法治校的困难与学校的经费来源以及政府的使命有关，"在现代社会，发展高等教育是政府不可推卸的职责，当然，这也是政府教育权力的一部分。由于教育的国家化，大学从事教育活动的权力，其实质就是政府教育权的延伸，是代行政府的教育权。由于我国是社会主义国家，大学的教育职能与政治职能混为一体，政校在权力上既无界限，也是同质的，政校在结构上趋同。"[103]教育是政府的职责，没有政府的支持高等教育难以发展，但是政府的权力与大学的权力性质不同，应该有所区分和界定，现实中存在界限的模糊性，甚至将学校与政府职能等同，"公立学校事业单位的性质决定了当前公立学校法律地位的现状。"[104]事业单位必然有上级行政主管部门，人事依靠行政主管部门批准，财政依靠国家财政拨款，人事、财务的依赖性使得高校作为事业单位的身份具有"含混性、模糊性以及不确定性"[105]。

因此，有研究者认为"单位制是大学沦为政府附属机构的制度根源。"[106]作为一个单位，"大学作为单位组织的存在使大学的组织结构与政府组织高度同构，大学成为了政府行政组织机构的延伸。"[107]大学与其他的政府单位没有差异性，就失去了大学在组织功能上的独特性，大学的管理者与政府官员职责雷同，日常工作花费大量精力处理复杂的社会事务。"研究者近几年陆续访问了部分高校的党委书记和校长，问他们在工作中感到最困难的工作是什么，其中不少人回答是处理学校与政府、社会关系方面的问题。""现在学校和院系领导，必须花大量的时间来应付各种突发的事情、上级布置的事情、群众因切身利益而找上门来的事情，各种各样的会议和接待等等，往往因此忽视了学校发展的大事。"[108]上述研究者提到的大学领导主要忙碌应对的工作大多属于政府行政事务，本不该是他们的主要责任，他们付出大量精力去应对社会事务，对学校发展以及教学科研水平的关注必然下降，偏离了高校管理的核心职责。

103 朱新梅.知识与权力　高等教育政治学新论〔M〕.教育科学出版社，2007:166.

104 段海峰.行政法视角下的高校管理〔M〕.北京:人民出版社，2010:166.

105 段海峰.行政法视角下的高校管理〔M〕.北京:人民出版社，2010:167.

106 龙献忠.治理理论视野下的政府与大学关系研究〔M〕.长沙:湖南大学出版社，2007:193.

107 龙献忠.治理理论视野下的政府与大学关系研究〔M〕.长沙:湖南大学出版社，2007:195.

108 刘献君.论高校战略管理〔J〕.高等教育研究，2006.2.

　　针对这种情况，有研究者提出，"高等学校的办学自主权与政府的行政权力的'自治'与'控制'的博弈将会长期存在，这既是高等教育的性质使然，也是政府作为举办者和出资人的必然谋求。划分政府权力的边界是保护高等学校办学自主权的重要方式，界定高等学校办学自主权的范围也是科学划分政府权力边界的前提条件。"[109]高等教育的发展需要政府支持，尤其需要政府的资金投入，大学出于自身利益考虑需要发展跟政府的紧密关系。但是如果关系紧密到没有界限，政府的权力没有约束，大学失去了学术与教育的自治权利，也不符合高等教育的发展规律。如果没有严格的依法治校的约束机制，依靠政府良心自觉去划分这样的边界是不可靠的。

　　2012 年 1 月 1 日教育部开始施行《高等学校章程制定暂行办法》，指出"高等学校的举办者、主管教育行政部门应当按照政校分开、管办分离的原则，以章程明确界定与学校的关系，明确学校的办学方向与发展原则，落实举办者权利义务，保障学校的办学自主权。"要求高校尽快制订章程，"章程应当根据学校实际与发展需要，科学设计学校的内部治理结构和组织框架，明确学校与内设机构，以及各管理层级、系统之间的职责权限，管理的程序与规则。章程根据学校实际，可以按照有利于推进教授治学、民主管理，有利于调动基层组织积极性的原则，设置并规范学院（学部、系）、其他内设机构以及教学、科研基层组织的领导体制、管理制度。"如果国家相关法律保障高校的权益，高校按照章程制定的原则严格界定学校的权利与责任，并严格按照章程执行，将逐渐解决高校目前面临的各种难题。高校被视为行政部门承担政府职责，在依法治校权利上的缺失，导致在处理危机事件时责任、权力等边界不清楚，在危机事件的处理权限上存在模糊性。

3. 高校发展规模过大的困境

　　从 1999 年到 2009 年，"10 年时间里，我国高等教育实现了历史性跨越，规模先后超过俄罗斯、印度、美国，成为世界第一。2002 年，我国高等教育毛入学率达到 15%，进入国际公认的大众化发展阶段。2008 年，全国各类高等教育在学人数超过 2900 万人，毛入学率达到 23.3%。目前，我国具有高等教育学历的从业人数超过 8200 万人，位居世界第二位，成为名副其实的高等

109　周川,马娟.现代学校制度与学校自主发展研究〔M〕.哈尔滨:黑龙江人民出版社,
　　　2011:157.

教育大国。"[110]大学生从天子骄子走向普通大众，推动了中国经济的可持续发展，满足了青年学生成长的需要，"1982 年上百万的大学生只占中国人口的1‰"[111]。这种短时间的惊人变化既可喜也可忧。

　　教育规模的扩大为更多的社会群体增加了接受高等教育的机会，也带来新的问题。高校变得规模太大以致失去了原来的环境和氛围，"随着班级越来越大，专注于资金雄厚的研究工作的优秀教授们也与学生们越来越疏远"[112]，这种现象曾发生在发达国家的高等教育从精英教育到大众教育的发展过程中。教授们受到评价体系影响以及追求在学术研究中的地位和影响力而专注于科研，教学的重要性退居其次。学生人数增加，班级规模变大也使得管理松散，教授与学生疏远，学生与学生之间疏远。"学校规模的增大意味着增长学生的异化和削弱甚至摧垮大学对学生的管理。促进学生异化的因素同样也是削弱校方权威控制能力的因素。"[113]规模对于市场经济来说是好事，对教育未必是好事。在一个规模过大的学校里，教师和管理者面对庞大的学生群体很难关注到每一个学生，学生游离于管理者视野之外，最拔尖的部分和最有"问题"的学生容易得到关注，中间群体容易受到忽视。教授们忙于科研和对外交流以及培养研究生，无暇顾及教学，课堂教学质量存在问题；学生和家长过高的期望和给予学校太大的责任也使得教授们对学生培养心存顾虑，他们甚至抱怨一代不如一代，现在的学生远不如当年的学生那么刻苦，那么好学，那么专注；而且现在的学生太脆弱，不能随便批评，不能责备，甚至不能严格要求，否则学生如果出现心理问题甚至出现极端事件，社会舆论谴责教师方法不当或者要求过严，舆论的压力会使得老师们无法承受……社会寄希望大学创造新的成果，为社会发展提供新的思想、产品、人才，创造新生事物、创造美好未来；大学也的确应该为社会提供动力和人才，所以需要科研，教授们不是万能机器，他们做不了所有的工作，他们需要研究生；学生如果从小没有培养自主选择的能力，缺少自我成长的动力，在就业的压力

110　中国高校扩招 10 年　我国已成高等教育大国〔EB/OL〕.〔2009-12-7〕.
　　　http://edu.ifeng.com/news/detail_2009_12/08/427763_0.shtml.
111　〔美〕费正清.美国与中国〔M〕.北京:世界知识出版社，2010:469.
112　〔美〕阿尔文·古尔德纳.新阶级与知识分子的未来〔M〕.杜维真,罗永生译.北京:
　　　人民文学出版社，2001:76.
113　〔美〕阿尔文·古尔德纳.新阶级与知识分子的未来〔M〕.杜维真,罗永生译.北京:
　　　人民文学出版社，2001:77.

之下，他们对前途感到迷茫，无法选择和决定自己的兴趣时，极易随波逐流，被社会环境和社会思潮所左右，向现实妥协低头。当社会出现问题的时候，人们反省的矛头指向大学——大学是为未来培养人才的，当这个未来不是人们希望的、与人们的期望大相径庭的时候，总得有人对社会不当之处负责任，于是大学被批评和抨击也就难免。

学生的个体性差异化需要投入很大的人力去进行指导，教授们忙于科研考核，行政岗位被削减以减少运行成本，大量雇佣的流动人员自身的权益难以得到保障，对学生的指导变成了次要的问题。在庞大的学生基数上进行个性化指导、尊重个体差异需要投入巨大的人力和时间成本，但人才培养周期长，学生培养结果难以在短时间内进行考核评估，也同样影响到对人力资源的投入的评估。唯有危机事件发生时，急剧增加的复杂事务需要更多人力投入，超常的工作模式解决了大量日常潜伏的矛盾，在这个节点上学生的个体化差异和对他们的关注才会再一次被提上议程。

而精英教育向大众教育的转变，意味着精英教育所代表的师生关系已经难以为续，叶企孙先生当年在清华办理学院，一年物理系只招 14 人左右，毕业六七人，淘汰一半，他认为学生过多，无法了解并培养出人才。西南联大也沿袭这个培养模式，比如物理系淘汰一半学生，其中包括转系到其他院系，叶先生能够根据学生特点建议学生发展的方向，并不把学生全部留在物理系。精英教育的模式是西南联大出人才的原因之一，学生和教授之间交流比较频繁，学生的个体性差异得到充分重视。西南联大由北大、清华、南开三校汇合之后师资、生源都在全国高校首屈一指，名师荟萃，师生之间充分交流，学校营造了良好的学术氛围，师资具有国际化视野，这些经验在今天已经难以复制。虽然今日大学的设施，条件已经远超当年，但是仅师生比这一项就无法与当年相提并论。惠及众生的高等教育使得社会公平、效率的理想得到了维护，但社会和公众依然以西南联大当年人才辈出的辉煌来批评今日大学的"堕落"，如此将精英教育与大规模人才培养模式对比，也有不合理之处。

高等教育的大众化必然改变大学的生态，外部资金和公司管理模式的引入，更使得大学变得复杂异常，规模的扩大以及事务多样化使得内部管理日趋专门化、复杂化。"知识专门化、大学分化和资助多样化的趋势，不可抗拒地导致各大学和整个大学复合体运作的更大的复杂性和矛盾。"[114]而且，"随

114〔美〕伯顿·克拉克.探究的场所 现代大学的科研和研究生教育〔M〕.王承绪译.

着复杂性的加深，大学不幸变得更加成问题。大学有着它在 1/4 个世纪以前或半个世纪以前所有的资金的总和，工作人员和学生人数增加了的 3 倍、5 倍，或 10 倍，这样的大学并非旧时大学的放大。处理的事情表面上以几何级数增长，内部的分化大了很多，外部的联系增加了很多。大学的运行成为一个不可测知的迷宫；官僚主义增长，学院群体分离。关键的是，大学的运行更难为外界看见和理解。旧时统一的中心价值观和大学的单纯不再能应用到迅速变化的不透明的复杂性的现实。埋置的无凝聚性促进了不断增长中的'危机'感。"[115] 人数、资金急剧膨胀，凝聚师生的价值观出现问题，内部管理复杂莫测，这个阶段的大学不可能再回到精英教育时代了，不但是师生之间疏远，即便是学校的管理者，也很难理清内部的复杂关系。作为学术机构，大学一直相对松散，学术研究比较自由，组织不必过于严密。但是作为一个教育机构，其组织松散性可能导致对学生的教育、管理乃至影响力有限，学校的理念缺少组织依托，难以深入学生的学业与日常生活；学生本该在校园生活中学习社会规则，学习互助成长，其实现程度可能因为学生群体缺乏凝聚力而存在不确定性，也是影响我国高校学生适应大学生活的重要因素。教师、教学和科研希望给学生更多的自由和选择，而学生们如果缺乏指导则可能在这个复杂的学科体系和组织中迷失方向。在一个松散的环境中试图强化凝聚力受到各种分离力量的牵制，大课教学成本比较低，但不容易深入学生之中，而相对具有凝聚力的社团和社会生活吸引了学生们的兴趣并占据他们的精力，分散了他们在学业上的专注。他们在人数众多的课堂内处于松散状态，只能在分散的小型组织中去建立凝聚力。小规模的大学里人际关系比较亲密，在规模较大的大学里亲密关系很难建立，疏离感和孤独感普遍存在，组织的松散性加剧了凝聚力的缺失，这对管理需要的效率、归属感等需求产生不利影响，现代大学的复杂性对学生的适应能力提出的挑战远胜于他们当初对大学生活的美好期望。

过去那种师生之间亲密无间的关系已经成为历史，学生在大学四年可能不认识任何一个教授，教授们也不认识自己的学生，这在六十年代的美国大学就已经存在，并引起学者们的关注，因为这种关系妨碍了大学的精神和文

杭州:浙江教育出版社，2001:285.

115〔美〕伯顿·克拉克.探究的场所 现代大学的科研和研究生教育〔M〕.王承绪译.
   杭州:浙江教育出版社，2001:285-286.

化——难以培养精神交流的氛围。《The student and the college》收集了当时美国大学从事研究和教学、以及管理的学者们的文章，提出了很多建议。当时的美国高等教育正处于膨胀时期，跟我们现在的情形有一些相似之处。教授们处境微妙，因为研究的压力很大，终身教授们则已经倍感疲惫，不再拼命工作，他们的兴趣也不在本科生，他们更希望有研究生可以分担一些工作。其中部分文章鼓励建立学生的组织，鼓励培养学生对于不同文化的宽容和了解。总的来说，当时存在很多问题，所以提出问题和讨论问题的文章居多，提出解决办法的文章不多。基本上大家持一种态度：我们正在经历前所未有的变化，大家慎重，但是自己想办法解决吧，没有良方，也没有通行的对策，只要能够解决问题，自己去尝试。学者们达成的共识在于他们坚信美国的文化、西方的文化传统必须延续，大学要在共同的价值核心之下去建立多样性，培养多样性，不能培养使得社会分裂的价值观。

我们当下的时代高校学生人数、规模、复杂性远远超过既往任何时期，规模扩张使得大学事务繁杂分化，内部的复杂化导致"大学科层化是大学越来越复杂的必然结果。不过，这种科层化应该被看作是现代社会内深层的分化进程中的一部分。"[116]科层化是工业化过程中提高生产效率的一种企业管理模式，也是工业时代人与人疏离的管理模式，组织规模超越了可见的范围，组织内部人数众多且构成复杂，因而难以直接沟通，"科层化的结构和管理被设计用来解决常规化的问题——用一种程序化和系统化的方法，以最少的人力、物力资源的投入来处理新产生的问题和争端。"[117]当高校管理将企业管理的科层化模式引入，有利于分工和提高效率的同时，传统精英教育所特有的师生亲密接触交流，组织自由发展等特点就很难在科层制的管理模式中存在了，学生个体的复杂性和差异性得到的关注也较过往更为困难。

研究者既为入学率提升而欣喜，也更对由此产生的困境担忧。学校规模扩张过速，原有的优质教育资源被稀释，必然影响到学生的培养质量。国务院参事室、教育部积极推动试点学院改革，已经关注到我国高等教育发展的瓶颈在于提高高等教育质量，提出"试点学院改革要着力于破解制约高等学

116　〔英〕杰勒德·德兰迪.知识社会中的大学〔M〕.黄建如译.北京:北京大学出版社，2010:63.

117　〔美〕E·马克·汉森.教育管理与组织行为.冯大鸣译.X·燕·麦希施密特校.上海教育出版社，2005:23.

校内涵式发展的深层次矛盾，为深化高等教育体制改革和教育教学改革、提高人才培养质量做出有益探索。"[118]试点学院改革如果不能在上述诸多问题上有所突破，恐也很难打破瓶颈。

4. 替罪羊困境

学校存在于社会环境中，是社会的有机组成部分，发生在学校里的事情，不仅仅与学校相关，学校受到各种复杂社会矛盾和因素的影响，在某些特殊情况下成为社会矛盾演化的场所。正如研究者指出的，"绝大多数的冲突和危机都不是你们造成的，也必然不是由你们能解决的。到时候你们只能做好当替罪羊的准备。有些时候，你们的内心会被撕裂，会陷入莫名的困境中，无力和无助，连设法'妥协'都变得很难。"[119]冲突和危机并非由学校造成，但是学校必须面对和承担由此造成的后果，这个"替罪羊"角色，扭曲了学校与学生及社会的关系。

学校的替罪羊角色来自于社会发展中的差异性，当社会进步带来的个人满足感在整个社会呈现的分化与差异面前正逐渐变得失衡时，如果生活中发生突发的变动，人们难以接受自己的挫败感，却强化了被剥夺感时，就试图寻找情绪的发泄口。"不满情绪最高涨的时候，很可能是困苦程度勉强可忍受的时候；是生活条件已经改善，以致一种理想状态看似伸手可及的时候。"[120]霍弗进一步指出，"已经拥有许多而想拥有更多的人，其失意感要大于一无所有而只想拥有一点点的人。另外，只缺失一样东西的人也会比缺很多东西的人更不满。"[121]中国社会经过三十年改革开放，民众不再一无所有，但是也不满意自己已经拥有的，现实中的贫富分化以及阶层差异造成民众对社会利益公平分配的心理预期失衡，他们渴望得到与自己的付出对等的回报。在这样的社会大背景下，"城市化、识字率、教育和接触传播媒介的水平的提高，都在提高人们的愿望和期待，而如果这些愿望和期待不能得到满足，就会刺激个人和集团投身于政治。在缺少强有力和灵活的政治制度的情况下，这种参与的增加便意味着动乱和暴力。"[122]强有力的政治是社会稳定的必要因素，但

118　关于征求推进试点学院改革指导意见的函〔R〕.教育部教高司，2012:104.

119　郑杰.学校何以难办〔M〕.北京:中国轻工业出版社，2010:67.

120　〔美〕埃里克·霍弗.狂热分子〔M〕.梁永安译.桂林:广西师范大学出版社，2008:48.

121　〔美〕埃里克·霍弗.狂热分子〔M〕.梁永安译.桂林:广西师范大学出版社，2008:49.

122　〔美〕塞缪尔·P.亨廷顿.变化社会中的政治秩序〔M〕.王冠华,刘为译.上海:上海

是民意的表达渠道如果不畅通，社会组织不能发挥分流疏导的作用，社会动荡的风险也会存在。"在政治生活和社会生活中，无论什么东西，除非在制度上被确立起来，否则都是无效的。社会必须在起作用的权力关系的基础上组织起来。在政治学上，颠覆只有在导致某种更好的东西的建设时，才是合法的。仅仅扫除某种东西，无论这种东西有多么坏，都不是解决问题的办法。被摧毁的制度如果未能被一种功能正常的制度取代，那么继而发生的社会生活的崩溃，会孕育出比原先被摧毁的制度更加深重的罪恶。"[123]破坏和批评是容易的，建设却极其艰难。当社会生活中颠覆性的语言和行为容易得到喝彩，却鲜有人积极地创造时，这样的社会潜藏着动荡的风险。

社会发展催生了不断膨胀的欲望和野心，提供了社会不公平的对比和参照，孕育了民众心中的失衡。广告、影视在宣传美好生活和成功人士的同时，可能在传递和扩大这种参照，一方面展示美好生活的愿景，另一方面无意中增加潜在的不安全感，那些失意的人群更可能在这种强烈对比中感受到被社会抛弃，无法获得社会主流价值追求的理想生活方式。网络、资讯有可能把分散的矛盾聚集到一起，使得失意人群找到聚集产生合力的平台。民众在现实中受到的挫败与预期形成落差，当失望累积成为积怨，一个小小的导火索就可能激化矛盾，引发潜在的公众内心的失衡，导致情绪的激化而使得个体事件成为群体事件。教育带给了所有人改变命运的希望和可能，但是并非一定带来预期的结果，特别是过分追求结果导致将学习功利化和工具化，造成年青一代价值观缺失，心理问题多发，一旦心理问题演变为危机，走向极端，家长和社会很难接受和承受这个后果，多半质疑学校教育，甚至跟学校发生冲突。

高等教育身处的环境不再是平静的社会，矛盾激化的可能性随处存在，"在现时的政治框架下，民意表达缺乏理性的表达方式和制度的安排，在社会综合矛盾的刺激和催化下，民意以群体性突发事件的方式爆发有其必然因素。但是中国基层组织的社会控制却在弱化，社会权威结构失衡，尤其是在农村，乡村基层组织对农民的行政控制严重弱化。基层组织对群众的号召力、凝聚力和说服教育作用大大减弱。在这种背景下，孤立的事件将随时诱发'同

人民出版社，2008:36-37.

123　〔美〕彼得·F·德鲁克.社会的管理〔M〕.徐大建译.上海:上海财经大学出版社，2006:102-103.

病相怜'的整体共振，这种社会矛盾的破坏方式将有可能是一场非理性的剧烈地震，干柴烈火借此宣泄，后果无疑是可怕的，失序与暴力有可能令中国社会良性发展的机会夭折。"[124]基层的无序化、组织空心化所造成的后果已经在见诸报端的群体性事件中时时可见，这种非理性的处理问题的方式削弱了社会达成共识的基础。

当社会矛盾被偶然事件激化，公众维护自己权益的愿望被强化，而基层组织弱化的时候，社会需要政府或者一个组织能够代表民意来维护公众的权益，或者有一套机制可以保障公众的权益。但是现实的困难在于，"中国的市场经济是在公民缺乏权利保障的情况下发展的。这种权利的缺乏使一些人成为弱者。如果要保障他们的利益，首先要保障他们的权利。民主制度保证弱者的权利，才会根本改变弱者的命运。"[125]拥有权利的群体才可能掌握自己的命运，才有能力去维护自己的权益。但是，"中国政府管理目前面临的重要问题，就在于至今我们没有确立起、甚至没有找到一种十分有效的对公共权力的约束和制约机制。"[126]在公共权力缺乏约束的环境下，法律对个人权利与权益的保护也难以实现。如果不能通过正常的法律途经来寻求个人权益的合法化，一部分人转而采取群体性事件、持续性上访等行为表达诉求，政府处理这些特殊行为付出的成本远远高于正常的社会治理成本，严重消耗了社会资源，甚至造成了某种恶性循环，某些人用"闹"来寻求个人权益合法化。

专家指出"只有在法律法规上设定合理的、明示的责任，才能避免权力边界的模糊性和任意扩张。"[127]以达到"从政治层面解决对政府权力的有效制约，最终可能是要解决'四权'的问题。这就是张扬民权，规范党权，废除特权，约束公权。"[128]解决这个问题需要依靠制度，"制度是一套基于既有的规则、程序来调节个人和（或）群体的行为的持久而稳定的安排。"[129]制度用于调解矛盾，约束非理性诉求，并且"组织的真正边界及其渗透、开放或者封闭的程度，不是稳定的，而是变动不居的"[130]，组织需要具有灵活性去应

124　朱力,韩勇,乔晓征.我国重大突发事件解析〔M〕.南京:南京大学出版社,2009:266.

125　蔡定剑.民主是一种现代生活〔M〕.北京:社会科学文献出版社,2011:61.

126　汪玉凯.界定政府边界〔M〕.北京:中国友谊出版公司,2010:94.

127　陈国权.责任政府:从权力本位到责任本位〔M〕.杭州:浙江大学出版社,2009:7.

128　汪玉凯.界定政府边界〔M〕.北京:中国友谊出版公司,2010:95.

129　〔英〕安德鲁·海伍德.政治学核心概念〔M〕.吴勇译.北京:人民出版社,2008:116.

130　〔法〕埃哈尔·费埃德伯格.权力与规则 组织行动的动力〔M〕.张月等译.上海:

对变化，政府对权力边界的界定也需要回应变化的需要，不能将自己约束在僵化的范围内。

有学者认为："民主是解决当前社会矛盾的关键"[131]，因为"好的制度和坏的制度的区别，或者说好的社会与坏的社会的区别，不在于有没有矛盾、冲突，而在于：一、制度和社会能否容纳冲突，容纳的能力有多强；二、能否建立制度化的机制解决冲突。一个好的社会制度，在社会矛盾和冲突发生时，是我自岿然不动的、很自信的；反之，一些矛盾和冲突还在萌芽的时候，它就会惊慌无措、草木皆兵。"[132]容纳冲突并建立机制解决冲突，是社会的努力目标。如果没有这样的机制和共识，组织就如同坐在火山口上，任何一个机构都可能成为出气口，成为社会积怨的替罪羊。

综上所述，理解危机，建立共识，推动组织发展，这是我们当下的一个艰巨任务。高校的办学环境受到多重因素影响，回应社会的复杂性矛盾需要高校从组织的权责、能力以及与社会的合作等多方面采取措施。组织中的人具有创造性，人总能趋利避害设法摆脱困境，人的主观性与主动性也决定了彼此的理解和信任是最为重要的，"关系是建立在信任基础上的纽带，信任在这里不是预先给定的，而是建构起来的，而且这种建构意味着一个相互的自我开放过程。"[133]在危机事件中建构信任关系需要理解和了解危机的过程，真实的案例正好展示了这样的过程，人们乐于从真实的场景中寻找自己需要的信息。

本研究从危机事件出发，将危机事件作为研究组织行为与决策的分析对象，通过案例展示组织回应危机时表现出来的组织结构、行为方式以及社会合作与认知的局限，希望本研究所展示的案例有助于理解高校的真实处境，也能增进对组织应对危机时的行为与决策的理解。

上海人民出版社，2005:86.

131 蔡定剑.民主是一种现代生活〔M〕.北京:社会科学文献出版社，2011:115.

132 孙立平.矛盾、冲突是社会常规化的组成部分〔J〕.同舟共进，2009.3.

133 〔英〕安东尼·吉登斯.现代性的后果〔M〕.田禾,黄平译.南京:译林出版社，2011:106.

第二章　研究设计

第一节　理论基础

一、核心概念

1. 突发事件

国家颁布的《中华人民共和国突发事件应对法》第三条对突发事件进行了界定:"本法所称突发事件,是指突然发生,造成或者可能造成严重社会危害,需要采取应急处置措施予以应对的自然灾害、事故灾难、公共卫生事件和社会安全事件。按照社会危害程度、影响范围等因素,自然灾害、事故灾难、公共卫生事件分为特别重大、重大、较大和一般四级。"[1]因此突发事件特指发生后具有紧迫性与危害性的事件。

2. 危机

危机概念最初出现于医学领域,"危机概念在被当做科学术语使用之前是一个医学用语。在医学上,危机是指疾病的一个阶段,这个阶段将决定身体的自我康复能力是否足以使人恢复健康。危机过程就是疾病,似乎是客观存在的。"[2]哈贝马斯进一步指出,"今天的社会科学提供了一种系统论的危机概

---

1 2007 年 8 月 30 日第十届全国人民代表大会常务委员会第二十九次会议通过.

2 〔德〕尤尔根·哈贝马斯.合法化危机〔M〕.刘北成,曹卫东译.上海:上海人民出版社,2009:3.

—47—

念。根据这种系统理论，当社会系统结构所能容许解决问题的可能性低于该系统继续生存所必需的限度时，就会产生危机。从这个意义上说，危机就是系统整合（Systemintergration）的持续失调。"[3]危机管理专家认为危机有三个属性："威胁、不确定性和紧迫性。"[4]结合他们的分析，研究者理解高校学生危机事件具有威胁性、不确定性和紧迫性，组织内部与外部的系统性整合失调，难以应对这些危机事件。

3. 组织困境

冲突是组织发展过程中矛盾难以调和，不能采取正常途径解决的阶段性非正常行为。"冲突是指两个或两个以上的社会单元在目标上互不相容或互相排斥，从而产生心理上或行为上的矛盾。它包括公共组织内个人与个人之间的冲突，也包括群体间的冲突。"[5]组织由人组成，他们之间的差异性使得"冲突是组织生活中的正常现象。"[6]冲突的积极作用在于推动组织去改变，在提高适应能力的过程中寻找共识，建立组织的稳定性，并把组织带入积极的变迁中，"组织是社会变迁的积极参与者。"[7]人及其关系组成的组织，具有人的社会性，丰富性，多样性，当人的特性与组织目标、价值观发生冲突时，冲突状态及其后果造成组织困境。

现代汉语词典解释"困境"为困难的处境。英文分别解释为 difficult position 和 predicament，前者强调困难，麻烦，糟糕，悲惨等处境；后者强调尴尬、窘迫[8]。综合组织行为理论，组织困境可定义为：在组织内部、组织之间因为目标、价值观等差异，不同的社会单元在心理与行为上产生冲突而造成的组织的窘迫处境。特别是在应对复杂的危机事件时组织困境表现尤为明显，危机事件本身容易造成分歧和矛盾，在行为上、心理上产生冲突。如果组织缺

3　〔德〕尤尔根·哈贝马斯.合法化危机〔M〕.刘北成,曹卫东译.上海:上海人民出版社，2009:4.

4　〔荷〕阿金·伯恩,保罗·特哈特,〔瑞〕埃瑞克·斯特恩,邦特·桑德留斯.危机管理政治学〔M〕.赵凤萍,樊红敏译.郑州:河南人民出版社，2010:3.

5　陈振明,孟华主编.公共组织理论〔M〕.上海:上海人民出版社，2006:183.

6　〔美〕罗伯特·G·欧文斯.教育组织行为学〔M〕.窦卫霖,温建平译.上海:华东师范大学出版社，2001:24.

7　〔美〕理查德·H·霍尔.组织：结构、过程及结果〔M〕.张友星,刘五一译.上海:上海财经大学出版社，2003:20.

8　牛津高阶英汉双解词典〔S〕.北京:商务印书馆，2005.

少准备，对所需要应对的问题缺乏明确的定义，对组织所应该承担的责任的行为边界表现出不确定性，对是否应该承担责任，如何承担责任，谁来承担责任，以及信任与共识的关系如何建立等问题处于模糊状态，矛盾和冲突还会使得组织困境进一步加深。

二、理论基础

研究者已经对涉及到的诸多概念进行了澄清，将研究集中于组织处于危机中的困境研究，相关的理论依据来源于组织理论和危机管理、高校管理理论。

1. 组织有边界

基于理性的前提，组织的成立源于特定的目标和使命，其目标和使命决定了组织的责任边界，边界确定了组织的权利、功能、能力、资源等，形成一个相对封闭的有限范围，只针对特定人群存有特殊的意义。"从边界限制新的机会和新观点的流动这一点来讲，边界是作为一种界限存在的。但从另一方面看，边界也同时帮助个人和群体形成一种稳定的时空局面，从而使得他们更好地发展其独特之处，并使他们更有效地做出外部行为。"[9]边界区分了组织内外成员的权利义务关系，形成特定群体的归属感和认同感，"边界可以看作是存在于'相异性'和'同一性'之间的一种界限。这种区分赋予组织内部的人们一种特征，也提供了他们行为的基准。"[10]边界限定了特定群体的行为规范，组织的管理围绕边界进行，"组织通行的管理很大程度上是关于建立、维持和改变团体、活动、责任以及资源之间的边界的。"[11]组织的管理努力维系相对稳定的团体关系，也对可能发生的改变承担了责任。

2. 组织的边界具有不稳定性

组织边界问题即"组织之间的关系问题以及与其服务对象的关系问题"[12]，

9 〔英〕尼尔·保尔森,托·赫尼斯.组织边界管理 多元化观点〔M〕.佟博等译.北京:经济管理出版社，2005:28.

10 〔英〕尼尔·保尔森,托·赫尼斯.组织边界管理 多元化观点〔M〕.佟博等译.北京:经济管理出版社，2005:31-30.

11 〔英〕尼尔·保尔森,托·赫尼斯.组织边界管理 多元化观点〔M〕.佟博等译.北京:经济管理出版社，2005:43.

12 〔美〕H·乔治·弗雷德里克森.新公共行政〔M〕.丁煌,方兴译.北京:中国人民大学出版社，2011:42.

组织努力维系彼此之间的关系、与服务对象的稳定关系，但也必须随着社会变迁发生改变，特别是现代社会的流动性和知识性几乎从内部瓦解了组织的稳定性，"知识社会的本质，却在于居住地的流动性、工作的流动性和社团关系的流动性"[13]，这种流动性打破区域、行业、阶层的隔阂，使得社会充满活力和可能性，原有的组织边界因而具有"复杂性、不稳定性、可协商性"[14]。高校是典型的知识性社会，教师、学生来来往往，跨越了地域、阶层和不同文化背景，彼此之间的内部关系是流动的，大学作为组织长期存在，而人的生命有限，教师长则为大学工作几十年，短则三五年，学生则根据学制的要求离开学校。教师与学生和学校不具有永久存续的关系，高校每年迎接新的学生和教师，送走毕业生，教师退休、调离都是常态，因此是一个开放的、流动性的关系。针对内部流动性特点的高校管理具有灵活性，组织边界不是严格封闭的，内部关系处于相对稳定的不确定性中。

3. 规则解决组织决策与行为的不确定性

人们通过经验和直接认知来学习，对于自己不熟悉的事情通常心存畏惧，不确定性往往带来不安全感，于是总希望把不确定性转变为确定性，以便可以掌控自己的未来和命运。当然人类也利用自己的经验和智慧解决了这个难题，周其仁老师认为，"所谓不确定性，在定义上就是说无法根据过去的经验来推断事件未来发生的概率。既然过去的经验甚至不能在概率水平上预测未来，那么应对又从何谈起？天有不测风云，我们到底怎么渡过未来的岁月？破解这个难题，可以从一个基本事实出发。这就是上面讲到的不确定性，并不是现在才有的。它早就出现了，也一直陪伴着我们。任何公司、行业、国家在一路走来的途中，总不能完全避免不确定性的纠缠，人们总是自觉不自觉地在对付过不确定性。从事后才看得出来的成败得失中，我们可以获得经验教训，可以得到启示，就是以确定的规则来应对不确定的结果。"[15]周其仁先生进一步指出，面对不确定性，首先要解决规则问题。以体育竞赛为例，当规则确定，运动员对于自己的努力方向很明确，观众也知道第一名就是冠军，至于谁是冠军，就是不

13 〔美〕彼得·F·德鲁克.社会的管理〔M〕.徐大建译.上海:上海财经大学出版社，2006:47.

14 〔英〕尼尔·保尔森,托·赫尼斯.组织边界管理 多元化观点〔M〕.佟博等译.北京:经济管理出版社，2005:179.

15 周其仁.如何应对不确定性〔J〕.2008 年企业家领袖年会.招商周刊，2008，26.

确定性。规则清楚了，大家对于不确定性的恐惧和担心就消失了，比赛反而会吸引众多关注。我们的祖先早就有这样的智慧"以不变应万变"[16]。因此，他提出，以规则的确定性应对结果的不确定性[17]。规则清楚，则边界清楚。这种规则不仅限于某一类行业或者领域，可以推广至所有权利的界定。"因为从局部的渐进的权利界定，到发展成为普遍的权利界定，将进一步扩大不侵犯他人的经济自由，从而走向一个普遍约束权利、保障自由的现代国家。"[18]周其仁将不确定性的概念从经济学的领域推广到社会生活，认为规则是社会秩序的基石，关乎所有人的生存发展机会。这些看似确定的规则，也是人类在彼此权益的博弈中逐渐形成的能够共同接受的规则和价值观，是人类文明发展过程中逐渐总结积累的经验，因此也具有相对的确定性。

4. 规则保护组织的稳定性

经济学家认为经济改革的实质就是不断界定产权的边界，保护社会财富的合法性，由此推广到社会改革就是不断界定划分个人的权利边界。人的社会性倾向于融入社会组织，需要组织的保护，但是与组织相比个体力量单薄，因而必须依靠规则来约束组织对个体权益的越界行为，组织与个体的关系既有相互依存，也有彼此防范，"没有人喜欢规则，但每个人都坚持使用规则。与此同时，他们也关注规则对稳定性的贡献。"[19]有稳定的规则就有稳定的组织，稳定的秩序使得所有人确信自己的权益能够通过合法的程序申诉并得到规则的保护，才能解决冲突的无序和混乱状态，将组织从困境中解脱出来。而组织相对于社会的法律体系和其他保障体系而言也是有责任边界的，需要从整个社会的规则中得到承诺和保护，以摆脱单个组织或者机构独立面对冲突、危机的尴尬无助局面，避免陷入承担无限责任的困扰，组织承担责任的积极性和社会责任感才会持续发挥作用。

5. 大学的组织边界

所前所述，组织存在的合理性在于人的社会性需求，社会性需求的类别

16 周其仁.如何应对不确定性〔J〕.2008 年企业家领袖年会.招商周刊，2008，26.

17 周其仁.以规则的确定应对结果的不确定〔J〕.现代商业银行，2009，2.

18 周其仁.权钱交易令人不寒而栗〔EB/OL〕.2012-2-19.http://qrchou.blog.hexun.com/72347072_d.html.

19 〔美〕詹姆斯·马奇,马丁·舒尔茨,周雪光.规则的动态演变 成文组织规则的变化〔M〕.童根兴译.上海:上海人民出版社，2005:186.

决定了组织承担事务的差异。大学是一个教育机构，承担教育和科研为主的责任，社会服务也是依托教育和科研成果进行。这原本是一个无可争议的事实，对大学的组织定位很清晰。然而，过去长期推行的计划体制以个人所属的单位来划分责任边界，单位就是一个完整的社会单元，包括大学在内的单位承担了生老病死等所有职责，甚至建立了从医院、幼儿园到离退休工作等一个完整的社会体系，将有限的资源投入于本该社会和个人承担的后勤保障中。这种完全保障体系在各单位、机构重复建设，浪费大量社会资源，为部分群体提供充分保障的同时，也养成了他们的惰性和依附心理，将自己与这个单位、机构绑定。在这种计划体制被逐渐打破之后，传统的观念依然还在社会的一部分人心中存在，所以存在类似的社会心态，他们寄希望于大学承担完全责任，只要进入大学，一切事务均由大学负责。高校以事务性质来划分责任边界，而不是以地域或单位这种绑定的没有选择性的关系来界定责任边界，是符合高校组织边界的灵活性和弹性的，符合现代社会通行的组织有限责任边界的划界，在大学面临危机事件时也有利于大学利用自身作为教育机构的特点，利用组织的确定性（规则和法律）来应对事件的不确定性。

今天的大学已经走下神坛，逐渐世俗化了，不得不面对诸多现实压力，既有国内的，也有国际的；即有外部的，也有内生的。外部压力来自政府和民众提高高等教育质量，建世界一流大学，解决社会重大需求、服务国家战略的诉求；社会公众希望借助教育实现社会合理流动和利益合理分配；个体希望借助教育得以实现自我发展并解决就业。大学内部的压力既来自国际高等教育竞争的压力、国际名校对国内优质生源、资金的争抢，也来自国内高校之间在人才与生源、科研实力等方面的竞争。这些都是高等教育发展的阶段性特点。"美国教育反映了社会所有的冲突需求。学校被寄希望于解决现实生活中的所有问题，从种族冲突到滥用毒品到高速公路车祸。人们也希望他们能提高学生的语文和数学成绩，以适应全球竞争激烈的经济现状对全国劳动力市场提出的要求。"[20]今天我国高校面临的需求如出一辙，个人、家庭、社会、国家都对高等教育抱有很高期望，都希望高校满足这些诉求。各种利益诉求之间并不完全匹配，各自站在自己的利益需求上发声。高校要依靠国家投入和社会支持获得资金注入和发展动力，同时又有自身的发展规律，短期内不可能有重大改变，所以很难满足所有人的诉求。在多个利益诉求交织

20　〔美〕托马斯·R·戴伊.理解公共政策〔M〕.彭勃译.北京:华夏出版社，2004:127.

的时期，高校如果对自己的组织边界的界定不清晰，忽略自己的主要使命，承担太多不该承担的责任，责任与能力不匹配，甚至组织反应过缓，在面临危机事件等突发情况时回应不及时，容易引起社会公众普遍的质疑，不仅对组织内部造成危害，也会造成对高校发展不利的舆论环境。

三、分析框架

本研究关注国内高校的现实困境，"真实世界、实例、一般化"[21]是周其仁先生在分析科斯的经济学研究方法时总结的几个关键词。研究者认为高等学校的组织困境研究可以遵循同样的研究路径，即真实世界存在具有研究价值的问题，案例是真实世界的具象化，从案例中可以总结规律，提出一般化的研究结论。

1. 真实世界、实例

对于公众来说，首先需要厘清的问题是高等学校究竟发生了什么。公众看高校，基本是雾里看花。虽然大学在所有组织中最为开放，大学所代表的思想、文化、科学的传播不具有排他性，校园也在空间上开放给公众参观、旁听，公众有很多机会去了解大学，高等教育的大众化也给了更多年轻人加入大学的机会。但是教育的大众化未必带来社会公众对教育的深入理解，传统上公众期待大学创造新的精神、思想、文化以及方法，认为大学创造的成果应该远远超前领先于社会，引领社会，但是大学究竟如何实现目标，公众对过程的了解实在太少，因此大学与公众实际上很疏远。普通公众对于大学的理解来自各种评估和看得见的数据，他们无法深入去了解大学里面发生的事情，甚至不少民众通过媒体炒作的事件来理解大学发生的事。研究者认为这种现象一则因为公众普遍的文明与教育素养有待提高，是否有过大学经历对于他们理解大学有不同的影响，同时社会文化不够发达，媒体传递的有效信息和正面信息不足，多数人的信息来源有限，公众的认知和判断力有待提高，他们可能因为过于轻信或者盲从某些信息，把社会的负面信息与大学发生的事件类比，从而得出天下乌鸦一般黑的结论，这些因素的负面影响导致大学与公众之间疏离；二则也是大学跟社会之间确实存在隔阂，大学与社会

---

21 周其仁.产权与制度变迁　中国改革的经验研究〔M〕.北京:北京大学出版社，2004:296.

公众缺乏沟通，或者沟通渠道有限等因素，造成大学的社会形象走向两个极端，一方面被认为是象牙塔般的遥不可及，另一方面则过于世俗化，跟社会同流合污。本研究无意于澄清社会与大学之间的所有误解，但是希望通过展示和描述几个学生管理事件，即上文所述 T 同学自杀、山鹰社山难、L 同学的离校，从这几个实例出发去观察和反思高校的角色，展示高校与社会正在发生的冲突，反省冲突背后所具有的意义。

2. 事件具有什么价值

真实案例的研究价值，在于其鲜活的生命力和特殊性。本研究涉及到的这几个事件，没有预案，没有现成的程序和规则来应对处理。反而是学校在应对的过程中被步步紧逼，不得不想方设法来寻求解决方案，试图从无序中建立秩序，从不确定性中寻找规则，以灵活性应对各种因素对学校组织行为的困扰。这些案例充分展示了高校的窘迫无奈，社会规则的不清晰，当下社会环境的复杂性，展示了具有中国社会特点的组织行为与公众认知方式。高校并非像公众所认为的那样具有政府的权威性和强大的政治资源，在遭遇超出组织边界行为的利益诉求时，如果没有来自政府与社会保障体系的支撑，高校不可能独立面对挑战。由此观之，其他社会组织可能存在类似的组织困境，都可能面临超出组织边界的利益诉求的挑战，高校学生危机事件处理是一个真实世界中具有普遍性意义的难题，高校在危机处理过程中遭遇的复杂性、曲折性、不确定性在其他社会组织的管理中同样存在。如果能够引起对其他类似的社会组织可能面临的组织困境的反省和思考，本研究的目标也就达到了。

社会组织制定规则的动力，来自现实困境，当规则不明确的时候，不确定性问题只能用随机的办法处理，组织如果处理不当还会引起新的矛盾。新问题新现象的出现，引起组织对不适应性的反省，可以成为组织制定规则和建立秩序的动力。组织首先需要界定权力、责任、能力界限何在，以作为规则和程序建立的基础，"一个社会，除非它赋予了个体成员以社会身份和社会功能，除非决定性的社会权力是合法的权力，否则是无法发挥其正常功能的。前者确立了社会生活的基本框架：社会的目的和意义；而后者塑造了这个基本框架内的空间：它使得社会成为具体的东西并且创立了社会的制度。"[22]如

---

22 〔美〕彼得·F·德鲁克.社会的管理〔M〕.徐大建译.上海:上海财经大学出版社，2006:8.

果希望所有个人和组织有安全感和归属感，建立社会的稳定机制，社会基本的框架应该是清晰可见的，界定人与人之间，人与组织之间，组织内部等关系的规则也应该是清楚的。

研究者认为，高校的社会身份与社会功能具有教育机构的特殊性，高校乃至整个教育的持续良性发展需要其他社会系统的支撑。本研究从学生危机事件的处理去展示高校作为公共组织存在的困惑，认为高校身份、定位模糊导致处理组织冲突时责任不清；高校如果承担太多社会责任必然在管理上力不从心。作为一个组织，高校与外部关系缺乏清楚的界定，彼此之间的配合存在问题；公众对教育的认知有局限性，对教育问题和社会问题的复杂性也难以认识清楚，普遍缺乏面对危机时需要的共识与彼此理解。各种社会矛盾混杂，舆论纷争不断，化解矛盾和危机异常艰难。已经表现出建立核心价值观的紧迫性。

3. 研究目标限定

本研究的分析立足于高校学生危机事件的处理，研究对象为高校。无论涉及到校级机构还是院系，研究者认为院系和职能部门都是高校的组成部分，高校作为一个整体难以分割，因此本研究将高校作为一个整体来讨论。高校作为一个组织在危机事件中面临的困境涉及问题较多，本研究能力有限，所研究的问题内容与深度有限，故加上了如下限定：

⑴ 本文所指的高校，限定于公立高等学校。本文没有区分高校以及大学，在行文中两个词的表述默认为一致，均指公立高等学校。

⑵ 本研究涉及的学生危机事件，专指发生在高校学生身上、突然发生、造成相当程度的危害、影响学校的正常管理和教学秩序的事件。作为一个延续千年、相对完善而特殊的组织，即便是战争也不会终止大学的使命和运行，因此任何一个事件都不可能对大学造成颠覆性的影响。发生在学生身上的危机事件，对大学的影响也是局部的，这种局部的影响在局部的范围内是一种危机，对组织造成相当的干扰和压力。这些特殊情况在原有的学校管理规则里缺少明确的、清楚的、可执行的规则和程序，事件发生后给学校管理带来困扰。

特别强调的是，在案例选择与素材取舍方面，研究者虽然力求客观，但是因为研究者现实中的管理者身份与视角的局限性，本研究素材倾向于选择学校没有明显过错的案例。研究者认为，学校有过错必须承担因此引起的所有责任，组织的决策与行为受到法律、社会规范的明确约束，组织的决策与行为无弹性和模糊性。无过错或无明显过错的行为和决策，虽然相关社会法律和规则已经解释的比较清楚或者部分清楚，但是现实执行仍然存在模糊性和弹性空间，尤其是在我国现有的人情社会状况下，法律法规已经明确规定与规范的行为，是否能够被广泛接受并遵照执行还很不确定；高校即便作为组织在处理过程中有一定的自主权，可能因为种种压力事实上又不具备完全的自主性。因此现实情况远比理论上可行的情况更为复杂，组织在何种程度上能够自主决策，决策过程涉及到的权力与能力是否匹配等问题尚需进一步深究探讨。

第二节 研究方法

本文以高校学生危机事件处理中的组织困境为研究的问题，采取案例研究方法进行研究。研究者认为案例是真实世界的一个缩影，问题已经存在于案例中，真实事件最能够展示和说明组织的困境。下面就什么是案例研究，为什么选择案例研究，案例的选择等进行说明。

一、关于案例研究方法

案例研究是科学研究里一种常用的方法，人类有记载以来便开始使用。1829 年作为一种研究方法由 Frideric Le Play 引入社会科学研究[23]，此方法广泛使用于心理学、社会学、人类学、历史学、教育学、经济学、商业管理、法律、生物学、医学等诸多领域。MBA 教育广泛采纳案例教学，法律依据过去的判例来处理诉讼，医学上因为人体差异强调临床诊断个案处理等等。"从逻辑的观点来看，我们从单称陈述（无论它们有多少）中推论出全称陈述来，显然是不能得到证明的，因为用这种方法得出的任何结论，结果可能总是假的。不管我们已经看到多少白天鹅，也不能证明这样的结论：所有天鹅都是白的。"[24]案例研究提供的个案价值正在于此，个案展示了现实世界的多样性、复杂性与每个具体案例的独特性。

研究人员对这个方法的认识有不同的观点。有的观点似乎不太支持个案研究方法，对个案的代表性存疑，"在国内外社会学界，问卷调查成为主流研

---

23 case study〔DB/OL〕.http://en.wikipedia.org/wiki/Case_study.

24 〔英〕卡尔·波普尔.科学知识进化论〔M〕.纪树立.北京:生活·读书·新知三联书店，1992:15-16.

究方法；个案研究方法则备受批评，而较少被采用。在各种批评意见中，代表性问题成为个案研究方法遭受最多批评的问题。"[25]也有研究者认为，"个案不是统计样本，所以它并不一定需要具有代表性。个案研究实质上是通过对某个(或几个)案例的研究来达到对某一类现象的认识，而不是达到对一个总体的认识。"因此，"个案研究，既是通过个性研究来寻找共性(即典型性)，又是通过个性研究来揭示个案的独特性。个案因而具有典型性和独特性这双重属性。"[26]案例虽然不具有问卷调查的统计效果，但是其深入细致的细节挖掘，也是问卷难以达到的。在高校学生危机事件处理中每一个危机事件背后可能都存在一些相似的典型性，也具有特殊性，研究者应该关注这类现象，通过案例的个性去发掘现象背后的深层问题，寻找这一类问题的典型意义。

个案研究方法研究的单位和进行比较的方式都比较灵活，地点和事件均可以成为分析的单位，"案例研究的分析单位既可以是地点(例如村庄、社区等，也可以是组织(高校、政府机构和企业等)，甚至是事件(例如离婚、亲人离世等)。人们不仅可以对同一个案例在不同时间点的变化做比较，即案例内比较，同时也能对不同案例之间的异同做比，即案例间比较。两类案例研究虽然在操作程序上略有不同，但相似点都是要采取受控分析比较方式。"[27]案例研究可以是多案例，也可以是单个案例，根据研究问题的需要进行取舍。个案研究"从寻找因果关系的目的出发"[28]，在寻找因果关系时，一个事件牵扯到的因果关系很复杂，"'联合起因'才可能更贴近现实。"[29]一个事件的受控因素是复杂的，原因是多方面的，多个原因的分析更加有助于理解事件的复杂性，还原真实的场景，挖掘真实事件背后呈现出来的典型意义。因此，本研究采取多案例研究方法，希望从不同的事件、不同的角度去理解学生危机事件，

25 王宁.代表性还是典型性?—个案的属性与个案研究方法的逻辑基础〔J〕.社学会研究，2002.5.

26 王宁.代表性还是典型性?—个案的属性与个案研究方法的逻辑基础〔J〕.社学会研究，2002.5.

27 张杨波.重构案例研究方法的逻辑 基于受控比较视角下的方法论探索〔J〕.浙江学刊，2011,1.

28 张杨波.重构案例研究方法的逻辑 基于受控比较视角下的方法论探索〔J〕.浙江学刊，2011,1.

29 张杨波.重构案例研究方法的逻辑 基于受控比较视角下的方法论探索〔J〕.浙江学刊，2011,1.

了解高校在处理危机时遭遇的困境。

二、案例研究方法的适用性

案例研究"是探索难于从所处情境中分离出来的现象时采用的研究方法"，是"一种没有预设某种资料收集形式的方法。"[30]这样获得的个案是客观的，对个案的分析可以使研究者对于个案发生的相关背景：个人、组织、机构、社会、政治及其它相关领域保持一种关联性。"人们之所以会采用案例研究，是因为它能够帮助人们全面了解复杂的社会现象。"[31]这些案例展示的现象不是孤立的，并不仅仅具有个体的意义，更具有透过现象理解社会复杂性的普遍价值。"案例研究适合用于研究发生在当代但无法对相关因素进行控制的事件"。[32]高校学生危机事件就不在学校的可控放范围之内，经常是措不及防，突发之后的处理也越过了组织边界，普遍令高校感到焦头烂额。本研究所涉及的案例来自真实的经验事实，研究者参与过程之中，或者通过访谈等形式获得资料。

案例的选取决定于研究的目的、目标、过程，有的研究者认为目的最重要，案例取舍决定于研究案例的目的是为了评估还是为了探究；其次在于研究是为了检验理论、建立理论还是验证某个理论；最后关注案例过程决定选择一个还是多个案例，选取追溯性的还是瞬间定格式的案例。[33]"在各种研究方法中，个案研究通常更适于、也更经常被用于做探索性研究。尽管问卷调查也可用于探索性研究，相比之下，个案研究在这一类研究中更具有优势，因为它更灵活，对事物的了解更深入、详细、全面，更有利于把握事物的细节和复杂性。因此，在以探索为目的的个案研究中，并不要求样本具有'总体代表性'。不过，这一类个案往往要求具有典型性。而典型性则不同于'总体代表性'。"[34]对于高校学生突发危机事件处理的组织冲突研究属于探索性

30　〔美〕罗伯特·K·殷.案例研究方法的应用〔M〕.周海涛等译.重庆:重庆大学出版社，2009:11.

31　〔美〕罗伯特·K·殷.案例研究方法的应用〔M〕.周海涛等译.重庆:重庆大学出版社，2009:11.

32　〔美〕罗伯特·K·殷.案例研究 设计与方法〔M〕.周海涛等译.重庆:重庆大学出版社，2004:10.

33　〔DB/OL〕.http://en.wikipedia.org/wiki/Case_study.

34　王宁.个案研究的代表性问题与抽样逻辑〔J〕.甘肃社会科学，2007,5.

研究，个案研究方法正好适用，个案之中包含了诸多的典型性、不确定性问题，对个案的描述深入细致，有助于全面了解这一类问题。

当然，个案的研究有一定局限，即便提出了问题，也未必能够解决，"研究就是提出问题，并不一定要回答问题。但假如你能够提出问题、试探着回答问题，且回答的答案能够引发更多问题，所有问题加在一起导致意义深远的重大发现，那么你就是一个出色的发现问题者。" [35]案例研究方法在社会科学研究中也许不是一个最为精确，最具有代表性意义的方法，但是它独到的细节描述、对复杂性的挖掘，也起到了其他研究方法所难以达到的效果。在认识世界、认识我们的研究对象的方法上，案例提供了完整、真实、丰富的细节，它来自经验事实，来自生活，真实客观地存在于我们的身边，反映出社会的复杂性、多样性。

无论是什么研究，都希望对社会有所帮助。针对现实问题的研究，更希望改变某些观念，比如增进社会的共识和信任，巩固社会核心价值观等，案例所详细描述的事实，提供了公众关注的细节，希望能够起到这样的作用，"案例研究和其他种类的研究之间还有一个区别，就是案例报告本身就是有效的沟通手段。对很多非专业人士而言，对一个案例的描述和分析常常能够让他们联想起更为一般的现象。" [36]对于其他无法亲身经历类似案例的研究者以及管理者来说，案例为他们提供了一个样本，可以透过案例去了解更多的细节，洞悉过程展示的冲突，了解组织的困境以及争执的焦点。

三、对所选择案例的说明

现有高校学生危机事件研究比较关注事件本身，本研究希望集中于高校因学生危机事件产生的组织冲突以及由此导致的组织困境。从校园危机的源发性分类，发生在校园内外的危机所引起的关注程度有所不同，学校所应承担的责任也有区别。研究者认为，发生在校外的学生遇害案例是非源发性校园危机，这类事件的处理过程与校内的危机不同，因此选择了北大山鹰社山难事件作为代表。发生在校园内的危机事件，以学生自杀和精神疾患最为棘

---

35 〔美〕罗伯特・K・殷.案例研究 设计与方法〔M〕.周海涛等译.重庆:重庆大学出版社，2004:68.

36 〔美〕罗伯特・K・殷.案例研究 设计与方法〔M〕.周海涛等译.重庆:重庆大学出版社，2004:154.

手，故选择了相关的两个案例。

为了深入理解学生危机带给学校的冲突与困难，研究者对参与处理多起危机事件的负责老师进行了访谈，研究者本人也参与了多起危机事件处理，最后从大量案例中选取了几个较为典型的危机案例。研究者认为这几个案例的典型性在于事件既有特殊性也具有普遍性。

学生自杀案例：描述一位研究生 T 同学在宿舍突然自杀之后家长与学校的冲突。学生突然自杀是令高校极为头痛的事件，痛失学生一方面引起师生的心理波动，对类似倾向的学生造成心理暗示的危险，学校有关心和指导学生心理健康的责任；另一方面造成社会公众对学校教育环境的质疑，怀疑学校没有尽到责任。这位同学在毫无预兆的情况下采取罕见的手段自杀身亡，令家长难以接受进而质疑学校和警方的公信力。处理过程中警方和保险公司发挥了他们在专业领域具有的权威性，调查取证清楚，保险公司出于人道考虑给予了赔付，逐渐平息了分歧。此案例希望说明学校不具有社会管理的权威性，不能承担政府的角色，社会事务管理部门介入高校的学生危机事件处理，才能够具有合法性、权威性，有助于缓和矛盾。本案例的素材来自于研究者的会议纪要，工作日志等材料。因为事件发生在校内，主要是由学校协调相关社会机构，院系作为主要责任单位与职能部门配合处理。

学生遇害案例：山鹰社山难事件，描述了北大山鹰社 2002 年暑期山难事件的处理过程带给学校的困扰。山鹰社赴藏登山是学生社团的自发组织行为，在登山过程中遭遇雪崩遇难，因自然灾难造成无法挽回的后果。事件发生后学校全体动员，校领导亲自负责，组织了包括多个部门和院系在内的善后委员会接待家长、媒体，安抚学生，并借助于当地政府以及专业机构的帮助开展救援。处理过程中家长对救援以及善后事宜均提出不少要求，某些方面超越了学校所能承受的边界，带给学校比较大的困扰。本案例希望说明在自然灾害发生后学校对学生、他们的家庭以及社会承担了道义责任，无论事情是否有学校的过错，学校依然要对学生负责。学校的两难在于如何处理责任的边界，既做到关心爱护学生，又不至于陷入责任被无限放大的困境。本案例的素材来自事件亲历者的回忆文章、媒体报道，以及对参与事件处理的当事人的访谈。山难事件发生在雪域高原这样一个特殊的场所，涉及学生人数较多，学校需要出面协调的社会专业机构也比较多，主要由校领导牵头组成工作组，职能部门与院系承担不同的角色和责任。

　　学生身患精神疾病案例：精神疾患学生为高校学生管理中的一个难题。本科生 L 同学本该四年毕业，该生在校时间却超过七年，这种长时间滞留学校不走的情况极为特殊。L 同学的治疗和学业等问题与他的家庭拮据与亲情关系等困境紧密相连，因为自身的困境无法解决，无法承担未来的责任，也似乎走投无路，没有其他机构可以帮助他们解脱困境，以至于该生母子以死相逼要求学校为其家庭承担后半生责任，难以依靠双方协商解决，在第三方力量的介入下，尤其是在政府强势力量的介入与校方的善意支持下，矛盾才得以消除。

　　研究者参与了整个事件处理过程，本案例因为整个处理过程时间漫长，事情复杂曲折，当时为了寻求多方支持，并预备好在矛盾无法调节的情况下走司法程序诉诸法律处理，注意收集资料，留下多个报告、会议纪要以及谈话记录、邮件等，所以在研究过程中资料较为丰富，来自几个不同方面的报告也避免了材料的片面主观，有利于还原案例处理的真实过程。研究者参与过程始终，除了获取资料的便利，也深入了解各方处理的详细过程与当时的考虑。这个真实的场景无法预先设计，事件的发展不按照个人的意愿进行，学生的疾病、学业的进展这些变化的要素都在研究者无法掌控的范围。这类事件虽然发生在校内，其核心矛盾与离开学校之后的前途相关，事件处理涉及复杂的社会因素，过程中院系承担主要责任，最后学校领导出面协调，争取上级组织的支持才得以解决矛盾。

　　上述三个案例，无论是学生自杀、遇害还是患精神疾病，均为高校目前面临的最为紧迫的学生危机事件。个体和组织的困境、群体的诉求映射出高校面临的现实处境，呈现出社会环境和氛围给高校带来的巨大压力。这些事件背后学校是否有过错，决定了学校是否要承担责任。本研究认为责任是核心问题，责任问题决定学校是否设置机构并安排专业人士来处理相关事宜。同时，涉及到的社会矛盾的化解需要相应的社会机构参与，需要社会的系统化支撑，更需要社会公众的理解。高校只是一个教育机构，对高校的诉求无限扩张，势必将高校陷入社会事务的泥潭，如果逼迫高校去做自己不擅长且没有资源去做的事情，将本该专注于教育和人才培养的精力、时间、财力转移到社会事务上，忽视了学校的核心使命，依靠教育改变命运的社会期望依然落空。高校只有在责任清晰、能力匹配、资源统筹、社会形成共识的前提下，才可能有一个良好的组织运行机制，顺利解决学生危机事件中的责任难题。

第三章 高校学生危机事件及事件处理

高等学校在社会生活中承载了重要的角色，社会的新思潮、新技术往往最早从高校发源，再传播开来并深刻地影响到社会的发展。高校不同于社会组织的特点在于它的知识性学术型。"大学是一个学者团体，具有严密的组织、法人的性质、自己的章程和共同的印记。"[1]大学在特定的传统下发展延续下来，既是严密的组织，具有法人资格和章程，还具有学术型的特点。大学的组织结构在"分权的、有社团思想的时代影响下发展起来的"[2]，因而普遍重视自己的独立性和聚焦于学术使命的特殊性，也即是定位在人才培养与科学研究，其服务社会的功能通过提供教育和研究成果的形式来实现。"社会可以依法要求大学对社会需求做出回应，以此作为对公众支持大学的回报。但是社会付出后所希望得到的回报是教育项目和新的研究发现，而不是联合抵制行为和政治运动。同样，大学的社会责任还表现在社会匮乏的重要资源的产出方面，因为大学垄断了几乎所有的知识资源；而且这些资源本质上是知识性和学术型的，而没有经济和政治性质。"[3]博克特别强调大学承担社会责任的界限在于知识性和学术型，与经济和政治没有直接关系。即便如此，大学毕竟生存在复杂的社会环境中，公众对大学的期许与大学的知识性、学术型特点无关时，大学也不能完全置之不理。也因为大学基本垄断了知识资源，当公众感受到

---

1 〔美〕伯顿·克拉克.高等教育新论〔M〕.王承绪译.杭州:浙江教育出版社，1988:28.
2 〔美〕伯顿·克拉克.高等教育新论〔M〕.王承绪译.杭州:浙江教育出版社，1988:29.
3 〔美〕德里克·博克.走出象牙塔 现代大学的社会责任〔M〕.徐小洲,陈军译.杭州:浙江教育出版社，2001:342.

自己家庭的教育失意时便很容易迁怒于大学，从这个意义上讲，大学居于强势地位，学生和家庭处于弱势，大学的知识垄断性决定了与自己要承担的社会责任很难划清边界。

同时，我们的文化传统和现实处境也在影响大学的运行。诸多发生在高校的学生危机事件对学校提出了挑战，要求学校承担责任。现代大学与学生之间的关系，理论上应该依照组织规则在法律的框架下来处理，实际上法律规则发挥作用的同时，其他因素同样在影响甚至干扰组织行为与决策。学生危机事件发生后，学校是否应该承担责任，何种情况学校不必承担责任，或者只承担道义责任，似乎没有可参照执行的标准，反而一直在困扰高校。本章希望通过真实的案例展现这样的困境，以及困境中高校的运行状态。本章案例重点描述学校在这些事件发生后采取的措施和承担的责任。

第一节　T 同学事件

近十余年来，我国高校连续发生多起学生突发自杀事件，各校对此颇为重视，投入资金与人力支持，要求院系安排学生心理助理，开展心理排查制度，院系每个月向学校心理咨询中心上报排查情况，以便及时发现问题，采取干预措施以避免恶性悲剧发生。学校心理健康咨询中心也在校内组织各种心理讲座以及心理健康教育课程。然而，这种排查、课程未必能把所有问题覆盖进去，"个人之所以孤独，是因为把他和其他人联系在一起的纽带被放松或切断了，是因为他和社会的接触点不是非常融合。这种使各种意识分开和彼此疏远的空虚正是产生于社会组织的松弛。"[4] 在一个相对松散的组织中，个人内心深处即便潜伏的暗流汹涌，表面上的平静造成的假象掩饰了可能的危险，多数情况下没有亲密关系的个体很难被外界及时察觉并发现他们的危险性。学校最担心学生在没有表现出明显预兆的情况下突然自杀，一旦这样的事件发生，猝不及防的伤害可能扩散到周围的群体，善后的处理也极其困难。

一、无预兆突发事件

某日中午，研究生 Z 同学打开房门后发现室友 T 同学躺在地上，试图帮

4　〔法〕埃米尔·迪尔凯姆.自杀论〔M〕.冯韵文译.北京:商务印书馆,1996:264.

助无果，马上拨打 120 急救电话，110 报警电话，导师电话。随后，120 急救、警方、多位同学、学院领导、导师等迅速赶到宿舍，学校领导、保卫部、学工部、总务部、宿管中心等相关部门接到报告之后也马上赶到该同学宿舍，询问情况，等候警方现场勘查。紧张等候之后，现场警官向学校学工部、保卫部、学院、宿舍管理中心在场负责人通报勘查结果，表示没有发现严重疑点，结论是初步排除他人致死因素。随后警方将遗体运回所属保管场所。

T 同学大学四年加上研究生两年多，T 同学在校时间超过六年，在此期间，没有任何与他可能的抑郁、心理问题或者心脏等其他疾病有关的报告。据他的同学，大学四年的室友 Y 介绍，该同学为人爽朗、待人热情、乐于帮助他人、与同学关系融洽、经常参与组织班集体活动。他的兴趣广泛，对多个领域有浓厚兴趣。他平常爱好阅读，涉猎广泛。看起来没有任何异常。他大学四年的室友也没有提供任何关于他的反常行为的描述或者证据，这些介绍与普通人理解的有问题或者存在心理异常的学生的特征不符，师生从这些描述看到的是一个充满阳光的男孩。研究生期间的室友也是他的大学同学，在一起相处友好，没有流露过任何对 T 不满的言论。另外一位 T 的大学同学提到，T 同学年纪比其他同学略小，T 同学表现正常，他的喜好是这个年纪的青年学生的正常状态，学校找不到明显的理由显示会导致他自杀。

学校领导本着谁的学生谁负责的工作原则，委托学院处理后事。学院相关负责人 L 老师联系家属并告知 T 同学死亡，请家属速来学校。当晚师生八人陪同家属前往法医物证所看望死者遗体。

二、学校的责任

1. 学校是否侵犯学生权益

事发后第一时间宿舍管理部门检查了相关管理环节，排除了学校方面因为管理不善引起的安全责任；警方初步排除他人致死因素。学院方面搜集了同学和老师对该生的了解和掌握的情况，确定 T 同学处于研究生中间年级，暂无毕业压力，不存在因为临近毕业论文紧迫等困难导致的紧张压力。同学反馈他不存在失恋等导致突然身故的个人因素，不存在需要关注的人际之间的冲突和矛盾，也无明显的需要及时救助而被学校忽略的疾病。

2. 学校内部信息沟通与协调

事件发生后，学校领导提出指导性意见，学院相关负责人具体处理善后，遇到尖锐矛盾难以解决的时候学校帮助协调，由学校领导组织相关部门和单位的协调会来讨论解决。这一事件的处理过程中校领导召集协调会两次，第一次参会部门包括：校办、法律顾问、学工部、保卫部、宣传部、网络监管、宿舍管理中心、学生所在院系等；议题包括：事件的经过、各部门掌握的事实情况、上级主管部门汇报内容、媒体应对、校内学生情绪安抚、警方的联系、家属接待等。

第二次校领导召集的协调会主要针对家长如何平安离校。当时警方已经对事件定性，家属也表示不再申请立案继续追究死因，但是对于家属要求的"赔偿"双方存在明显分歧，其中一位家属声称要搞出事情来。参加协调会的主要是校办、保卫部、学工部、院系。校办与会了解情况并上报上级机构；保卫部负责学校安全，保护正常的教学、科研秩序，避免校内事态恶化；学工部指导院系处理后期事宜，院系具体处理善后事宜。

3. 信息发布

事发当天下午，学校催促学院尽快写出情况通报，以供校内信息公布，并上报市教委和教育部。经仔细推敲斟酌，七点公告由学院发布在校内 BBS：学院某同学于今日中午在宿舍内不幸身故，事情发生后，学校相关部门和学院老师及时赶到该同学宿舍，经过警方现场勘查，排除他人致死因素。学院已经成立工作小组处理善后事宜等。学院表达了全体师生对他的英年离世深感痛惜。此时校园网已经有各种议论，有学生回复此帖，为死者惋惜。学校方面通过校办上报市教委和教育部汇报情况。

事发现场学生比较多，主管校领导指示学生可以参与后事处理。在跟家属沟通和传达信息的过程中，学生参与有助于澄清事实，了解学校的所作所为，理解学校的态度，帮助学校摆脱困境。死者的导师在第一时间赶到现场，当晚陪同家属至深夜，随后多次去家属住地看望。研究生与导师的关系是一个敏感话题，家属也希望了解是否存在导师责任问题，T 同学在实验室是否压力过大，他的突然死亡是否与实验有关系等等。

学院负责人当天下午给学院领导、班主任、学生骨干分别发邮件告知了 T 同学的事件，通过各个系所的秘书向全院教师通报了此事件，在学校 BBS 公告了此事。同时安排了死者室友等多位同学接受危机干预辅导。

媒体在学校设有眼线，有固定的信息来源，当晚就有数家媒体记者到宿舍试图采访，被学院老师婉拒。学院老师认为事情尚不清楚，警方还未做出最后结论，家长也未到校，出于对死者隐私的尊重，不宜对媒体多说。家属到后学院老师提醒家长谨慎与媒体接触，被他们误解为学校禁止他们接触媒体，以为学校隐瞒真相。网络舆情除了质疑警方和学校的公信力，怀疑其中有问题，还明确把怀疑目标指向 T 同学室友 Z。

Z 性格内向，言语不多，他是第一现场目击者。为了尽快查清事实，学院负责人很快找到当天上午事发时见到 Z 的三名证人，学院所在大楼监控录像也证明 Z 当日进出大楼的准确时间。根据法医鉴定，T 同学的死亡时间与室友在办公室的时间重合，这些证据排除了 Z 的嫌疑。

家长和舆论对于学校发布的信息表示怀疑，他们认为学校是利益相关方，一定会隐瞒某些对自己不利的的信息。学校方面发布的信息非常小心谨慎，担心引起误解，所以仅限于描述事实，没有结论性的陈述。家长到校之后，学校提供的有限信息无法回答家长的疑问，再次引起家长不满，将校方提供的信息不足归结为学校刻意隐瞒或者工作不力。学校在这里承担的信息核实的责任，其实本该由更加专业的部门来发布。按照同类突发危机事件处理的经验，事件发生之后，信息告知应该由职责不同的部门来宣布不同的内容。比如航空公司发生坠机事件后，也面临巨大的社会压力，但是他们只做自己职责范围内的事，"发言人不可避免的在发表声明前一定会有一个祈祷仪式，接着才解释飞航过程、飞机机型、机组人员与乘客人数。在执法单位正式通知家属前，航空公司会避免公布罹难者与幸存者的名字。一般来说，企业代表会陪同警方拜访遇难者家属。而在记者会一始，他们会公布免付费电话让家属寻求更多信息。"[5]航空公司所公布的信息，仅限于跟公司业务直接有关的航程、机型、人数等部分，罹难者家属告知义务由执法机构履行。本案例中，发表声明，告知家属，接待家属都在院系，其专业性、权威性都可能被质疑而导致家属和舆论的抵触，使得事件处理被复杂化。参照航空公司的处理程序，最好由执法机构正式通知家属，告知相关信息，由学校派出代表（学校的律师，法律顾问以及院系代表）陪同执法机构跟家属见面，再

5　〔美〕劳伦斯·巴顿.危机管理 一套无可取代的简易危机管理方案〔M〕.许瀞予译.北京:东方出版社，2009:163.

由学校方面委托院系负责接待和善后的事宜。公众对执法机构的公信力虽然也有质疑，但是相对于学校，他们毕竟是独立的机构，跟学校的利益相关性不那么紧密。能够代表学校的，除了法人，最好是律师，法律顾问，他们的解释具有专业的权威性，可以避免因其他人的言辞不当再次引起冲突。

第二节　山鹰社山难事件

一、山鹰社遭遇雪崩

北大校园学生社团活动非常活跃，山鹰社是其中几百个社团的三大品牌社团之一。"北大山鹰社成立于 1989 年 4 月 1 日，隶属于共青团北京大学委员会，是全国首家以登山、攀岩为主要活动的学生社团。社团以走向自然、征服自我、不畏艰难、勇于进取、追求卓越为社训。社团大型活动主要包括暑期登山、科考活动以及户外技能大赛，日常组织社员开展体能训练、攀岩、野营等各种形式的户外活动。自 1990 年起，我社已攀登过 22 次雪山，深入数座祖国边陲少数民族村庄进行科考，成功举办了五届全国高校户外技能挑战赛。社员以北大学生为主体，还包含留学生、外校学生以及社会各界人士等。成立至今，北大山鹰社注册社员已经超过 7000 人。"[6]

2002 年 8 月 7 日，北大山鹰社登山队在攀登西藏希夏邦玛西峰的过程中，5 名队员不幸遭遇雪崩，两人遇难，三人失踪。这不仅在国内高校历史上，也在登山史上都是空前的灾难。"在北京大学山鹰社十三年的历史里，每一次登山对我们来说都是一次考验，其间我们经历了无数艰险与困苦，然而这次山难以及她带给我们的痛苦和震撼却是前所未有的"[7]，这个灾难把北大卷入了焦点中心。

二、学校的责任

1．组织善后救援

登山队当时没有很好的通讯设备，事发之后的信息传递非常困难，一直到 8 月 12 日晚消息才传到北大，13 日上午学校召开紧急会议。校领导提

6　山鹰基金章程，2008.

7　关于山难报告〔EB/OL〕.(2003-8-8). http://www.newsmth.net/ nForum/#!article/ Trekking/ 142017.

醒"全校各相关单位要从保持学校稳定的大局出发高度重视此事，要保持清醒的头脑，要区分层次、理清头绪解决工作中的各种困难。"[8]由此可见学校领导对此后的困难已经有了充分的准备。学校方面由主管副校长主持并全面负责处理山难事件，会上部署了七项工作："(1)校团委负责信息发布，要求语言准确，口径一致；(2)山鹰社负责进一步落实山难的全面信息；(3)校团委负责稳定同学情绪，防止校园动荡；(4)各相关院系做好通知家长、接待家长的工作，校团委辅助协调，山鹰社同学注意进行适当安抚；(5)校办负责各项保险、理赔事宜，校团委协助实施；(6)山鹰社做好登山活动的总结工作，注意吸取此次山难的教训；(7)学校立即组成由党委副书记王登峰为组长的赴藏特别工作小组，赶赴西藏处理搜救工作，争取西藏方面和中国登协对该项工作的全力支持，调动一切资源解决问题。"[9]同日，学校体教部主任郝光安和山鹰社一名老队员飞赴西藏，开展协调工作。次日，由王登峰副书记牵头，从学工、保卫、团委抽调干部组成的赴藏特别工作小组抵达拉萨。

除了登山协会和山鹰社，学校在这次危机处理中果断及时地调动所有的资源和力量，争取到西藏自治区政府以及登山协会的支持，全力进行了营救，并对媒体及时公布了信息，这些行为缓解了学校面临的舆论压力。虽然这次危机空前艰巨，事件影响更为广泛，学校的快速反应和妥善处理没有引起校园动荡。全校调动能够利用的资源、协调动员各方的人力财力，将可能出现的群体性危机控制在了可控范围；学校与媒体充分配合，相关信息及时发布，公开透明，有助于消除舆论误解，减少突发危机引起的对立和不理智情绪；学校争取到当地政府以及专业机构的支持为终止危机提供了重要的帮助。

2.　与社会机构合作

大学与社会不是里外的关系，虽然大学可以有围墙来划分物理空间，但是不可能孤立于社会之中，大学过分强调自己的独立性，可能不再适合现在社会的组织管理模式。"现在是开放的社会，组织机构也要开放，不能管所有

8　学校内部报告.

9　张彦.高校学生危机管理研究　典型案例与处理机制〔M〕.北京:北京大学出版社，2008:285.

的事情，社会应该进入高校。"[10]在山难事件中，社会组织参与了危机处理。登山协会发布了正式声明，为事故定性，明确山难是一次不可抗拒的自然灾难；他们提供了专业营救支持，后期加强了对高校同类专业社团的管理和指导，为校园登山社团的健康发展提供了专业支撑力量。保险公司为遇难学生提供了赔付，学校也加强了对在校学生意外人身伤害的保护，引入了社会商业保险机制，减轻了学校的压力。媒体及时的报道有助于公众了解事件进展，了解登山运动的危险性。

　　同时，远在西藏的救援也得到专业机构的支持，"如果没有西藏地区和中国登协在道义和人员及物质上的大力支持，我们的难度是无法想象的。"[11]依靠大学自身力量难以进行雪山救援，正是专业机构的参与使得救援和善后相对顺利。如果在其他的危机处理中社会机构参与高校的同类事务管理，各种类型的危机能够在专业的职能部门主导下处理，我国高校的诸多困境或许可以消除。一位参与过校园突发危机事件处理的领导在研究者的访谈中谈到自己的期盼，"社会公共管理事务部门应该进入校园，承担责任。他们加强对校园内部事务的介入，减少学校无权执法的尴尬局面。发生人身伤害事件就应该由司法介入，学校报案，公安机关来判断，为事件定性。校园内的交通安全，交通事故的处理，由交通部门来处理。医疗事故由专业的机构进行判断。校内由保卫部牵头，他们去跟警察沟通，院系派人陪同即可。院系主要负责学生。"[12]人身伤害，交通事故，医疗事故，这些需要专业机构进行定性处理的事情，并非学校行政管理部门所能够承担的责任，现在统统由学校来承担，学校的权威性，专业性被质疑就难免。另外一方面，即便是法律和社会规则明确了社会机构的职责，但是传统上大学自成一体，跟校外机构的协同协调职责缺少明确的规范，甚至没有专门的机构来承担这个职责，突发事件发生之后，承担主要责任的院系显然力不从心，除了求助学校内部与社会机构性质相近的部门，比如保卫部，校医院等，便无他法。此外，大学虽然在社会事务方面归属地管理，但是中国特色的高校行政管理级别往往造成新的矛盾，大学行政级别可能高于属地政府（校长可能是副部级，副厅级，属地的街道和区级地方政府显然跟高校不对等），而高校与地方政府不存在上下级关系，

10 访谈记录第 19 号.

11 学校内部报告.

12 访谈记录第 19 号.

因而也无权调动社会管理部门。大学的上级行政主管部门是教育部以及省市教委、教育厅，他们也没有资源去调动社会组织，只能转而求助同级政府。这样的沟通协商机制可能耽误时间，影响到决策的快速反应。

第三节 L 同学离校风波

一、学籍与疾病

1. L 学籍的变化

某日 L 同学在某大学某教师宿舍楼顶徘徊，被该校派出所发现，通知 P 大派出所接回学校。当天 L 同学因出现自杀倾向由学院、P 大保卫部送入 P 市指定医院住院治疗，该医院诊断其为情感性精神障碍。

家长 P 女士代 L 同学提出申请，经学校批准，L 同学于 2003 年 11 月办理休学。L 同学 2004 年 8 月办理复学。2004 年 11 月因药物反应身体状况欠佳，再次申请休学。L 同学 2005 年 8 月复学，2007 年 3 月出现幻听、幻觉，在监护人的要求下学院再次把他送到指定医院住院治疗。6 月，家长接 L 同学出院。按照学校规定，L 同学休学两年，到 07 年 7 月已经达到本科生在校学习的最长年限，应该于 07 年 7 月暂结业，暂结业之后可以旁听修完课程，再向学校申请学位和毕业证书。因为 L 同学的某一门课重修未能通过，按照当时的学籍管理规定他已经不能取得学位，在他已经完成 90%学分的情况下，暂结业还为他留有余地，有可能争取到毕业证书。

2. 家长提出休学年限以及深造要求

L 同学母亲认为儿子的病根在于学业，只要学校允许他获得学位，她儿子的病就会好转甚至治愈。她不同意学院如实告知学生本人他的真实处境，坚持认为学生本人知情之后会受刺激，再次发病；她反对学院通知 L 同学办理相关手续，拒绝为 L 同学代为领取和办理离校手续。声称如果学院要这么做，学院承担由此产生的一切后果。鉴于监护人反对学院跟学生本人直接交流，学院长期以来只能跟家长打交道，老师上门看望学生时，家长在一边察言观色，如果感觉 L 同学脸色、情绪不对，家长就起身送客；或者在一些核心问题上把话题引开，不让老师直接回答 L 同学问题。

家长提出希望 P 大为 L 同学延长一年学习时间、免试保送研究生、在 P

大解决就业问题、赔偿等。根据学校学籍管理规定，本科生在校时间不能超过六年，L 已经达到六年，不能继续休学或者延期。他由于两次重修，9 门挂科，已经无法获得学位以及保研资格，要求学校负责解决就业以及赔偿的要求显然也超出学校正常规则所允许讨论的范围。P 大学籍管理规定确定本科学制四年，学生休学不得超过两年。获得研究生保送资格至少要获得学位证和毕业证书。L 母亲在校陪护五年期间无数次找过学校教务部以及学院的老师，老师们已经反复跟她解释过这些政策要求，她完全知悉学校的相关规定和制度要求。

二、权利与责任

在学校与学生之间，相比较学生的家庭经济状况和他们对于学籍的被动决定权，学生处于弱势地位，所以 L 因为疾病和家庭窘迫，希望得到学校长久的保障，拥有决定权的学校是否应该为学生承担这样的责任？是否有能力承担这个责任？有研究者指出，学生与学校之间存在监护法律关系、特别法律关系、双重法律关系以及行政法律关系[13]。法律对于学校承担民事责任有明确规定。

1. 学校应该保护学生的基本权益

1999 年 1 月 1 日实行的《中华人民共和国高等等教育法》第六章第五十三条规定"高等学校学生的合法权益，受法律保护。"第四章第三十条规定"高等学校在民事活动中依法享有民事权，承担民事责任。"民事责任包括财产责任与非财产责任，财产责任是指由民事违法行为人承担财产上的不利后果，使受害人得到财产补偿的民事责任，如损害赔偿责任。非财产责任是指为防止或消除损害后果，使受损害的非财产权利得到恢复的民事责任，如消除影响、赔礼道歉等。财产责任是履行民事责任的主要形式。以此理解，学生与学校之间发生法律纠纷，如果法律要求学校承担责任，除了承担影响学生声誉后果的非财产责任，主要为财产责任。

高校对学生承担的责任依据《中华人民共和国教育法》第四十二条规定"受教育者享有下列权利：（一）参加教育教学计划安排的各种活动，使用教育教学设施、设备、图书资料；（二）按照国家有关规定获得奖学金、贷学金、

---

13 段海峰.行政法视角下的高校管理〔M〕.北京:人民出版社，2010:202.

助学金；（三）在学业成绩和品行上获得公正评价，完成规定的学业后获得相应的学业证书、学位证书；（四）对学校给予的处分不服向有关部门提出申诉，对学校、教师侵犯其人身权、财产权等合法权益，提出申诉或者依法提起诉讼；（五）法律、法规规定的其他权利。"同时《高等教育法》规定"高等学校学生的合法权益，受法律保护。"学生权益保护需要视具体情况求助于包括民法、行政法、刑法等在内的不同法律。

2002 年国家教育部发布了《学生伤害事故处理办法》，其 26 条规定"学校对学生伤害事故负有责任的，根据责任大小，适当予以经济赔偿，但不承担解决户口、住房、就业等与救助受伤害学生、赔偿相应经济损失无直接关系的其他事项。学校无责任的，如果有条件，可以根据实际情况，本着自愿和可能的原则，对受伤害学生给予适当的帮助。"该办法很清楚地说明，如果学校有过错，造成学生受到伤害，经济赔偿是学校承担责任的主要方式。在处理 L 同学的问题上，他的疾病并非由学校过错造成，学校与 L 之间不存在侵权关系。

2. 学校应该保障学生的受教育权

《中华人民共和国高等等教育法》第一章第九条规定"公民依法享有接受高等教育的权利"，该法第六章规定了学生的权利与义务，具体体现在教育部制定的《普通高等学校学生管理规定》中，学生的权利包括：参加活动、享受教育资源、申请奖助学金、获得公正评价、获得相应证书、申诉的权利以及其他法律规定的权利。应该履行的义务包括：遵纪守法、完成学业、缴纳学费、遵守行为规范以及法律法规要求的义务等。这些权利在高校根据教育部《普通高等学校学生管理规定》细化为各校自己制定的《学籍管理细则》、《选课办法及管理规则》、《奖励条例》、《违纪处分条例》等文件之中。

专家认为，高等学校学生的权利义务由双重权利义务叠加："一是由宪法和法律所规定的受教育权及受教育义务，又可以根据具体事务的不同分解成若干项局面权利；二是由学生作为一般公民享有的权利义务，其中包括由受教育权所可能强加的一般权利（如福利权），以及由受教育权（包括他人的受教育权）和受教育义务所导出的对一般权利自由的限制与额外负担的义务。其中，受教育权又可以延伸出为教学权利义务和营造物利用两方面的权利义务，最重要、最核心的当然是教学权利义务，而根据整个教学权利义务流程，这一类型可以展开一个相当庞大的权利义务群。″[14]学生重要的受教育权包含：获得录取资格、获得物质帮助、获得指引支持权、获取必要服务权、知情权、教学事务参与权、其它事务参与权、自主安排学习权、营造物利用权、获得公正评价权、毕业要求权、学位获取权、程序保障与获得救济的权利等[15]，学生的这些权利是学校的办学条件、设施必须提供并且学生有权知悉的。

专家关注的学生权利重点放在"在求学过程中，学生对于相关课程、奖惩、纪律等方面的信息，尤其是与其个人利害关系深切相关的规则和处理决定有知情权，这是保障受教育权得以真正落实的必要条件。″[16]在 L 同学案例中，他的受教育权得到了充分尊重，不存在故意隐瞒或者不提供信息忽视其知情权的行为，学院在党政联席会上多次讨论他的治疗与离校问题，对他的学籍做出不授予学位的最后处理意见来自学位委员会，也符合学校的规则与程序，家长对规则与程序并未提出异议。因此可以判断 L 同学的各项权利均未受到学校的忽视或者侵害。

现有的研究比较倾向于对学生权益的保护，其依据是大学拥有对于知识资源的垄断权利，以及大学教育发挥着对个人生存发展的决定性影响。"现代高等教育对于受教育者的人生影响非常重大，而且呈现一定程度上的市场失灵局面，需要公共权力加以干预，尤其是着重保护市场选择机制不足、处于相对弱势地位的学生一方的权利。″[17]研究者认为学生与学校之间因为利益关系发生的冲突，对高校的影响远远弱于对学生的影响，即便学生家庭采取了超常规的行为，也是可以理解甚至应该保护的，"高校与单个学生的正面对抗，最终结果对高校造成的损失经常是微乎其微，而对学生造成的损失则可能严重影响其一生；而在可调动力量与资源的对比上，学生也是难以与高校抗衡的。即使考虑学生可能采取的联合、扩大影响的策略以及事件可能发生的客观外部影响，这种'伤害能力'之对比仍然是大幅度向高校倾斜的。在这种不平等的力量和利益关系中，要取得合理的平衡，必须适当加强公共权力对

14 湛中乐.公立高等学校法律问题研究〔M〕.北京:法律出版社，2009:317.
15 湛中乐.公立高等学校法律问题研究〔M〕.北京:法律出版社，2009:324.
16 湛中乐.公立高等学校法律问题研究〔M〕.北京:法律出版社，2009:317-318.
17 湛中乐.公立高等学校法律问题研究〔M〕.北京:法律出版社，2009:307.

学生权利的保护。"[18]高校掌握的知识资源是社会的准入许可，高校拥有的权力和影响力对于一个普通家庭来说难以望其项背。这种不对等关系要达到合理平衡，专家认为应该倾向于对个体的保护。研究者认为学校应该承担起作为公共机构的责任，在学生的成长过程中为他们提供优质教育资源和人文关怀，并严格履行法律法规所要求的责任与义务。在 L 这样特殊的案例中，学校应该努力保障他的受教育权，为他的学业提供支持并给予力所能及的人文关怀，其他有关学生今后生活安排的担当则超出了学校的职责范围，并非学校能力所及，需要社会力量的介入。

3. 学生作为成年人具有独立承担民事行为的能力

在强调保护学生权益的同时，学校也有责任教育社会未来的公民，"高等学校的学生，只要满足年龄规定，均享有相应的行为能力，可以行使一般公民所享受的权利，也需要履行一般公民所承担的义务，这是高等学校学生在权利义务上和一般公民的共同之处。但特殊的地方在于，学生的权利义务结构是在一般公民权利义务结构之上叠合一个学生权利义务结构（受教育权利义务结构），后者包括学生权利结构和学生义务结构。"[19]在公民身份基础上，"高等学校作为行政主体与作为民事主体，对学生权利义务的影响应遵循不同的法律要求，学生的权利遭受民事侵害和行政侵害应分别寻求不同途径的救济"[20]。学生应该承担一定的责任并履行相应的义务，可以根据自己权益受到的不同伤害和影响寻求不同渠道的救济，属于教育与学术的权益通过高校的学术评议机构寻求支持，民事的权益可以通过相关的法律程序保护自己的利益。当 L 同学病情稳定处于正常状态，可以承担责任时，他应该自己解决学业以及其他相关问题。但是家长不让学生自主处理自己的事务，对孩子的所有事务以学生受到刺激会加重病情为由采取了保护性隔离的办法。学校跟学生之间的责任关系即便已经很清楚，L 的母亲不按照规则行事，学校依然难以跟 L 的母亲达成共识。

18　湛中乐.公立高等学校法律问题研究〔M〕.北京:法律出版社，2009:307.
19　湛中乐.公立高等学校法律问题研究〔M〕.北京:法律出版社，2009:308.
20　湛中乐.公立高等学校法律问题研究〔M〕.北京:法律出版社，2009:313.

三、学校的义务

1. 疾病治疗

按照高等教育法第五十三条规定，"高等学校学生的合法权益，受法律保护。"学生 L 的受教育权得到充分尊重，在休学、复学以及治疗等正常的权益上学校均按照 P 大学籍管理规定以及学校的公费医疗规定执行。L 因病两次休学，两次住院，学校承担了全部公费医疗费用。

2. 经济资助

因为疾病与贫困，L 得到了学院在学籍政策上以及经济上更多的关注和支持。学院为他们母子提供了五年的特殊住房，为他们母子在校内安排了单独的房间，每月为他们提供一定的经济资助。L 在治疗过程中一直没有放弃学业，坚持学习，其求学之心可嘉，也得到了学院老师们的认可，为他们赢得了更多的同情与支持。学校在尽力照顾学生病情、学业、生活的同时，积极联系社会组织和机构，一直在努力寻求社会救助的途径帮助他们回归社会。

四、规则的模糊性

1. 学籍管理规则

学校根据法律以及教育部规章制定学生管理规定，依据正在实行的 P 大学生学籍管理细则第二十五条第六细则"经学校指定医院诊断，患有疾病或意外伤残无法继续在校学习者""应予退学处理"，这一条遵循了教育部 2005 年 9 月 1 日施行的《普通高等学校学生管理规定》关于退学的规定，但是存在模糊性，没有详细界定什么样的疾病、哪一等级的伤残应该退学。这样模糊的规定，既不利于学校执行，让不适合在校学习的学生退学，也不利于学生维护自己的权益。L 同学身患精神疾病，这一类学生在学校的管理规定上没有明确的条例涉及到他们。按照患病学生对待，如果他们需要休学、住院治疗，学校应该根据相关规定提供支持和帮助。但是他们究竟是按照普通学生对待，休学时间累计不得超过两年，学制四年，本科生在校最长时间六年，还是按照特殊患病学生应予退学处理，相关规定存在模糊性。除了学生发生严重违纪违法行为或者因为学分无法达到学业要求应予退学，其他情况需要进一步清楚地做出界定并详细解释。

一个孩子的教育涉及家庭核心利益，如果不做出清楚精确的界定，家长和社会难免担心自己的权益受到损害，对于这些规定的认同与遵守存在分歧。按照《宪法》和《高等教育法》的规定来解释，患有精神疾病的学生同样享有受教育权，学校没有权利因为他们患病就终止他们的学业。如果他们不能坚持学业，学校在何种情况下可以终止他们的受教育权，精神科专家和学校学籍管理部门之间需要一个确定的规则与程序来回应家长与社会的疑问。

从 01 年 9 月入学至 07 年 7 月，L 同学在校时间已经超过 6 年，超出学校要求的最长年限。按照学校要求，07 届毕业生应当于 7 月初这一周内办理离校手续，如果已经完成 90% 的学分，可以申请暂结业，未修完的课程一年内在教务部申请旁听，完成之后申请毕业证。L 同学 2002 年秋季学期重修某一门课程未通过，由于上课时间冲突，既未参加期中考试，也无平时作业，期末总评成绩不及格。按照当时的学籍管理规定，重修不过不能获得学位。家长认为此事对 L 同学造成重大刺激，触发他的精神疾病。经学院与教务部协商之后，教务部同意 L 重修该门课程，但 L 已修课程的不及格门数也已经超过学校授予学位的最低限。L 同学母亲坚持认为 L 同学是特殊病人，不能与其他学生同等对待，拒绝接受离校转单。

07 年 10 月，学校主管领导召集教务部、学工部、保卫部、就业中心、法律顾问、学院等多家单位协商 L 同学的学业和今后的出路问题，学校领导充分肯定"学校出于对其家庭的了解，出于对弱势群体的关怀以及对精神疾病患者的同情，没有严格执行校纪校规，而是在力所能及的情况下，为其提供了各种帮助，学院、教务部门从领导到班主任都做了大量的工作"[21]，指出下一步帮助学生尽快修完学分，尽快完成学业离校；设法寻求社会支援解决 L 同学的去留，尽早使问题妥善解决。

2．执行中的困难

学生家长反复找院系以及教务部门，教务部门解释学籍与教学管理相关政策之后，院系解决学生的具体困难。在 L 的离校问题上，学院多次在党政联席会讨论，多方联系当地政府和各种民间 NGO 组织，希望为 L 寻求社会支持，但无功而返，深感难以为继。为此学院多次给学校打报告，反映学院的困难。在学校与院系关系问题上，"院系权力小、责任大"[22]，院系承担着教

---

21 该次会议纪要.

22 湛中乐.我国高校治理存在三大问题，多数没有章程〔N〕.新京报.2011-4-9.

学科研以及学生事务等主要责任，承担的责任大，支配与协调的权力小，因此希望学校在最后关头出面解决困难。

院系在学校的组织结构中属于二级机构，组织设立的原则和核心围绕教学科研，为师生提供服务的行政体系也围绕教学科研，没有形成与校外社会服务体系关联的联系网络。院系作为一个教学科研单位很难去承担协调角色来处理涉及多方合作的事件。这里存在的困境有学校的制度安排的问题，是否应该由院系来承担这样的责任；也有院系能力上的问题，院系以教学科研为中心，行政事务的权限有限。

3. 学院对 L 母子的建议

当 L 同学病情好转后家长提高了期望预期，但是学校无法满足他们的愿望，双方因为学籍问题持不同意见产生矛盾争执，家长感觉争取无望之后走向与学校的对立。L 同学甚至称学院不应该将他送进医院，对此"学院负有不可推卸的责任"。L 老师答复，关于责任问题他们可以通过法律途径解决，由第三方来裁决，不再讨论。L 同学母亲提出四条要求：取得学位证；继续攻读研究生；解决经济困难；解决就业。对前两条，L 老师答复没有讨论余地，也不讨论。后两条可以商量，他们母子可以申请学校的困难补助，请求学校资助，学校也会协助当地政府帮助他们解决就业问题。

L 同学母亲认为，他们的问题出了校门矛盾就转移了，就是政府的事，能否离开学校，"就一个钱字"来解决。最后，L 同学母亲提出补偿要求，L 同学也认为这是学校对他的"补偿"。L 老师答复涉及"补偿""赔偿"这两个词必须通过司法或者行政上诉途径解决。如果是资助申请必须由 L 同学本人提出，同时提供一个月的医药费收据清单，学院负责呈报学校。

第四节　本章小结

学生如果年满十八周岁，作为成年人要承担自己的民事责任，为自己选择的道路负责。而学校的责任在于采取措施尽力避免类似悲剧重演，尽可能为学生提供关爱和支持，及时阻止可能的自杀以及其他极端行为。事情发生之后由警方为事件定性，学校可以为家属提供道义帮助。学生遭遇山难，更是需要行业协会的支持，学校也求助于当地政府和专业机构的帮助才能履行道义责任。对于身患精神疾病的学生，学校需要在治疗与学业照顾上提供援助，学生离开学校之后的前途发展则超出了学校的担当，需要社会施以援手。

在这几个案例中，大学履行了对学生的教育、成长发展所必须承担的责任，没有明显的过错。研究者认为，如果学校有过错，应该按照法律法规来处理，规则是清楚的，组织的责任能够辨析清楚。作为一个组织，学校的法律责任应该通过相关法规界定清楚，其他属于学校的学生教育培养延伸出来的人文关怀，如学生的经济困难和疾病等事项，学校承担必须的义务；师生安全、保险、社会救济等社会支持体系属于社会事务，需要依靠社会体系支撑而非学校独立承担。政府提供社会保障是 L 和他的家庭继续生活下去的支撑力量，也是高校摆脱类似困境的主要途径。社会保障需要政府介入来解决，需要社会组织和公众的广泛参与。

中国传统文化观念上将学生视为己出的态度包含人情与血缘的成分，在传统的书院里学生犹如学徒跟随老师长期生活学习，老师自然被视为家长，代为行使管教的责任，如同家庭成员有困难仰仗家长的力量。而现代大学的运行非常复杂，难以依靠人情、学缘关系来治理学校，社会对大学的要求又是如此之多，所有诉求的回应都需要资源和投入，大学不是政府，解决社会的复杂矛盾与诉求只能依据规则和法律，规则和法律才能保护包括学生、学校在内所有个人和组织的权益。包括大学在内的组织和管理模式已受到社会复杂性的挑战，传统的组织行为需要反省和改变。应对复杂性除了社会责任感和良知，除了保护弱势群体的美好愿望，更需要能够实现美好愿望的政策支持，要有各方利益均得到保护的规则和法律。

当然，考虑到教育的特殊性，学校在政策上要尽力体现学校对学生的人文主义关怀，保持学校与学生家庭之间的互动和联系。研究者曾经在 UCSD 访学，该校 Muir 学院学生事务主管 Patty 讲到美国高校一年级大学生独立生活与融入环境遇到困难，让中国来访者感觉到有点意外，以为美国社会个人都很独立，新生入学应该不会产生适应性困难，其实不然。父母和家庭都有相似的问题，都存在各自家庭教育的困难。学校除了教育学生本人，也对社会承担了责任，帮助学生的家庭更多了解学校的要求以及学校所付出的努力，可以为学校争取社会理解和支持。

但是美国高校的学生事务管理有专门的法律依据来划分学校与家庭的责任，充分保护学生的独立性，比如家庭教育权利与隐私法案（FERPA，1974），该法案规定，没有学生的同意和授权，学校不能把学生在校的情况告知家长，学生的分数以及心理状况都属于学生的隐私。对于新入职员工，学生事务管理培训的重点就包括如何让年轻的工作人员了解哪些信息无法告知家长，家长来访也只能提供较为宽泛的信息，而不能详细告知所有情况。甚至学生面临退学的困境，学校也只能在学生同意的前提下才能告知家长。家长付了昂贵的学费送孩子上学，对孩子在学校的情况无权知道，这令我们非常不解，但这就是美国保护学生个人隐私设立的防火墙。他们认为只有这样，学生才能对自己的行为负责，自己去面对自己做出的选择。在我们看来对家长很不公平的保护措施，却在一定程度上划清了学生事务管理的界限，避免了学生事务过多介入学生家庭的问题和社会矛盾，把精力和时间集中于学生的发展指导上。相比较而言，国内高校备受各种学生突发危机事件困扰，家长和社会都要求学校行使代理家长的责任，所以他们认为学校有责任保护学生，研究人员也倾向于对学生采取保护措施。国情决定了中美两国之间的学生事务管理存在差异，但是立法约束并保障双方的权益，也是我国高等教育发展的必经之路。

同时，美国高校对学生事务管理人员有专业背景的要求，或者要求他们参加专业协会的培训，可以有机会了解全国高校的情况，能够更加宏观、全面地看待高校学生事务管理，彼此分享经验感悟。比如他们有《美国高等学校学生事务管理人员行为规范》，《美国高等学校学生事务管理人员伦理标准》，《高等院校学生事务管理》，《学生事务应用手册》，他们必须了解各种政策，法规，将自己的问题分类，区分哪些是自己可以处理的事务。他们的法律意识很强，所以界限清楚，不属于自己的职责范围的事务就可能转介到相应部门去处理，以避免非专业的处理造成失误或者伤害。行业协会起到了互相交流以及培训新人的作用，有利于提升整个行业的水平并传承既往的经验。

研究者认为，美国高校的管理早于中国高校若干年就遭遇了复杂性的挑战，政策和法律法规的制定也是对复杂性的回应。我们学习美国高校的经验，也是为了避免对复杂性认识不足。

第四章 高校在学生危机事件处理中的责任困境

《中华人民共和国高等教育法》第三十七条规定"高等学校根据实际需要和精简、效能的原则，自主确定教学、科学研究、行政职能部门等内部组织机构的设置和人员配备"，遵循该法第三十一条"高等学校应当以培养人才为中心，开展教学、科学研究和社会服务"的组织设立原则，在内部根据教学科研需要设立院系以及行政管理部门。该法没有规定院系和行政职能部门的权限，但是该法第二十八条指出，高校应该制定章程，并根据章程确立"内部管理体制"。各高校目前的组织结构基本为校、院系两级机构，教学科研在院系，行政部门承担管理职责，为教学科研正常运行提供支撑和服务。组织结构决定分工与协调、整合，"权力问题，是组织社会学的核心问题"[1]。学校、院系、职能部门的权力是什么？与之匹配的责任是什么？

第一节　院系的权力与责任

一、院系对教学科研拥有参与权和决定权

1. 院系是学校实施教学和科研工作的基层组织

院系是一个围绕教学科研设立的稳定的大学基层组织机构，为了相对明确的人才培养与科学研究目标服务，主要承担教学科研的责任，拥有的权力

1　〔法〕米歇尔·克罗齐埃.科层现象〔M〕.刘汉全译.上海:上海人民出版社，2002:171.

资源主要是教师们对于人才培养以及科学研究的决定权、参与权，这个权利也是学校作为教育机构的核心权利。按照《中华人民共和国高等教育法》第三十四条规定"高等学校根据教学需要，自主制定教学计划、选编教材、组织实施教学活动"以及第三十五条"高等学校根据自身条件，自主开展科学研究、技术开发和社会服务。"学校的教学活动和科研工作主要以院系为单位进行，因此院系，更具体地说是教师对此拥有参与权和决定权。"教学自由是那些在掌握高深学问的技术方面受过训练的人的特权。"[2]科研活动也是如此。受过严格训练并拥有较高学历的教师有权决定教学的内容与形式，自主进行科研工作。教学与科研活动遵循学科的特点，传承延续多年的教学规律，保持一定的稳定性与内在的延续性，需要长期积累，不能随时更改教学和科研的计划安排。科研是教师学术生涯最为重要的评价体系，教师对此有高度的认同，投入最多的时间和精力。教学是人才培养的基础，也是院系承担的主要责任。从某种意义上说，科研是教师个人的兴趣和学术依托，教学则是学科发展的必要任务。

2. 院系不是独立法人

院系是学校的二级组织，不是独立法人，院系的行政组织体系围绕教学和科研两个核心任务开展服务，承担责任的能力局限于这两个核心使命相关的延伸部分。比如由教学延伸的对学生的重视和培养，由科研延伸出来的对学术道德的默契与遵循，对教师和学生权益的尊重与保护等。组织的功能与组织的结构应该是匹配的，"一个组织的内在能力和属性从本质上决定它的结构。组织结构应适应组织功能。"[3]高校的内在能力和属性是学术性和知识性，高校围绕这两个特性规划设计组织结构，完善组织功能，却不得不承担与此不直接相关的社会事务,包括社会公众认为学校应该承担的那些社会责任。这些责任与社会诉求在学校内部的管理层级上又相应地向下转移，成为院系必须面对的局面。院系直接面对学生和教师，尤其是作为教育对象的学生，院系对他们承担较大的责任，为学生的成长付出更多的关爱和指导，包括代表学校与家长的沟通，在学校内部长期形成了一张默契，谁家的孩子谁抱走，

---

2 〔美〕约翰·布鲁贝克.高等教育哲学.王承绪等译.浙江教育出版社，1998:58

3 〔美〕史蒂文·科恩.威廉·埃米克.新有效公共管理者 在变革的政府中追求成功〔M〕.王巧玲等译.北京:中国人民大学出版社，2001:80.

学生注册的院系是他们在校期间的归属院系。只要涉及到学生的教育管理，都是院系的责任。在常规的管理之外，当紧急情况发生的时候，如果责任问题上升到法律和政策层面，院系就没有独立决定的能力和权利，必须求助于上级组织。

院系的职责相对单一，教学科研也在相对封闭的环境里完成，并不具备社会组织那样的多样性和复杂性的结构和功能；院系的行政系统的功能围绕教师和学生开展服务，没有其他方面的专业人士，试图由院系来处理教学科研之外复杂的社会问题存在巨大困难。这种有限性体现在面对各种学生突发危机事件时，需要具有决定权能够快速反应和临时应变，需要统筹各种社会资源，显然现有的院系组织结构无法应对这么复杂的局面。

二、院系不具有处理危机的权力

院系在直接面对学生的过程中，可能遭遇各种无法预料的突发状态，带给院系老师巨大的压力。研究者访谈中了解到，某位经验丰富也极有爱心的女老师，在发现一位学生精神状态不正常，家属未到达学校的情况下，考虑到无人照看这位女生，便将女生带回家照顾。第二天早上老师发现女生在卧室试图割腕自杀，当即带着学生赶去医院救治。万幸事情没有更进一步恶化，没有造成什么严重后果，但如果当时女生自杀成功，老师家中无人相助，更无旁人为她作证，家属如果吵闹起来，公众质疑起来，这位老师如何证明自己的无辜，保护自己的声誉？[4]老师关爱学生，将学生视为家人给予照顾，未曾料到可能引来潜在的风险。复杂的社会心态与利益关系侵蚀了曾经密切的师生关系，老师们不敢再像过去一样把学生当成自己的孩子一样呵护了。法律责任上的模糊不清，一旦发生重大转折可能导致的严重后果，都让老师们心有余悸，关爱学生虽然体现老师们高度负责的态度和敬业精神，但是社会已经变得复杂和功利，过去单纯的师生关系似乎渐渐变得很无奈了。看多了家长和社会舆论的质疑与责难，但求免责不过是处理危机的老师们的自我保护。

如果院系老师不这样做，规则是什么？谁有权力来监管这类学生？学校的心理咨询师承担心理辅导及评估，没有处方权，针对学生病情可以建议是否需要住院。只有法定监护人即父母有权把他们送进专科医院，父母未到达学校

---

4 访谈记录第4号.

之前，或者父母不重视病情的情况下，学校无权擅自做主把学生送进医院。院系老师如果不照看犯病的学生，一旦出现意外，难逃道义责任。如果院系向保卫部门求助，除非当事人发生了危及公共安全以及自身安全的行为，保卫部门不予介入。学生危急情况界定的标准和权力不由院系来掌握，院系很难界定当事人是否会发生危险后果。心理咨询师可以判断学生病情，无权送学生去专科医院治疗；派出所有权强制送学生去医院，但只能在病人自伤与伤人的危险情况下才能采取强制措施，否则会被视为滥用警力；院系既不能决定是否送诊，也无权送学生住院，但是必须看护学生，照顾他们不要出事，直到交给家长，如果家长不来，或者家长路途遥远暂时未到，身处危险的学生应该交给谁？熟悉类似情况的管理者都清楚，只有院系老师承担这个责任。

某学院曾经有一位学生精神疾病发作时走失，被警方发现，警方通知学校派出所，派出所通知学院去领人。学院领回来后安排专人陪住宾馆，该生拒绝并坚持回宿舍，第二天一早再次跑丢，学院发动学生四处寻人，该生再次被警方截住。学生家长知道他的病情，担心影响他的学业和前途，没有告知学院。家长紧急从外地赶到后和班主任一起把学生从派出所领回来，由学院出面联系学校的心理咨询师，咨询师跟学生面谈后建议尽快住院治疗，并由学院电告医院学生情况紧急，急需床位，家长照看两天后才得以住院。

院系学生工作老师是直接处理这类突发情况的负责人和经办人。研究者所在学校的心理咨询中心，承担全校两万学生的心理健康教育和部分学生的咨询指导，他们有能力但是没有精力来监管这些学生。学校的警察和保卫部门有权力但没有得到授权，不参与此类学生的照应和监管，校园安保警力也很有限。研究者经历的另一起学生突发精神疾病案例中，学生到派出所要求修改名字，警方从一问一答中发现异常，电话通知学院负责学生事务的老师前去领走学生。学院通知家长来校，一开始父母不认为孩子的病情严重，学院要求他们发来传真，承诺由学院全权处理，他们觉得不妥，从外地匆匆赶来。家长达到之前，学院只好把该生留在学院的办公室，专门派人陪他说话、玩纸牌，以免他突然走失。父母接手之后发现孩子的病情远非他们以为的那样无关紧要。在这类事件处理中，院系学生事务管理部门把学生交到父母手中，既是为了免责，也是因为无权处理，担心学生出现意外，却找不到合适的处置方式，于是只好联系家长，或者让家长授权委托学校来送诊治疗。

院系的学生工作办公室负责监管、照料这些患病学生，在他们生病期间为他们安排学业以及住院费用报销、保险理赔等事务。事务性工作容易处理，但是精神疾病患者经常会做出常人无法想象的行为，比如无目标乱跑丢失，攻击性行为等，后果不堪设想。在交给家长之前承担这样的看护责任，院系不仅要承担患者本人的安全责任风险，还有看护者的安全责任风险。一旦患者病情发作，攻击看护者，后果难以想象。如果一个院系学生人数众多，依靠少数专职学生事务工作人员，一旦出现极端情况的学生，必须投入全部时间和精力，其他学生与事务工作难以周全。在处理这些突发事件缺少组织结构上的支持和免责条款的保护下，由一两位工作人员来承担事关学生生命安全的重大责任，既对当事人造成巨大的精神压力和职业风险，在制度安排方面过分依赖管理者的经验与应对能力，也有相当的不确定性。

三、院系的组织边界正在扩张

除了涉及学生管理的问题，院系在其他行政事务中也面临需要消耗大量时间、精力去应对的事务。比如大楼物业的管理，如果涉及消防安全，地方消防安全部门在检查中认定某一个院系的大楼不合规范，要对院系进行处罚，院系主管领导自己前去消防局进行解释说明。如果院系聘用临时员工出现劳动合同纠纷，也是院系自己去处理。学校因为各种社会功能与事务的扩张，也希望院系承担更多的责任，比如校友联络、基金筹款、产学研成果转化等等。院系的行政职能趋于多元和复杂，不得不招募更多常规或临时人员分担行政事务。随着组织边界的扩张，未来学校及院系拥有的资源是否会饱和，是否能够为此承担长期的保障，如此巨大的支出能否长期坚持下去，都存在不确定性。

院系在学术和教学上相对独立，教学科研的自主权、财权也归教师，在教学和科研上的权力、责任是清楚的。但是在行政管理上，学校的事务性工作在下移，对院系提出了很多要求，于是院系的组织结构在朝向小而全发展。院系的组织结构逐渐被要求与大学对应的职能部门功能趋向一致，那么未来院系的组织结构和功能与校级机关更加匹配以适应承担责任的能力所需，还是学校集中建设专业机构，专门管理相应事务？究竟是院系相对独立去发展，还是校级机构扮演主要管理职能，这些问题关系到学校的资源投入与规划，已然不在本研究探讨的范围。理想的状态是希望学校可以在章程里明确规定院系的职责、权利，明确学校与院系在权利与义务方面的关系，院系在明确职责之后设立相关的岗位来承担责任，更好地提升组织的执行力和效率。

第二节　职能部门的权力与责任

一、法律授权

我国的校园安全事故一直以来受到社会广泛关注，主管部门对此认识非常深刻。"长期以来，有关学校安全问题非常敏感，牵动着千家万户的切身利益，即使是普普通通的刑事案件、治安事件，如果我们重视不够、应对不妥、处置不当，就会使小事变成大事，甚至引发事端，影响到学校和当地的社会稳定。比如，2000 年 5 月发生的北京大学女学生邱庆枫被害案，2004 年 2 月发生的云南大学学生马加爵杀害 4 名同学的特大杀人案，2004 年 8 月发生的北京大学第一医院幼儿园 1 名儿童被砍死、14 名儿童和 3 名教师被砍伤案。这些案件，不仅影响到当地的治安稳定，而且波及社会，引起了全社会的广泛关注。多年来的工作实践告诉我们，学校治安无小事。学校治安问题，不仅是关系到广大学生健康成长的重大问题，也是关系到社会稳定、关系到国家和民族未来的重大问题。"[5]无论如何强调校园安全对社会的重要性都不为过。

但是如何应对校园危机事件？法律是否充分发挥了作用？校园安全保卫部门究竟该承担什么职责，这不仅仅是学校管理部门的定位问题，而是涉及社会稳定的重大安全问题，需要由法律来界定校园安全职责。"校园安全问题一直是各个国家关注的一个焦点。美国早在本世纪 60 年代就由各州立法建立了校园警察，后来又有了联邦制定的《校园安全法》，使美国校园安全管理有了执法依据。在日本、加拿大等国同样也建立了一套以保护校园安全为内容的法律法规体系。"[6]美国高校的校园警察制度来自于 1990 年《校园安全法》的授权，"拥有执法权者与联邦警察或州、县、市警察具有相应同等的权力"，这些校警"一是对法律负责，二是对校长负责。"[7]法律明确了校警的权力与责任。

《中华人民共和国人民警察法》规定警察具有"指导和监督国家机关、社会团体、企业事业组织和重点建设工程的治安保卫工作，指导治安保卫委

5　白景富.在公安部、教育部召开的进一步做好学校和幼儿园及周边安全工作电视电话会议上的讲话〔EB/OL〕,〔2005-6-16〕,http://www.law-lib.com/ fzdt/newshtml/22/20051108195653.htm.

6　曲正伟.关于制定"校园安全法"的几点思考〔J〕.教学与管理，2001,13.

7　杜海鹰.吴心正.美国高校保卫工作考察〔J〕.中国高教研究,1998,5.

员会等群众性组织的治安防范工作"的责任，以此理解，警察对大学内部的安全保卫只是监督指导，并不承担直接责任。该法第十四条规定"公安机关的人民警察对严重危害公共安全或者他人人身安全的精神病人，可以采取保护性约束措施。需要送往指定的单位、场所加以监护的，应当报请县级以上人民政府公安机关批准，并及时通知其监护人。"大学里的学生精神疾病患者，也应该可以由警察采取保护性措施，或者警察报请之后送到指定地点监护，并由警察通知家人。

该法没有授权高校的安全保卫部门执法，"没有法律的保障，校园安全工作从根本上就没有地位，就不可能有稳定的专门力量、可靠的保障条件，也就不可能彻底摆脱紧一阵、松一阵的状况，而等到出了问题再来亡羊补牢，必然要付出沉重的代价，无论对家庭、对社会还是对国家而言，这种代价未免过于昂贵。"[8]某学院曾经因为一位精神疾病学生在学院办公区吵闹向学校保卫部求助，安保人员询问患者是否动手，是否有攻击行为，如果没有，他们不能采取措施。如果发生了攻击行为，警方再介入也为时已晚。可以理解校园安保部门缺乏足够的法律条款支持，而警方为了防止滥用权力不得不谨慎行使警力，但是现实情况复杂多样，在规则条款不完善时，可能存在某些侵权行为不在已有的规则之内，个人权益得不到保护的情况。比如就师生安全考虑，某些具有暴力倾向的精神疾病患者是否需要被强制禁止接触其他人。复杂的现实迫切需要清晰的界定，比如制定一部法律界定清楚校园安全保卫部门的权力、义务以及职责，既避免权力滥用，也避免出现真空状态，影响突发事件的及时处理。

从校园安保的运行来看，美国的校园警察"他们的工作时间是按小时计算，每周40小时，不允许脱岗缺勤，就整个警局或保卫部而言，只有局(部)级领导、内部行政管理人员每天上正常班，工作8小时，一线干警实行每天24小时三班轮流倒工作制。"[9]美国高校的校园安保体系完善，制度严格，美国高校警察制度已经形成"社会化"、"现代化"、"人性化"、"专业化"，值得我国高校借鉴[10]。

8　汪庆华.关于借鉴国外经验.加强我国校园安全管理的思考〔J〕.公安教育，2010,12.
9　杜海鹰,吴心正.美国高校保卫工作考察〔J〕.中国高教研究,1998,5.
10　余宏明.美国高校安全管理及启示〔J〕.中国安全科学学报，2004,8.

二、权力与职责匹配

在院系主导学生危机事件处理的模式下，院系在处理中遇到专业问题时，因为不具备某些权限，希望由职能部门来负责处理。对于职能部门而言，因为不熟悉院系情况，担心跟学生和家长的沟通出现预计不到的情况，可能更倾向于采取从旁协助的方式，即院系负主要责任，职能部门配合。从 T 同学案例可以看出，学校的保卫部承担了代表学校与警方沟通的功能，扮演了协助院系处理后事的重要角色。如果根据事务性质划分管辖权，校园安全事件的主导机构由保卫部门主导更为顺畅。他们之所以没有主导事件处理，或许因为他们不熟悉学生的具体情况，也或许院系主导的模式约定俗成，长期沿用，他们在没有得到授权的前提下不会贸然更改，目前大陆高校形成的惯例基本都是由学生注册的院系来负责处理包括危机在内的学生所有事务。

现有的高校保卫部组织结构包含了安全教育、安全管理、校内交通管理、校内秩序维护等办公室，单独设立警方派出所的情况在各高校极为少见，其职责限于"协助民警出警、查处治安刑事案件"以及"流动人口及集体户口管理工作"[11]，高校派出所与地方警察系统共建，人员按照 1:1 的比例配备。来自地方警察体系的工作人员具有警察身份，有执法权。除派出所警察之外的校园保卫人员不具有警察身份，不具备执法权。

以事务性质而论，保卫部既是学校的一个职能部门，又是地方警察体系的一部分，学校与地方交叉管理，但学校保卫部门的工作人员首先必须是学校的行政编制员工，按照学校的人事管理体系进行管理。我国高校已经普遍实行属地管辖，由地方警察负责校园安全，但是高校的校园多数建设了封闭式围墙，相对于城市街道是一个特殊的区域，地方警察并不经常出现在校园里，而是由学校的安保人员负责巡逻和日常治安管理。但是特殊情况下，校园安全责任非常需要警察出面解决，比如校园内发生的交通事故，车辆与行人之间发生的剐蹭事件等，"对于校园内交通事故的处理，虽然'道路交通安全法'第七十七条规定，车辆在道路以外通行时发生的事故，公安机关交通管理部门接到报案的，参照本法有关规定执行。但是在实施过程中，很多高校反映公安机关存在推诿扯皮、出警慢甚至不出警等问题。"[12]这里的道路以外，即假定了大学校园里的道路不是城市规划道路，警察虽然可以参照道路

11　http://wwwbwb.pku.edu.cn/bdbwb/about.
12　李伟.高校交通安全管理问题及对策〔J〕.北大青年研究，2011,4.

交通管理办法执法，但是他们对此并不太认同，所以在出警的速度、时间上显得比较消极。假设地方警务部门不作为，对校园交通事故的处理不及时，特别是一些摩擦和冲突的程度不一定构成侵权，警察认为可管可不管，法律未必需要介入，如果高校设立了独立的安全保卫部门，这些相对轻微的突发情况能够在学校权力可控范围处理。对于校园管理比较特殊的一些情况，比如是否允许摩托车入校，是否控制车辆进入的数量与停放时间等，均属于学校内部事务，地方警察不会介入。

台湾地区的高校在处理类似紧急突发事件时，由学生事务系统中相对独立的的军训组来负责处理。研究者13年7月参访台大、台师大、东海大学等高校时了解到，台湾高校特殊设立的军训组，一开始为了实施全民兵役制度设立，后来职能逐渐转化，更多地服务于学生需求。除了军训的内容之外，学校内外发生的学生突发紧急事件，均由军训组直接向上级汇报，赶到现场处理。军训教官由教育部聘请，他们在全国组成网络，学生一旦在校外出事，也会有其他的教官接到报告第一时间出现场代表该生所在大学去关怀，这完全解决了我们在各地没有社会资源的困难，我们依靠学校资源或者自己的关系来处理，面临的困难很多。他们就如同医院的急诊室，各种跟安全有关的事情都会代表学校第一时间先处理，然后分诊到相关的部门。军训组除了直接帮助学生，也起到了代表学校的协调角色，可以处理远程的突发事故。

台湾地区高校有校警，但是没有执法权，不能处理案件，而且只处理校外人员进校的违法行为，执法还是由校外警察执行。军训组以及学务部门处理所有学生事件，包括涉及法律的案件，均由军训组承担陪护、关心角色，代表学校出面协调各方面关系，最终按照法律程序处理。需要司法程序处理的关系，学校也会上法庭。为此台大特别选聘了一位法律系的教授担任学务长，以方便处理复杂的学生与学校的关系。

我国内地高校内部管理虽然效仿政府的机构设置，但并不具有政府的权力。校园安全保卫部门是一个特殊机构，如果没有法律保障，其部门权限不清晰，职责不确定，他们顾虑过多，难以施展发挥作用。他们既没有美国高校校警的权利，有执法权处置违法和不当行为，也没有台湾地区高校军训组的协调功能，可以将急诊室功能集于一身，发挥应急处理快速的优势；他们的尴尬处境和角色既不能完全对法律负责，也不能对校长负责。这从一个侧面说明了学校内部的职能组织机构和管理存在的两难困境，他们的身份不具备某种职责和能力，但是岗位要求他们行使这些职责。当然，校园安保部门在有限的权力范围内依然发挥了很大作用，他们参与协调学校与警方的关系，协助院系处理涉及到有关警方的沟通，方便了校内管理，并帮助学校将局势控制在学校可控的范围。

院系的权力与职责不匹配，校园安全保卫部门的权力与职责也不匹配，院系与职能部门是学校的主要组织单元，这两套体系存在权力职责不对称，学校管理就可能存在模糊与分歧的隐患，影响到组织的执行力。

第三节　学校的权力与责任

一、权力来源

1．大学具有独立法人资格

《中华人民共和国高等教育法》第五条规定"高等教育的任务是培养具有创新精神和实践能力的高级专门人才，发展科学技术文化，促进社会主义现代化建设。"人才培养与科学技术发展是大学的使命和责任，也是权力的边界所在。《中华人民共和国高等教育法》第三十条明确规定"高等学校自批准设立之日起取得法人资格。"学校具有独立法人资格是法律对高校身份的确认，"大学组织在社会中需要通过特定的法律结构对其进行规定，从美国法传统来看，大学组织都具有了法人身份，这是社会发展的一种事实状态。"[13]

教育部很多年前就强调要依法治理大学。"推进依法治校工作的目标是：教育行政部门法治意识增强，形成依法行政的工作格局；学校建立依法决策、民主参与、自我管理、自主办学的工作机制和现代学校制度；各级各类学校校长、教师和受教育者的法律素质有明显提高；建立完善的权益救济渠道，教师和受教育者的合法权益依法得到保障，形成良好的学校育人环境；保证国家教育方针的贯彻落实，实现教育的公平，保证学校正确的办学方向，为教育改革与发展创建良好的法制环境。"[14]学生的权益、教师的权益依法得到保障要从目标变成现实还存在相当的差距。

---

13 陈学飞.周详.大学法人与章程性质:以美国殖民地学院章程为例〔J〕.国家教育行政
　　学院学报，2011,9.
14 教育部关于加强依法治校工作的若干意见〔R〕.教育部，2003:3.

2．大学的责任需要通过大学章程来细化

大学章程是在国家法律框架内对大学内部利益关系的规范和约束，也是对发展中遇到的问题和困难的总结，大学的管理者希望建立制度来规范组织行为与个人行为，将已经遇到和可能遭遇的矛盾冲突纳入规范体系之中，避免大学内部利益纷争无序或者边界无限扩张带来破坏性，希望大学可以长远发展，基业长青。"章程并不仅仅是一个静态的法律文本，具体的规定着举办者、管理者、大学、大学成员之间的权利义务关系。更重要的是，它承载着一种权威关系。这种权威关系与当时、当地的社会政治乃至文化环境密切相关，并且随着政治和社会生活的发展不断的呈现出不断变化的状态。在大多数的情况下，特别是在美国普通法体系之下，高等教育机构是通过完整的法人制度与治理结构来保证其具有的权利与特权的。"[15]大学章程就如大学宪法，规定大学的组织结构、权力以及责任义务，规范学校内部的治理，也随着社会变化不断调整各种权力关系。教育部要求"学校要依据法律法规制定和完善学校章程，经主管教育行政部门审核后，作为学校办学活动的重要依据。"[16]学校章程是办学的依据，也是我国高校管理的短板，只在最近十年逐渐得到重视，章程制定的过程漫长，其重要性也未必得到充分重视。

3．大学章程在我国大陆高校还未普及

国内大多数高校没有这样的章程。据研究者查询资料，目前只有吉大、复旦、中国政法、上海交大、北大、湖南农大等为数不多的高校公布了大学章程，不论这些章程是否符合教育学家认可的现代大学的制度要求，毕竟已经有了章程就是进步，还有众多的高校就在无依据、无章程的环境下将学校运行置身于规则不清的极大风险之中。听闻某大学校长曾经被学生家长当众掌掴，心中颇为震惊，大学校长曾经是大众仰视的社会精英，不管发生了什么，按照常理都有规则和程序去处理，不需要校长出面跟家长解释，家长却拿校长出气，堵住校长发生暴力冲突发泄怒气。可以想见儒雅风度的校长当时所承受的屈辱，高校面临的无法无天的险恶社会环境也由此可见一斑。在规则不清晰、规则不被严格执行的环境下，这样的社会环境既保护不了学生，也保护不了校长，保护

---

15 陈学飞.周详.大学法人与章程性质:以美国殖民地学院章程为例〔J〕.国家教育行政学院学报，2011,9.

16 教育部关于加强依法治校工作的若干意见〔R〕.教育部，2003:3.

不了所有人的合法权益。大学想要摆脱困境，需要依照法律和规则制定章程，没有章法，没有规矩，学校的运行管理面临诸多潜在的风险与隐患。

没有章程的大学治理，必然存在很多人为的干扰。"大学迫切需要以管理重心下移为重点，建立结构合理、责权分明、运转高效的科学管理体系，并结合大学内部人事管理体制改革和教育职员制的探索，建设一支整体素质优良的高效的职业化行政管理队伍，切实改善大学的管理效能。"[17]各种问题并非现在才存在，研究者们也很清楚问题所在，但是现实中改革的难度、阻力以及体制本身存在的惰性都很强大，这些问题很难被推动，如果没有对多数人利益的触动，要形成共识改变已有的规则很困难，"新的成文法和法规一般都是从某种危机中取得其推动力的。"[18]所有的问题只有等到情况日渐严重并发酵为危机之后才能对现有的制度造成冲击。当危机"成了敌人，就像是外来的入侵者，将一个共同体统一起来，并让人们暂时忘记了其他的冲突。"[19]此时危机让人们感觉到恐惧担忧，相比之下其他矛盾无足轻重，改革才有可能成为共识被提上紧迫议程。1840 年之后中国知识分子中睁眼看世界的一部分精英看到了中国面临的亡国危机，洋务运动，社会改良，结束帝制，新文化运动，五四运动，一次次尝试去应对国家面临的危机。日本发动侵华战争，中国全面抗战，则是一次实质性的全民族总动员去应对国家生存危机，没有人置身事外，社会各阶层都以自己不同的方式参与其中，国共两党放下异议，一致对外抗日。经济学家回顾中国改革开放政策的全面推动，认为那个时候形成改革共识的基础在于全民族普遍意识到原来的模式出了问题，无论是国家还是个人，都意识到中国跟西方发达国家的巨大差距，尤其是社会精英对国家民族的强烈危机感和使命感推动了国家政策的改变。一个组织可能不像国家存亡那样引起普遍的关注，但是当组织身处社会舆论的风口浪尖，被各方高度关注，必须做出回应时，组织内部的反省就可能带来改变和调整。

二、内部权力分配

中国现代大学学习了西方大学的传统，但在学习过程中依然保留有自己

---

17 钟秉林.关于大学"去行政化"几个重要问题的探析〔J〕.中国高等教育，2010,9.

18 〔美〕德博拉·斯通.政策悖论〔M〕.顾建光译.北京:中国人民大学出版社，2006:308.

19 〔美〕德博拉·斯通.政策悖论〔M〕.顾建光译.北京:中国人民大学出版社，2006:298.

文化以及社会各方面影响的痕迹。

1. 美国大学的权力分配比较分散

美国大学内部的权力分配形成了一个相对分散的格局。校长、院长和教师们在不同的层面行使自己的权力，参与权、决定权各有不同，权力分层，针对不同的决策行使不同的权力；学校、院系、教师的权力、职责也分得比较清楚，没有相互交叉，彼此不容易产生歧义。"学校的董事们对长远规划和预算规划及学校的整个运营有着重大的影响，在长远规划及整个学校的运营方面，校长为首的行政官员的影响是最强的；院长对几乎所有的事情都拥有一系列明显的权力或影响，特别是对于教师的聘任权；教师与系的影响主要是对于课程、教师委任、系主任的选择等与其专业职责最密切相关的那些问题上。"[20]这样的格局下不同的群体均有参与的权力，能够发表意见，决定某一部分事务，权力的等级分配也是很确定清楚的。

同时大学的权力分配也逐渐受到社会环境的影响，"经过长期的演变，美国高等教育在管理方面，已经从 1636 年开始的由董事会占主导地位发展到 1870 年以后的由校长占主导地位，从 1920 年后的由教授占主导地位，发展到现在以至更长远的将来由学生市场占主导地位。"[21]美国高等教育主导力量的变化，也顺应了高等教育大众化的社会发展趋势，不再是董事会、校长、教授们这些精英主导，市场主导意味着商业化、民主化的因素参与其中，学校为了提高竞争力需要不断回应市场需求，竞争的压力要求组织具有适应变革的灵活性。商业活动中常见的谈判协商机制可能逐渐影响到大学的决策，公众的诉求、学生的需要会愈加受到关注。

2. 我国高校的权力分配

我国大陆高校的权力从政府主导到高校拥有部分自主权，经历了几十年的时间，改革开放后"高等教育的管理机制由高度集中型向政府宏观管理、学校面向社会自立办学的体制转变。"[22]自上而下高度集中的管理模式束缚了高校的积极性和活力，等级制的行政审批制度削弱了高校的自主权，也被事实证明不能把教育办好。高校既然成为独立法人，必然有相应的权力处理相

20 陈学飞.美国高等教育的调节机制〔J〕.高等教育研究,1990,4.

21 〔美〕克拉克·克尔.大学的功用〔M〕.陈学飞译.南昌:江西教育出版社，1993:129.

22 母国光,翁史烈.高等教育管理.北京师范大学出版社，1995:91

关事务。独立法人的权限与政府的权力之间关系如何平衡，需要制度和规则、程序来确定各自的权力边界。

现实的高校管理模式显示学校内部管理与政府管理趋同，权力存在相互交叉。高校既有服务于教学科研的制度安排，设有院系以及对应的专业职能部门，也有众多服务于社会性事务需求的安排：律师、派出所（警察）、医院、基金会等等。这些管理和服务机构构成了一张庞大的网络，把学校建构为小社会，并通过这些机构与学校外面的大社会发生关联。"组织是有相对明确的边界、规范的秩序（规则）、权威阶层（等级）、沟通系统及成员协调系统（程序）的集合体；这一集合具有一定的连续性，它存在于环境之中，从事的活动往往与多个目标相关；活动对组织成员、组织本身及社会产生结果。"[23]就边界、秩序、等级、沟通体系等组织构成要素而言，高校已经是一个复杂而庞大的组织系统。

学生危机事件处理以学生归属院系为主责机构，表现出院系受委托处理但是不具备相应的权力和能力，权力与职责不对称的困难；安全保卫部门有权力和能力但是没有得到授权并缺乏机制自动承担相应的责任。没有制度、规则去清晰界定权限和职责，组织行为缺乏依据。"国外大学都有比较完善的制度设置，无论是制度的制订还是制度的执行都规范有序，职责权限明确，制度执行与资源分配公开透明，使大学中的游戏在从容不迫中展开，商议性民主的实行促使大学中的每一个人按章办事，无论是学术人员还是行政人员大家各司其职，没有什么要担心的。回到国内最大的苦恼就是制度模糊，有些事情无所适从，很多精力和时间浪费在无休止的扯皮上。"[24]制度模糊使得既可能存在权力博弈的空间，也可能存在扯皮推诿。从体制上看，局外人都认为现行的行政管理制度高度集权，应该有效率，令行禁止；但另一方面权力集中在少数人身上，组织运行严重依赖于少数人的执行力与判断力，如果判断失误，或者拖延不作为，对组织的效率也有影响。大多数人没有权力但是可能滥用极小的权力，使得管理效率大大降低，削弱了各级管理机构的公信力。

从院系到职能部门以及学校，每个层面的组织都有其局限性，然而现代

23　〔美〕理查德·H·霍尔.组织：结构、过程及结果〔M〕.张友星,刘五一,沈勇译.上海:上海财经大学出版社，2003:35.

24　周玲.大学组织冲突研究〔D〕.上海:华东师范大学，2006.

大学已经越来越多地卷入社会事务，师生的活动范围更为宽泛，学校不得不回应师生发生在校园内外的各种紧急突发事件，其中涉及到的权力与责任边界问题已经不能回避。

2010 年 11 月研究者与斯坦福大学心理咨询中心一位咨询师讨论 T 案例，从心理咨询师的职业风险来看，他认为难于做到对所有的自杀行为进行干预，防范自杀有很多办法，但是没有万能的解决办法。斯坦福大学在处理类似极端事件的善后方面，会建立起一个包括咨询师、律师等人在内的工作团队，由不同领域的专业人士合作一起来完成这个艰巨的任务。他建议把问题分类处理，咨询师处理心理问题，律师来处理学校的责任与可能的赔偿问题。研究者访谈另一位学生时，他提到留学期间经历了一起该校学生突然自杀的事件，看到学校出面跟媒体沟通，教会则组织祈祷，学校方面主要起到告知义务，媒体报道纪念活动，并不公布死亡原因。当专业的机构出面来调查原因时，公众也不必争论学校需要承担的责任[25]。由专业机构来澄清，法律来判定最后的责任归属，当法律判定学校有责任时，学校也必须承担相应的责任。

第四节　本章小结

无论是政府还是学校，作为一个成熟的组织，行政事务需要按照事务性质进行分类专业化管理，"理性、效率、可靠性和可观测性是所有具有明确地发挥功能的方法的组织的特征。"[26]现有的组织在应对常规事务上毫无疑问可以体现出理性、效率、可靠性和可观测性，但是在应对突发危机时需要分清责任边界，避免被迫卷入自己不熟悉的领域、发表不适当的言论引起公众误解，当然更需要其他社会组织配合，获得社会专业机构组织的支持来提升自身的能力和效率。

学校作为独立法人掌握法律赋予学校的资源并进行权力分配，院系是二级机构，学校有更大的权限来处理和协调复杂关系。学校的协调动员需要一个专门但未必是长期专职的岗位来承担，当危机来临时有这样的机构或者个人出面召集协调，可以避免随意性，有效维护学校的秩序以及各方的利益。"在任一情况下，理性的组织都必须根据适应性活动的必要的量和范围来设置边

25 访谈记录第 20 号.

26 〔印〕R·A·沙曼.组织理论和行为.郑永年等译,郑永年校.广西人民出版社,1988:
210

界，并且通过建立专门化的结构部门，在一个有限的约束集内应对有限范围的偶然事件。"[27]海内外高校的诸多经验和国内高校的危机处理事实证明，这样的机构或个人，由代表学校的校级机构比如安全保卫部门、律师来负责远比院系承担更具有专业性、权威性和可靠性。

27 〔美〕詹姆斯·汤普森.行动中的组织 行政理论的社会科学基础〔M〕.敬乂嘉译.上海:上海人民出版社，2007:85.

第五章　高校在学生危机事件处理中的能力困境

　　校园是年轻人的聚集之地，青年学生处于青春期，敏感多思，个性鲜明，发生在他们身上的不确定性事件复杂多样。如果这些事件是学校的责任所致，学校有必要设立相关机构来回应学生的诉求，承担必须的责任。如果非学校责任，则应该由社会机构处理。属于社会性质的事务，需要专门的社会事务机构对此定性，以决定责任归属及承担赔偿或者资助的责任人。研究者认为，高校遇到的困境，跟社会的复杂性与工业化之后的社会变迁有很大关联，当社会发生很大变化时，固有的规则和秩序需要调整，组织本身的动力不足时，外界的刺激则可能加速组织反省与更新。西方大学的发展所经历的社会复杂性提前多年，比我们更早遭遇到复杂性的挑战，他们处理这些事务的经验比较丰富，已经从经验转向制度，把经验纳入制度规范体系，他们在具体的组织行为方式上有充分的经验可资我们借鉴。

第一节　重大危机事件的回应

　　2007 年美国弗吉尼亚理工大学发生了一场枪击案，对于该校是一场突发的重大危机事件，从相关研究显示的案例处理过程可以清楚看出，发生在美国高校的重大危机事件处理，遵循权力的有序分配，在高校、政府、社会机构之间展开了明确的分工与有效的合作，法律更是发挥了决定性作用。

一、政府的权限

2007 年 4 月 16 日弗吉尼亚理工大学校园内发生枪击案，死亡 33 人，人数之众震惊全球。枪击案发生之后，地方政府很快响应，州长积极行使权力安排调查。"事件三天后，弗吉尼亚州州长梯姆·凯恩（Tim Kaine）组织了一个专家调查评估小组，其重要的使命是：对枪击案展开独立、彻底和客观的调查，评估弗吉尼亚州的教育法、教育政策以及教育机构和公共安全、公共卫生、精神卫生部门的响应能力。专家评估调查小组由 8 名成员组成，均由州长亲自任命，来自与枪击案相关的各个领域，包括精神健康、大学管理、公共安全、执法、急救、受害者服务、司法等部门，具有广泛的代表性，且都具备很高水平的专业技能。"[1] 作为地方行政长官，州长有责任维护管辖地的公共安全，发生枪击案之后应该由他或者他授权委托的机构向公众解释已经发生的情况。因此，这场突发重大危机发生之后，启动紧急响应程序：州长任命并组织专业人士开展事件的调查评估，公开专家的信息，使公众确信调查组有公信力和独立性。在这个过程中大学接受调查并反思需要弥补遗漏、改进管理之处，大学作为当事人没有权力单独进行调查。

二、专业机构的权限

专业评估小组受命开展调查，在调查取证之后进行详细的全面分析。四个月之后，"调查评估小组撰写了一份长达 260 页的报告，并在网上公开。这份评估报告的题目是《2007 年 4 月 16 日弗吉尼亚理工大学枪击案》，共分 11 章，标题分别是：背景与范围；大学环境与安全；事件演进；赵承熙的精神健康历史；信息隐私法律；枪支采购与校园政策；宿舍楼的两次枪击；教学楼的枪击；应急医疗服务响应；医疗检验办公室；近期影响与漫长的创伤愈合过程。"[2] 调查评估小组历时 4 个月，汇总 260 页的报告，对涉及到的问题进行了详细分析，并根据调查结果对该校存在的风险给出了如下建议："第一，大学应该进行风险分析，在此基础上确定校园安全等级；第二，弗吉尼亚理工大学应该更新、完善自身的《应急响应计划》，并使之符合联邦、州的指导原则；第三，弗吉尼亚理工大学及其他高等院校应该建立一支威胁评估团队，团队成员应由来自执法、人力资源、学生及学术事务、法律咨询、精神健康

1　王宏伟.重大突发事件应急机制研究〔M〕.北京:中国人民大学出版社，2010:174.
2　王宏伟.重大突发事件应急机制研究〔M〕.北京:中国人民大学出版社，2010:176.

等多领域的人士组成；第四，学生和教职工应每年接受培训，培训的内容包括：对各种紧急情况的响应，了解紧急情况通报系统；第五，当危险出现时，大学应当及时发出公共警报。"[3]这个报告客观分析了发生枪击案悲剧的众多因素，在网上公开发布，遇害者家属、公众和媒体、校方都可以就他们关心的问题找到想要的内容，公布的信息长期放在网上，应该是经过了反复推敲，避免不实信息或者推断再次对各方造成伤害和危害，为州长所代表的地方政府处理类似的公共安全提供了依据，也对大学提升安全保卫能力提出了合理的建议。

三、大学的权限

大学身陷如此重大的安全危机，面对惨重的人员伤亡，校方的反应和应对能力往往最容易被关注。该校如何回应危机？在这场危机中做了什么？弗吉尼亚理工的反应很迅速，"当其他大学在校园惨案发生后还将焦点聚集在惨案时，弗吉尼亚理工大学设立了一个独立小组，第二天立即在校园内的卡塞尔体育馆（Cassell Coliseum)举办悼念罹难者的追思会。这场追思会聚集了美国总统布什、州长蒂姆·凯恩（Tim Kaine）、各地牧师、学生代表以及唱诗班，这一做法所产生的抚慰能量令人惊讶。此独立小组不仅要注意追思会的安全措施和讲稿，更安排心理咨询师帮助受害者面对灾后精神创伤，他们也同时协助家属从世界各地飞往弗吉尼亚理工大学、协调电视新闻网报道等，让受害者得到最大的尊重。"[4]在如此短的时间里该大学快速并周密地协调了一个包括总统在内多方面人员参加的追思会，效率非常高，虽然该校的危机预防受到质疑，公众认为事件发生时校方没有及时采取预警措施阻止事态扩大，从第一枪到后来多次枪击造成众多人员伤亡，时间是一个持续的过程，校方没有快速发出全校警报，没有及时疏散教师学生，应急反应能力滞后，但是校方事后快速召集追思会抚慰了公众的惊恐与悲伤，得到了公众谅解。学校主导追思会、协助家长来校、协调新闻界报道，学校在其中扮演的角色是有区分的，承担的责任不同决定了角色的差异。校方表现出积极的态度组织追思会，尊重公众对该事件的关注，协助家属和媒体了解真相，但是他们依然只是协

3 王宏伟.重大突发事件应急机制研究〔M〕.北京:中国人民大学出版社，2010:176.
4 〔美〕劳伦斯·巴顿.危机管理 一套无可取代的简易危机管理方案〔M〕.许瀞予译.北京:东方出版社，2009:174.

助，与主导追思会的角色不同。尽管前面的处置失当，在巨大的危机面前他们醒悟过来，快速地作出了回应，表达了对伤亡师生的哀悼之情，抚慰了遇害家属，也表现出了大学权力的有限性和行为的局限性。

四、法律的角色

在弗吉尼亚理工大学枪击案中，大学、州政府、专家调查小组各司其职，承担不同的责任。这个过程中权力分配清晰，各方的介入有依据。发生重大事件之后，一旦应该承担责任的机构没有承担起责任来，法律也能够发挥惩戒的功能，重申并确立社会秩序与规则。

1969 年暑期，加州大学伯克利分校学生 Prosenjit Poddar 跟心理咨询师 Lawrence Moore 博士谈话过程中告诉 Moore 他准备杀死自己追求的女孩 Tatiana Tarasoff。Lawrence Moore 博士向校警发出警告，请警方拘留 Poddar。三位校园警官，Atkinson，Brownrigg 和 Halleran 将 Poddar 带至警局拘留之后，认为 Poddar 看起来理智正常，于是将他释放。在此之后无论是校警还是咨询师都未重视 Poddar 的异常精神状态，未采取措施阻止 Poddar 的危险行为，也未告知 Tatiana 和她的父母 Poddar 曾经威胁要杀害她的言论，不曾提醒他们潜在的极大危险。Lawrence Moore 博士的上司，精神科主任 Powelson 大夫命令 Moore 博士不再对 Poddar 采取拘留措施。不幸的是，10 月 Prosenjit Poddar 停止了心理治疗，10 月 27 日 Tatiana 被害。女孩的父母起诉 Moore 博士的同时起诉学校相关职员，认为他们在已知危险的情况下没有及时采取预防措施。[5]学校的心理咨询师和校警负有特殊的责任，在知悉学生存在危险时有权力及时采取保护措施，他们如果提前告知和提醒 Tatiana，对 Tatiana 采取保护措施，或者提醒 Tatiana 休学，转学，远离 Poddar，都可能避免最后的悲剧。

这个案例中矛盾冲突均由法律解决，当事人并不纠缠学校或者个人，更不会去找校长论理，跟学校要孩子，而是直接诉诸法律，法律判决咨询师、校警各承担自己应该承担的责任与后果，这样的判决不会导致学校责任不清。学校在聘用教师职员时，已经签署合同关系，根据教师员工手册的要求将分解的学校责任委托给承担岗位职责的个人，这些职员受雇于学校，没有履行保护学生的职责，是他们个人的失职甚至渎职，法律根据发生的事实判决他

---

5 Tarasoff v.Regents of the University of California〔DB/OL〕.http://en.wikipedia.org/wiki/Tarasoff_v._Regents_of_the_University_of_California.

们是否承担以及如何承担责任。在这里法律清楚区分了校方的责任、咨询师和校警个人的责任；法律判决具有最高的效力与强制执行力，应该承担责任的各方均必须负起自己的责任，家属不必反复找学校表达诉求，法律必然保护他们的权益。如果这个案例发生在中国内地的高校，很可能即便不是学校的过错，学校也承担了大部分的责任。当然，这里还涉及到学校与雇员之间的责任关系，是否已经在相关的章程里明确了双方的权利义务，对于那些没有章程的大学，如果在教职员聘用的时候没有书面协议，没有事先明确岗位职责，个人责任与学校责任混淆在一起，发生重大事件的时候难以清楚界定学校与个人谁来承担责任，事情就很复杂。内地高校的管理存在不少的疏漏，一旦类似事件发生，如果学校监管不严或者规章制度不全，也要承担部分管理责任。

上述美国高校处理突发危机事件的案例，清楚地展示了政府、专业机构、高校以及法律在其中各自承担的责任和扮演的角色。他们明确清楚的界定了权力的界限，并由权力的合理分配决定人力、物力、财力的分配，减少了互相的推诿和扯皮，提高了效率。美国高校学生事务管理的权力范围有限，不承担社会事务，不承担超出自己权限的社会责任，甚至不承担超出专业能力界限的学生事务。政府和专业机构各司其职，失职甚至渎职由法律裁决，存在分歧就到法庭上去争辩。在这个框架下，社会的规则能够得到尊重和认同，人为与主观的因素减少，因司法的公开与程序清楚，各方意见能够得到表达，当事各方对事件的裁决过程和结论是清楚的，清晰的结论避免了留下隐患和后续的纠纷。一个案件的终结就是彻底结束矛盾和争议，可能成为今后的示范案例，但是不会再被轻易推翻了。涉及人员伤亡的恶性事件，由法律和规则来决定最后结果，也是对各方权益的尊重与合法维护。

第二节　T事件处理中的权力与能力问题

一、警方调查

T同学身故的次日，学院、学校相关老师陪同家属前往属地派出所，请警方解释现场情况。家长要求学校领导陪同前往，保卫部、学工部派干部陪同。家属要求警方说明现场情况，出示现场物证，接待警察解释所有材料在刑警那里，刑警与他们不在一地办公。他只是履行职责，刑警处理结束，认定没有刑事犯罪嫌疑他去领走死者遗体。家属难以接受这样的解释。

　　学院没有能力协调警方配合，请求学校支持，学校主管领导出面联系公安局领导，希望他们重视此事。保卫部马上联系勘察现场的刑警，请他们于当日下午来校跟家属见面。学院临时租借了会议室。下午两点，警方派出现场刑警、法医等四人，在学校的一个会议室向家属解释现场勘查情况与初步结论，学校方面保卫部长、学工部长、学院两位书记、一位副院长、导师、学生代表陪同家属和警方见面。警方带来了现场照片和现场收集到的部分物证，向家属详细解释现场情况和警方判断。死者亲属多人受过高等教育，均认为警方的解释存在疑问，没有回答他们认为关键的技术问题，因而不接受自杀结论，认为警方不专业、不敬业。此后他们一家多次尝试模拟现场，认为其中某环节很可疑，以此质疑警方和学校。据 T 的同学解释，真实场景不能实验，还原要付出生命代价。

　　家属情绪激动，年轻的刑警和法医没有完全答复家属疑问。这次见面之后，一位学生代表经过警方许可，把备份的现场照片拿去找到他的亲戚，请他那位在警局工作三十年的刑警查看照片，结论与本地警方一致，行为系自主完成，非外因造成，经验丰富的刑警在他三十年的刑警生涯中仅见过一起这样的案件。

　　学生代表了解现场的真相之后，寻找适当时机试图跟家属解释现场发生的情况。这几个学生主动跟学院老师沟通了他们了解的细节，愿意在其他同学有疑问的时候出来回答问题。他们也组成了一个团队，配合学院安抚家属，向其他同学通报处理进展，交流信息。三四个学生参与了全程的家属接待，时常去看望、安慰 T 同学父母，帮助学院缓解了家属跟学校的对立情绪。家属离开之前，他们和 T 同学实验室的同学一起组织了自发的捐款，为 T 同学父母提供了他们力所能及的支持和帮助。

　　在这两次见面之后，警方抽调权威刑警、法医开始着手新的调查取证；学校也督促他们尽快着手后期的各种检验、调查，以便有充分证据证明他们的结论可靠。警方在随后的两周里采集了必要的证据，排除身边同学的任何嫌疑。

　　警方也对 T 同学宿舍电脑进行了数据恢复处理。最后一次通报结果的当天，学工部、保卫部、学院领导、导师以及学生代表等多人和近二十位家属一起前往属地派出所参加通报会。刑警队技术队长代表警方出面解释说明（学校一再向警方要求派有经验有权威的警察出面解释），队长从事刑警技术工作多年，经验丰富，他的解释与回答自信而肯定。他认定经过反复调查，排除他杀，不构成刑事立案；提供了所有化验报告和 T 同学电脑上他曾经浏览与自杀相关的网页的记录。他表示调查已经结束，目前的调查手段只得到这些结果，确实不能回答家属所有的疑问。如果家属要求其他公安机关介入，他们愿意提供材料和必要的帮助。家属传看了警方打印的 T 上网记录，表示接受警方调查结论。

在以学生归属单位为出发点、学院为主要责任单位的统筹应对中，由不具有专业权威性的学院来通知和告知家属孩子身故的可怕结果，家属在最初的悲痛情绪中首先质疑学校是否有过错，事发突然，学校与家属之间没有沟通的缓冲，一下子变成对立双方，学校容易陷入被动，学校提供的信息的权威性受到质疑，彼此之间难以进一步交流。家属跟警方见面并质疑死因之后，警方重新进行了调查，这一次他们直接联系家属索要物证。所以，警方在事件定性问题上完全可以直接跟家属联系、沟通，学院不必参与。可以设想，家属如果第一时间接到警方电话，警方告知时确认了出警警员的身份、联系方式，家属到学校后通过警方可以直接获取信息，所有疑点得到警方及时回应，他们的悲伤和怀疑也许可以得到一定的安抚。这里涉及另外一个问题，就是警方与学校的合作与分工，一直以来约定俗成的做法都认为通知家属是单位的事情，警方出现场，为事件定性，通知家属被视为善后事宜，不是他们的责任，请警方来通知家长，可能是一种新的要求，需要警方的配合，需要警力支持，甚至需要在法律规则上清晰地规定出来。家属希望了解警方对事件定性的依据，学校在中间转述反而造成诸多误会。研究者发现，在未确定伤亡的突发事件中，由现场的医疗救护人员或目击证人通知家属，也比较能够得到家属认可，他们并不质疑信息的真实性。

学校保卫部负有保护校内师生安全的责任，学校委托他们代表学校向家属告知事实也较为合理。保卫部门因为职业、工作范围的便利，经常跟警方联系沟通，其信息来源具有可靠性、权威性，容易得到家属和社会认可。

二、保险公司介入

警方关于事件的正式结论做出之后，家属提出三点意见：接受警方的结论，不再提起刑事立案申请，办理后事；要求保险赔付；要求学校赔偿。学校法律顾问的意见是：T 同学的死亡与学校没有因果关系，学校没有对他构成侵权行为，非学校过错所致，学校不承担法律赔偿责任。学校有专门的工作人员来处理全校学生的理赔事宜，该负责老师与保险公司联系赔偿，对方答复需要启动调查程序。保险公司业务员来学院跟老师同学见面调查情况之后跟家属见面，确定了赔付责任和赔付程序。

保险公司和学校之间因为存在商业上的长期合作关系，在一定程度上也是学校危机事件的救火队，通过赔付的方式缓解家属与学校之间的矛盾，减轻学校工作的压力。自杀赔付不符合国际通行的保险条例，我国保险法也不支持。但根据《保险法》第六十六条，"以死亡为给付保险金条件的合同，自成立之日起满二年后，如果被保险人自杀的，保险人可以按照合同给付保险金。"从投保之日起两年后发生的自杀事件，保险公司给予赔付，理由是没有人的自杀冲动会保持两年，以此推断投保人非恶意骗保。学生的保险采取默认投保，除非提出申请办理退保。T 同学的保险可以从 07 年开始攻读研究生算起，到他 09 年出事已经超过两年时间，他本人在此期间未提出退保，保险依然有效。因此，理赔就符合我国保险法以及国际惯例。

但是，研究者发现，同一家保险公司在后来的类似事件中没有进行赔付，理由是法律不允许，研究者没有对比法律依据的变化，但是理解保险公司的监管部门对于类似事件的处理更加严格规范，严格执行合同条款约定，他们也许为了防范骗保，或者不能仅仅因为政治正确就赔付，避免承担合同范围之外的责任给公司带来经济损失。研究者担心善后处理的依据存在不确定性，不同的事件里有不同的参照。如果同一类型的事件因为缺乏依据和规则，个人不得不靠"闹"来博弈利益诉求，组织行为的随机性和不确定性就可能使得每一个事件的处理无章可循，组织每次面临危机都是一场新的纷争，家属和社会猜测他们可能争取到的最底线和最高限，不同的学校、院系财力存在差异，资金来源也不同，除了政府拨款的教学科研经费，多数学校没有灵活的可资使用的专项基金，很难在制度许可的合法的范围内为身故学生家庭提供经济上的资助。但是差异性导致社会公众和舆论以为"闹"可以获得更多的经济资助，在社会支持系统缺失的前提下，学校道义上的支持也是有限的，也终究不是制度化的解决方案。

在这个事件的处理过程中，警方、保险公司作为专业机构，他们有自己的权限和专业能力处理职责范围内的事务，学校不具备这样的权力和能力。

"组织需要创造专业化的部门来应付不确定性，而将其他专业化部门的运行置于确定或者近似于确定的条件下。"[6]专业化部门和确定性条件表现在只有警方调查取证，为事件定性，结论才具有权威性和公信力；只有保险公司及时介入，赔偿责任才能说清楚，才能解决模糊不清的责任问题。如果没有警方和保险公司的介入，没有他们的权威性结论，学校和家属缺乏第三方公正客观的仲裁，各执一词，很难达成一致。

第三节　山难事故处理中的权力与能力问题

一、专业人士的作用

专业机构和专业能力在处理重大特殊事故时是其他机构所依赖的社会力量。在北大山鹰社山难事件发生后，北大赴藏工作小组首先求助于当地的体育局和登山协会。北大赴藏工作小组得到了自治区体育局党组、区登山协会、区教育厅党组等地方组织的极大支持，自治区领导协调了中国登协、区办公厅、区教育厅、区体育局、区登协与北大特别小组共同组成搜救总指挥部，并设立前线、后勤、新闻三个工作组。自治区政府领导担任总指挥。[7]雪山搜救危险而艰巨，山难引起了各方高度关注，地方政府领导亲自负责组织协调，当地体育运动主管部门和专业团队派出了搜救队伍，地方政府在这期间所调动的资源远非北大作为一所学校力所能及。

同日中国登山协会发布声明，"北大登山队攀登此山是得到北大登协等有关部门的批准，得到了地方登协的许可（根据《国内登山管理办法》，8000米以下山峰的攀登，需报经山峰所在地的省、自治区体育局批准），并得到广州宝洁公司的资助。北京大学登山队的山难，是大自然不可预测、不可抗拒的因素造成的，对于事故的发生，协会的全体同志及广大的登山爱好者都感到十分惋惜和痛心。得到北大登山队遇难的消息后，协会在了解情况的同时，进行分析研究，并决定立即派我国著名登山家王勇峰、国家登山队副队长罗申等人于13日下午起程赶往西藏，与西藏登山队一起赴希夏邦玛峰西峰，在保证安全的前提下负责失踪人员的搜索和善后工作。13日上午，协会召开中层

6　〔美〕詹姆斯·汤普森.行动中的组织 行政理论的社会科学基础〔M〕.敬乂嘉译.
　　上海:上海人民出版社，2007:17.

7　访谈记录第6号.

以上干部会，通报情况并进一步强调安全第一的思想，在近期开展的攀岩和户外运动时，一定要在确保安全的前提下开展工作，杜绝事故的发生，并积极倡导安全、环保的健身登山方式，并要求各地区严格把关，按照《国内登山管理办法》严格审批登山等探险活动，防止近期登山事故的再度发生。高山探险活动不同于一般的健身登山，中国登山协会目前的工作重点是提倡普通大众都能参与健身登山，对高山探险活动采取严格、谨慎的态度，特别是民间登山探险活动。在总局的支持下正要出台新的登山管理办法，开办各种攀岩、攀冰、登山培训班、基础登山活动，在国家队教练指导下不仅学习攀登技术，同时了解现代登山理念，以使爱好者以正确的姿态对待登山探险活动。"[8]这个声明确定此次山难为自然灾难所致，因不可测、不可控因素造成，客观上缓解了学校和山鹰社所面临的社会压力，并对当时媒体和网络关于登山运动风险的质疑做出了回应。攀登雪山是一项很危险的运动，社会公众对这一项运动比较陌生，登山协会的声明提醒公众参与登山需要经过培训，山鹰社的学生已经在校内接受了相当长时间的培训才可以申请参加外出活动，即便是这样，他们对登山可能遇到的危险依然认识不足，在山难发生之际，舆论和学生都需要对登山运动有更多了解。

当事人回忆道，"得知山难的消息后，母校北京大学立即派救援工作小组赴藏组织抢救和援助工作，西藏自治区党委、政府和体育局、登山协会以及日喀则地委行署、珠峰自然保护区、聂拉木县等有关单位和部门进行了全力以赴的支援和搜救，中国登山协会也派专家亲临一线指挥，中国登山协会和西藏登山协会的搜救队员冒着生命危险到达灾难现场进行搜救作业，部分党和国家领导人以及许多各级单位和部门也纷纷对我们表示慰问。许多已经离校山鹰社老队员也都参与到善后工作中，各自尽其所能帮助社里度过这最困难的时期。许多认识和不认识的老师、同学和朋友对我们表示了慰问、理解和支持。"[9]这些及时的援助和关爱给予身陷困境的山鹰社同学们莫大的安慰和支持，参与搜救的专业人士更是让遇难学生家属抱有最后一线希望。

8　中国登山协会发表声明:山难是大自然因素造成〔EB/OL〕.〔2012-9-29〕.http://sports.sina.com.cn/o/2002-08-14/1730300134.shtml.

9　关于山难报告〔EB/OL〕.(2003.8.8).http://www.newsmth.net/ nForum/#!article/142017.

二、行业协会的作用

山难事故使得平常不为人知的登山运动走到公众面前。事情渐渐平息之后，同年九月底中国登山协会召开高校学生登山活动研讨会，会上"教育部有关人士对学生登山提出五点'加强'意见。第一，加强对高校学生进行高危探险体育活动有关知识的宣传教育力度；第二，加强对学生业余团体从事登山等高危体育活动的组织、管理和引导工作，集中统一控制审批权限，严格社团审批和资格审查认定，规范审批程序，完善管理制度，坚持落实'谁审批，谁负责'的责任制；第三，加强对业余从事登山等高危体育活动学生团体的专业知识培训和体能、技能训练；第四，加强对业余探险学生的思想教育和心理健康教育；第五，积极探索对学生业余登山等高危体育活动的组织、教育和引导。"[10]

山难之后中国登山协会从行业协会的角度加强了对高校登山社团的管理，登山计划需要得到他们的批准。2010 年暑假，北大山鹰社计划攀登夏康坚峰，登山协会认为此峰距离拉萨接近一千公里，万一发生事故难以及时救援，驳回他们的申请，并建议山鹰社重新申请攀登卡鲁雄蜂，该峰距离拉萨 125 公里，大本营就在公路旁边，交通便捷。山鹰社递交申请之后还需要请登山协会的专业人员来学校听取他们的答辩，对准备过程的细节进行反复论证。通过这些环节之后他们需要赞助商、装备、后勤、医药、通讯、保险等各项准备工作，以及一个月的体能集训和技术培训。他们的技术支持包括国家登山协会、国家登山队、西藏登山协会等；学校方面由团委、体育教育部指导，山鹰社的老队员也很关注每年的登山活动。这些全方位的力量支持大大降低了登山风险。

山鹰社也在危机之后不断成长。2009 年 4 月 13 日山鹰社举办二十年庆典，正式宣布为山鹰基金剪彩，在其基金章程中，明确规定"为保证山鹰社平稳健康发展，积极应对各类紧急事件和突发情况，在山鹰社新老社员的共同努力下，北京大学山鹰基金于 2008 年 11 月 11 日成立。山鹰基金隶属于北京大学教育基金会，接受教育基金会的管理与支持。"基金章程明确规定对于捐赠金额的部分用途是"2002 年山难队员家属的探望以及其他相关事宜"。在山难事故之后七年，山鹰社参照社会组织的长期运行模式建立起自己的预防和应对灾难的机制，对遇难同学家属也有了充分考虑。基金设立之后得到山鹰社

---

10 北大山难引发安全会议 学生登山谁审批谁负责〔EB/OL〕.〔2012-1-27〕.http://beijing.
　　qianlong.com/3925/2002-9-26/134@442127.htm.

新老队员积极响应，并申请到学校 1:1 的配比基金支持，很快筹集到七十多万元，可以长期运转下去。山鹰社每年从这笔基金里为遇难同学父母寄去 2 万元，新老队员坚持每年去看望这五位同学的家人。[11]

专业机构、人员以他们的专业技能和物力、人力与财力的支持对学校应对突发的灾难提供了强大的援助，来自专业机构的公开声明提升了社会的理性认知水平，专业协会也在应对危机之后进行了严格的行业规范，为以后的良性发展奠定了基础。在这场山鹰社的山难危机中，家长没有其他渠道求助，只能仰仗学校，对学校抱有很高的期望；学校及时公开发布救援信息，接受媒体访谈，让公众及时获取相关信息；学校依靠地方政府和专业协会开展救援和提供后勤保障，当地政府、行业组织积极配合，对社会公众和家属都展示了积极营救的态度，这些措施对安抚家属悲伤、缓和舆论压力起到了积极的作用。家属和公众在灾难面前能够感受到政府、社会组织的强大力量和巨大的组织动员能力，虽然不能改变他们失去孩子的悲剧现实，他们至少得到了精神上的支持。

第四节　权力与能力：L 如何离校

一、政治稳定的压力

07 年 7 月 L 同学最终没有在学校规定的时间里办理离校手续。为了在当时即将来临的中共十七大（10 月 15 日）召开之前保持学校的稳定局面，学校希望学院尽量缓和矛盾，协商解决学生的困难，学院再次为 L 同学和家长续租了校内宿舍。

学院对 10 月底后 L 母子可能出现的情况进行了分析，预计出现下述情况：L 同学家长在长期陪同，失去信心，无法坚持下来的情况下离开学校，丢下孩子撒手不管，也可能在无法承担孩子的治疗和生活费用的情况下采取自杀等过激行为，把孩子留给学校；家长、学生在校园里四处流浪，继续向学校提出各种要求，或者诉诸媒体、法律，造成不良社会影响，向学校施加压力；L 同学再次犯病，学院不得不送他进医院，家长无力支付医疗费，需要学校长期支付；L 同学可能会在病情发作的情况下出现意外，如自杀等。

08 年春节之后，紧接着两会召开，按照惯例两会期间的安全稳定也是大

---

11 访谈记录第 21 号.

事，学校顾及两会期间的政治稳定，担心境内外媒体炒作此事，没有要求他必须离开学校。08 年两会之后，北京备战 08 年奥运会。08 年奥运结束之后还有 09 年六十年大庆，学校还将继续承担安全稳定的压力，都会尽力避免发生任何重大事故，客观上为家长拖延离校提供了可能性。2000 年邱庆枫事件处理中因为临近六四敏感节点，为了尽快平息校内学生的波动情绪，上级领导要求北大领导讲政治，给家长"资助"以使他们尽快离校。在政治稳定的压力之下，学校不可能跟上级组织和家长去辨析组织的责任和界限，只能采取稳妥的方式承担力所能及的责任。

二、学校寻求地方政府支持无果

08 年 5 月，学院致函 L 同学的家庭所在地的市政府办公厅，希望得到当地政府支持。不知道是因为地方政府无暇顾及，还是地位不对等，学院没有收到当地政府的回信和答复。学院联系了当地民政、社保等部门，他们均表示对此无能为力。民政部门认为自己的责任是照顾弱势群体，P 大学生不属于这个群体；社保是个体进入社会开始工作之后才能参保，学生尚未进入社会，也无社保可以依靠。当地社保部门认为学校在寻找"下家"接管问题学生和家庭，他们的意见是"找不到的"，社会没有相关机构可以接管他们。"作为实际上垄断强制力的工具，政府具有保护社会的不可或缺的责任"[12]，但是不少地方"政府只关注经济，不关注社会，很多社会的成本不得不由家庭和个人承担"[13]，在当时的如此现状之下，缺乏社会保障的支撑，学校希望帮助他们找到回归社会的途径和渠道的想法，也遇到难以跨越的障碍，L 的家庭和学校的诉求没有得到当地政府回应，学校无计可施。

三、政府迫于政治压力介入

涉及社会保障的事务，本该是政府和相关管理机构的事情，但是本案例中，L 和他的家人回去之后的生活保障却几乎找不到组织机构可以为他们提供帮助。学院甚至建议家长起诉学校，学院可以帮助他们寻求法律援助，通过司法的裁判来决定到底应该由学校承担什么责任；也可以到上级教育主管部

---

12 〔美〕戴维·E·阿普特.现代化的政治〔M〕.陈尧译.上海:上海世纪出版集团，2011:173.
13 黄亚生."中国模式"到底有多独特?〔M〕.北京:中信出版社.2011:11.

门进行行政申诉，行政裁决学校是否负有责任；或者求助于媒体，得到更多的关注和公众的支持以帮助他们回归社会，以此缓解学校压力。学院从 L 母亲那里获知她曾经带领工友跟公司打官司争取权益，对相关程序并不陌生，也不缺乏勇气。但是家长没有接受这个建议。

08 年 6 月底，在新一轮毕业生离校之际，学校明确通知学院 L 同学可以获得毕业证书，但不可能获得学位证。七月初学校举行毕业典礼，L 同学母亲看到校园里毕业生身着学位服参加各种仪式，认为坚持了五年没有得到预期的结果，心理接近崩溃，在学院办公区歇斯底里发作，言语中威胁学院"希望跟学校协商，协商不成则可能叫家人来制造事端。并表示，他们母子可能活不过这个月，要死也要抓上其他人。"[14]L 同学母亲情绪失控之下威胁要制造事端，她的不稳定情绪和 L 同学的精神状态可能伤及身边的老师或者同学甚至路人。校领导临时召集和主持了一个紧急会议，听取了学院负责人的汇报。学校高度重视，与会人员包括学校校办以及学工部门、保卫部门负责人，大家进行了短暂讨论，决定由校办把情况速报给教育部，请求教育部的帮助。

奥运即将来临，北京市在比赛场馆附近大规模排查不安全、不稳定因素，L 同学的精神疾病以及母亲的失控情绪被作为不安全因素上报给学校，学校也以奥运期间的安全为由，请求教育部支持，教育部接到报告后很快转给国务院相关机构，请求政府出面帮助学校解决困难。国务院相关机构致函 L 同学生源所在省，当地领导做出批示之后，当地政府派出两位民警、两位街道负责人、一位 L 同学父亲单位同事一共五人赴京协助学校解决，他们的最终任务是把 L 同学母子带回当地。事件涉及到奥运安全，学校给上级主管部门的汇报很快就有了答复，使得这个事情的解决变得不再遥遥无期。政府最后动员了警方、社区和单位来介入解决，证明政府整合资源的能力以及执行力明显强于学校。而事情不闹到引起一定级别的政府重视就得不到解决，也不难理解现实出现一些人把事情闹大的心态。愈是严重的事端，愈容易引起高层的介入。有了高层领导的批示，解决的进展立即加快。

当然，地方政府来人也不会采取强制措施，尤其是对学生。他们深知这个母亲在学校五年陪读和争取孩子权益的韧性，深知问题的棘手，为了避免回去之后的无休止纠纷，也希望学校给一些承诺，让这个家庭回到当地有一个说法，不至于让他们承担所有责任。于是经过三周的长时间反复协商谈判，

---

14 内部报告.

7 月 25 日上午，L 同学母亲向学校提交了困难申请，明确希望得到学校资助的金额，L 同学本人在申请书上签字同意母亲的诉求。L 老师以学院名义起草了一份给学校的报告，请求学校对学院的工作和困难给与支持，希望学校能够同意学生的申请。两份报告同时送到办公楼请主管领导签字，主管领导签字同意学校支出。下午，L 同学办完离校手续，取得毕业证书。26 日上午 9 点 L 同学母亲按照学校要求写了收据和书面承诺，保证以后的困难自己解决，与学校无关。L 老师将学生和家长送到机场，告别时，L 同学和母亲表示了对学校关心帮助的感谢，并对自己以往的不当行为表示了歉意，L 母亲掉了眼泪。当晚同行的当地负责人回电话通知学校他们已经平安抵达，历时五年的困境至此基本结束。

他们的需求虽然没有完全得到满足，但是毕业证书、学校的经济资助、当地政府派代表来表达的善意已经为他们提供了今后生活的一定保障。街道和社区虽然不能扮演重要角色，不能给他们确定的承诺，但是他们由当地政府派出，在事件处理过程中代表政府表明了回去以后继续帮助他们的姿态。不管这种姿态有多少实质性意义，L 母子回乡的道路并不孤独。当地最高政府机构派出代表和他们一起乘飞机回当地，机场专车等候送他们回家，处于弱势的 L 一家至少得到了尊重与相当金额的学校资助。

如果这个事件没有 08 年奥运会的政治背景，如果学校不把这件事情与维护奥运期间首都安全稳定结合起来，很难想象事情如何结束。L 母亲护犊心切，一直希望为儿子争取更多利益，为了保护儿子她不惜以死相逼，最后经历自下而上、自上而下的行政动员，把事件上交最高政府，当地政府派代表来协助处理，从政治上、心理上形成一种压力，也形成一种继续依靠的态势，与 L 母亲的愿望一致。这场 L 离校风波因 L 母亲的"闹"而得以部分解决而结束，再次体现出在没有社会整体保障的前提下民众倾向于从"闹"中获益的社会心理。

我国医学界对于精神疾患群体的治疗人手不足，病房紧缺，依靠社区的治疗和社会保障比较匮乏，在一定程度上加重了患者家庭的经济压力和精神痛苦，加之独生子女家庭面临的特殊困难，父母老年体弱之后患者依靠家庭康复的前景黯淡，他们无路可走，逼迫学校去承担部分社会责任。研究者在此过程中逐渐接触精神与心理疾病的相关文献以及有丰富治疗经验的医生，深切感受到患者的健康对他们的命运具有决定性意义，援助这些特殊群体首先要设法帮助他们恢复健康。但是社会财力的投入及医学界人力的投入都不够，患者得到的关注和治疗有限。在缺乏社会支持的环境下患者和他们的家庭孤军奋斗，长期下去难以为继。甚至因为相关医疗常识不普及，有的家庭不理解精神疾患，某些精神疾患本来也具有家族聚集性，他们如果没有社会保障和其他经济来源，在治疗和回归社会的道路上没有独立的经济保障，可能会陷入既离不开家庭的支持，也无法逃离家庭压抑的氛围的死胡同。在家庭内部压抑的气氛中，患者的治疗康复更加困难。

第五节　本章小结

在上述的几个突发危机事件处理中，高校的权力、人力、物力、财力不足以解决超出权限的问题，不足以满足社会的利益诉求。这些事件背后，除了家庭的因素，还有很多学校无法掌控的因素在发生影响。

理论上重大事件的处理权由拥有权力的一方决定，就应该承担权力赋予的责任，政府、高校、专业机构在法律所规定的框架内权限清楚、清晰，财力、人力、物力的分配才会清楚。因此，首先应该确立权力归属，由具有权力的机构、组织、个人来承担责任，分配权力，合理调配人力、物力、财力。政府是其中最主要的角色，应该承担起立法并授权行政机构执行的责任。但是，长期以来"在教育事业管理权限的划分上，政府有关部门对学校主要是对高等学校统得过死，使学校缺乏应有的活力；而政府应该加以管理的事情，又没有很好地管起来。"[15]诸多现实困境说明这个问题至今仍然未能得到合理解决。

研究者注意到，这种状况也逐渐在改变，从 2017 年 3 月起，杭州市民每年医保账户里剩下的钱可以覆盖家人的费用，这意味着社会保障体系进一步完善。"另外，长期护理保险开始在桐庐试点了，对于失能老人来说是一件大好事。这个险种的覆盖范围是参加职工基本医疗保险、城乡居民基本医疗保险的人员。护理保险建立初期，保险基金筹集标准暂定为每人每年 90 元，其中个人缴纳 30 元，医保基金承担 30 元，政府补助 30 元。享受护理保险待遇的条件是，参保人员因年老、疾病、伤残导致失能，经过不少于 6 个月的治疗，符合重度失能标准，生活不能自理、需要长期照护的，可享受护理保险

---

15 中共中央关于教育体制改革的决定〔R〕,1985.

待遇。护理服务形式有机构护理和居家护理两种。"[16]这些补贴虽然不多，至少提供了基本的医疗保障和护理的社会福利，中国地域广大，各地经济发展水平不一，在国家统一制定制度难以保障经费的情况下，各地根据当地方经济发展水平，采取措施保障社会民生，也在客观上缓解了社会矛盾，救济了一部分特殊群体。高校如果再遇到类似家庭处境的学生，在处理他们的学业问题时，可能就不会遭遇如此艰难的过程，至少家庭困境不至于集中爆发在孩子的学业问题上。

　　2017 年 2 月，最高人民法院新闻发布会让公众看到了权力机构观念的转变，"实现了国家司法救助工作从"维稳"到"维权"的转移，从"因访救助"过渡到"因案救助"，推动救助制度法治化、救助案件司法化，确保司法救助在法治轨道上有序运行。"[17]司法救助是社会支持的重要环节，社会整体性的改变才有可能实现对各不同群体的救助，司法、社会保障的支持是最根本的，有助于多方面缓解某一个机构和组织承受的压力。

---

16 下月起杭州人医保账户里的钱可与家人共享〔EB/OL〕. 2017-02-28 http://hznews. hangzhou.com.cn/kejiao/content/2017-02/28/content_6478254.htm
17 http://news.sina.com.cn/sf/publicity/fy/2017-02-27/doc-ifyavvsk3732374.shtml

第六章 高校与社会在学生危机事件处理中的合作困境

　　确定了权力、责任与能力，组织还需要合作去执行和实现目标。机构之间如何合作，决定了组织的效率与执行力。有研究者认为，"由于我国是社会主义国家，大学的教育职能与政治职能混为一体，政校在权力上既无界限，也是同质的，政校在结构上趋同。"[1]在处理突发危机事件时，高校表现出一定程度上的弱势，运行中难以达到政府调动资源、整合社会力量的能力，这种情况突出表现在高校应对危机事件的权力与政府应对此类事件的权力存在截然不同的差距，高校不但不可能调动政府资源，甚至存在合作上的困难。"高等教育的开展与管理获得成功的前提之一是与国家和整个社会有良好的关系。"[2]现实中这种良好的关系基于中国式的人情，人情的因素具有不确定性，不确定性可能带来新的问题,后文将就人情等认知困境进一步阐释，本章将就化解危机需要的社会合作以及现实中的合作困难进行讨论。

　　最难处理的危机事件往往来自系统性的社会问题，所以当校园危机爆发时其中隐藏的社会问题引起的连锁反应给高校带来极大的风险。"我国目前学校事故中经常出现受害学生家长不满处理结果，与学校发生冲突，而学校总是设法摆脱责任，最主要的原因是国家没有法定的经费来赔偿学校事故中的受害者，学校没有赔偿能力，受害学生往往因此得不到应有的赔偿，不得已

<hr>

1　朱新梅.知识与权力:高等教育政治学新论〔M〕.北京:教育科学出版社，2007:166.

2　联合国教科文组织关于高等教育的变革与发展的政策性文件〔DB/OL〕,来源：http://www.moe.gov.cn/publicfiles/business/htmlfiles/moe/moe_236/200409/975.html.

采取极端措施。"[3]我国各类学校以公立为主，依靠国家财政拨款，财力仅维持学校运行，如果要求学校承担危机事件中的所有责任，其他社会系统失灵，学校权限和能力有限，不可能满足家长的要求，难以承担其责任，发生冲突也是不得已。

在研究者看来，高校面临的学生危机事件中，需要社会支持的体系主要包括了如下几个方面。

第一节　社会保障体系

学生和他们的家庭诉求的经济利益以及未来的保障是社会问题的连锁反应。仅仅依靠学校难以应对危机事件中潜伏的社会矛盾，社会救助、社会保障、保险、精神疾病的治疗体系以及社会组织、政府的责任等多方面因素共同发挥作用，才可能将高校从困境中解脱出来。

一、社会救助体系

1. 已有的社会保障体系

我国的社会救助体系目前在政策上主要针对"一是无依无靠、没有劳动能力、又没有生活来源的人，主要包括孤儿、残疾人以及没有参加社会保险且无子女的老人；二是有收入来源，但生活水平低于法定最低标准的人；三是有劳动能力、有收入来源，但由于意外的自然灾害或社会灾害，而使生活一时无法维持的人。"[4]政策所指向的三类人群，基本上覆盖了社会的弱势群体，看起来没有遗漏。同时，政府"为了确保'九五'期间在全国建立城市居民最低生活保障制度，使城市居民的基本生活得到保障，要求：1997年底以前，已建立这项制度的城市要逐步完善，尚未建立这项制度的要抓紧做好准备工作；1998年底以前，地级以上城市要建立起这项制度；1999年底以前，县级市和县政府所在地的镇要建立起这项制度。各地要根据当地实际情况，逐步使非农业户口的居民得到最低生活保障。"[5]并反复强调城市社会保障体系关注的目标群体，"城市居民最低生活保障制度的保障

3　牛志奎.从诉讼案例看日本学校事故责任的归责原则.外国教育研究，2012(5)

4　王伟.中国社会保障法律制度研究〔M〕.北京:中央民族大学出版社，2008:236.

5　国务院关于在全国建立城市居民最低生活保障制度的通知,国发〔1997〕29号.

对象是家庭人均收入低于当地最低生活保障标准的持有非农业户口的城市居民，主要是以下三类人员：1. 无生活来源、无劳动能力、无法定赡养人或抚养人的居民；2. 领取失业救济金期间或失业救济期满仍未能重新就业，家庭人均收入低于最低生活保障标准的居民；3. 在职人员和下岗人员在领取工资或最低工资、基本生活费后以及退休人员领取退休金后，其家庭人均收入仍低于最低生活保障标准的居民。"[6]即便看起来很完善了，上述最低生活保障没有专门提到 L 同学这一类患有疾病长时间需要治疗的群体的基本保障问题。

2. 执行中的困难

这些规定执行起来也遭遇困境。"由于缺乏相应的法律法规，使司法机关在处理具体纠纷案例时找不到足够的法律依据，那么贫困者的社会救助权益受到侵害，司法机构很难依法及时、公正地解决争端与纠纷，维护贫困劳动者的权益。同时，因管理混乱、监督不力等原因，我国挪用、截留或贪污社会救助款物的现象严重，而除了犯罪情节严重的可依法追究当事人的刑事责任外，我国现行社会救助立法没有其他处罚条例和办法，这也不利于贫困群众基本权利的维护。"[7]政府缺乏对已有法规的监管和执行，缺乏专业团队的管理，造成的后果就是这一类群体实际上可能没有得到政府提供的社会保障，甚至在他们需要帮助的时候求助无门。政府有责任去制定法律法规并负责监督落实，逐渐解决这些复杂的社会问题，不断完善社会环境，使得社会矛盾有渠道逐渐化解。

二、残障人士权益维护

1. 已有的法律规定

国家对精神病残疾有如下规定："精神病残疾，是指精神病人病情持续一年以上未痊愈，从而影响其社交能力和在家庭、社会应尽职能上出现不同程度的紊乱和障碍。精神病残疾包括：（一）脑器质性、躯体疾病伴发的精神障碍；（二）中毒性精神障碍，包括药物、酒精依赖；（三）精神分裂症；（四）情感性、偏执性、反应性、分裂情感性、周期性精神病等造成的残疾。"

6　国务院关于在全国建立城市居民最低生活保障制度的通知,国发〔1997〕29 号.

7　王伟.中国社会保障法律制度研究〔M〕.北京:中央民族大学出版社，2008:261.

⁸宪法第四十五条规定"中华人民共和国公民在年老、疾病或者丧失劳动能力的情况下，有从国家和社会获得物质帮助的权利。国家发展为公民享受这些权利所需要的社会保险、社会救济和医疗卫生事业。"《中华人民共和国残疾人保障法》由中华人民共和国第十一届全国人民代表大会常务委员会第二次会议于 2008 年 4 月 24 日修订通过，自 2008 年 7 月 1 日起施行。其第四十八条、四十九条规定"各级人民政府对生活确有困难的残疾人，通过多种渠道给予生活、教育、住房和其他社会救助。县级以上地方人民政府对享受最低生活保障待遇后生活仍有特别困难的残疾人家庭，应当采取其他措施保障其基本生活。各级人民政府对贫困残疾人的基本医疗、康复服务、必要的辅助器具的配置和更换，应当按照规定给予救助。"

国家各种法律法规涉及到这部分群体的内容似乎也不少，"中国有 50 多部法律直接涉及残疾人的某些特别事务，或对残疾人有一些特殊规定，其中有 20 多部法律对残疾人的权利义务规定较多。这些重要法律中有作为国家根本法的《中华人民共和国宪法》，有民法通则、刑法、民事诉讼法和刑事诉讼法等国家基本法，有教育法、义务教育法、劳动法、就业促进法、婚姻法、继承法、治安管理处罚法、道路交通安全法等与残疾人教育、就业和生活密切相关的法律。"⁹这些法规已经明确了政府应该做的事情，但是现实执行与理想目标的差距还很远。类似 L 同学这样的病人，家庭已经处于贫困状态，离开学校之后家庭完全承担所有的治疗费用与终身看护责任，对他们的家庭是巨大的压力。L 是独子，一旦父母身故，他的前景堪忧。

2. 专门法规缺失

政府应该提供基本条件保障精神疾病患者的生存和治疗权，残障群体如果得不到生活保障，法律上要有制度保障他们可以起诉当地政府不作为。普通公众起诉政府并胜诉的官司极少，这是民众不从司法寻求保护的主要原因。司法诉讼存在不确定性，如果民众对司法的公正性存疑，怀疑司法能否约束政府权力并保障公民的基本权益，他们与其跟政府博弈，不如找一个他们看得见、够得着的机构去诉求帮助更容易，即便他们也知道这个机构对他们的

8　中国残疾人实用评定标准〔DB/OL〕.http://law.baidu.com/pages/chinalawinfo/5/31/a5826b328eb2448d58755d42266c26e8_0.html.

9　马玉娥.中国残疾人法律制度概况〔EB/OL〕.〔2012-3-3〕.http://temp.cdpj.cn/bzfxg/2008-01/28/content_10003.htm.

未来没有责任。学校于是成了政府的替罪羊。

国家从 1985 年开始制定精神卫生法，专家、政府各有自己的表述，意见不一，部分地方政府制定了《精神卫生条例》。一方面精神疾患的群体权益缺乏界定，另一方面个别地方的精神疾患病人殃及社会安全，2012 年 10 月 26 日，全国人大常委会表决通过了精神卫生法，2013 年 5 月 1 日《中华人民共和国精神卫生法》正式颁布实施。在没有强制的法律力量保护精神疾患者权益的情况下，造成事实上社区管不了，当地政府不管，家长、学生反复找学校，逼迫学校设法解决。L 同学案例学校好不容易借着办奥运大事的机会拿到政府的尚方宝剑，请动政府出面来帮忙，政府派人来学校协助解决，可是解决的核心还是"钱"。政府出面，学校买单，政府所起到的作用，也还是仅止于政治意义。"政府的作用恰恰在于保护那些弱小但是合理的利益，反对那些强大但是不那么良好的利益。"[10]在这个意义上，精神卫生法的实施，为政府和其他组织解决类似问题找到了依据。新法规定"精神障碍患者的医疗费用按照国家有关社会保险的规定由基本医疗保险基金支付。医疗保险经办机构应当按照国家有关规定将精神障碍患者纳入城镇职工基本医疗保险、城镇居民基本医疗保险或者新型农村合作医疗的保障范围。县级人民政府应当按照国家有关规定对家庭经济困难的严重精神障碍患者参加基本医疗保险给予资助。人力资源社会保障、卫生、民政、财政等部门应当加强协调，简化程序，实现属于基本医疗保险基金支付的医疗费用由医疗机构与医疗保险经办机构直接结算。精神障碍患者通过基本医疗保险支付医疗费用后仍有困难，或者不能通过基本医疗保险支付医疗费用的，民政部门应当优先给予医疗救助。"在研究者看来，主要的关键问题就是治疗费用从何处支出，一旦费用问题解决，类似 L 同学的康复和他的家庭的照料得到社会支持，他们与学校博弈权益的极端行为就没有意义。精神卫生法还对精神疾患病人的生活救助作了明确规定"对属于农村五保供养对象的严重精神障碍患者，以及城市中无劳动能力、无生活来源且无法定赡养、抚养、扶养义务人，或者其法定赡养、抚养、扶养义务人无赡养、抚养、扶养能力的严重精神障碍患者，民政部门应当按照国家有关规定予以供养、救助。"当政府能够承担责任，精神疾患病人曾经得不到照顾的状况也就有了根本的改变。

后续的《残疾预防和残疾人康复条例》中，也将精神疾病纳入保障范围，

---

10 〔美〕德博拉·斯通.政策悖论〔M〕.顾建光译.北京:中国人民大学出版社，2006:236.

"各级人民政府应当按照社会保险的有关规定将残疾人纳入基本医疗保险范围，对纳入基本医疗保险支付范围的医疗康复费用予以支付；按照医疗救助的有关规定，对家庭经济困难的残疾人参加基本医疗保险给予补贴，并对经基本医疗保险、大病保险和其他补充医疗保险支付医疗费用后仍有困难的给予医疗救助。"研究者乐见包括精神疾病在内的社会群体能够得到社会支持，无论在基本生活保障，康复治疗还是回归社会等各方面，都可以和正常人一样融入社会，获得社会的接纳和认同。

第二节　社会组织体系

一、精神疾病治疗体系

以 L 同学为例，他的康复经历了一个艰难的与学校博弈的过程。其间学校、家庭都试图寻找对他的治疗有帮助的机构和组织，无功而返，颇令人头痛。似乎走进了死胡同，没有一个机构和组织可以施以援手。在国际上，类似的情况有现成的经验可以借鉴。

1. 依靠社区治疗的国际经验

精神疾病患者的治疗是一个长期漫长的过程，他们长期与世隔离住院治疗，往往因此脱离社会，形成恶性循环，难以回到正常生活中，给家人带来极大痛苦。同时，众多病人长期住院，需要的医院、医护以及病床对社会医疗支出也是巨大的压力，帮助他们回归社会以减轻政府投入的压力，成为国际社会追求的目标。

国际上自 50 年代中期开始，依靠社区治疗精神疾病成为主流。"以美国为例，20 世纪 40-50 年代，精神病病人都集中在远离城市的精神病院，病人住院越久，越脱离社会与家庭，难以回到社区中去，以致住院的病人越来越多，精神病院的负担在美国医疗总负担中占了越来越大的比例。当时美国全国病床共 300 多万张，其中精神病床 190 多万张，占美国全国病床的一半以上。1963 年，肯尼迪总统签署了《社区精神卫生法》，要求将精神病病人从长期被隔离的处境中解脱出来，回归社会，就地就医，在社区生活中康复。同年美国政府拨款兴建了社区精神卫生中心（Mental Health Center），包括门诊、住院、急诊、日间医院、夜间医院、精神卫生教育与咨询部门等。至 1979 年已建立类似机构 450 所, 并与全国 110 所医学院精神病学教学结合。在精神病人回归社区的运作下, 全美精神病院住院人数从 1954 年的 634000 人减为 579000 人, 至 1983 年则减为只有 150000 人。"[11]美国发展社区康复治疗之后提供了多渠道的康复选择, 既缓解了专科医院的收治压力, 无需任何一个机构完全承担全部的责任和压力, 有利于每一个机构积极投入进来, 发挥各自的特点, 也不至于对病人造成过大的费用压力, 最终有利于病人的治疗, 有利于他们回归社会。"社区精神卫生运动建立了多样化的精神医疗机构, 对不同情况有不同的服务措施, 如急性期住院的市内小型医院, 短期住院的大学附属医院, 住院以后的日间医院、门诊、中途宿舍、看护中心、庇护中心、康复中心、过渡性工娱疗、短期疗养村、公寓式过渡住所、急诊中心、面向老年患者的精神病护理之家(Nursing house)等, 许多精神科还放回到综合医院。不同机构拥有不同比例的医生、护士、社工、心理等专业人员管理。"[12]多途径的康复必然为患者提供全方位的支撑体系, 患者有足够多的选择, 治疗、康复以及回归社会更加容易实现。美国的社区医疗机制和经验证明依靠单一的组织模式解决不了复杂的社会问题, 需要多样化来回应社会的复杂需求。

　　计划经济时代依靠单位, 现在单位不再是个人的依靠和保护。社区是一个新的概念, 对于流动的社会是一个可以依靠的归属, 但是遍及全国、无处不在的拆迁和流动, 也使得社区暂时未成为稳定的居住地。依靠社区实现精神疾病的社会回归需要假以时日。社会机构的发展应该顺应社会变迁建立更加丰富、灵活的机制去应对复杂的情况。

2. 我国精神科医院的现状

　　我国现在的专科医院集中治疗模式与美国上世纪四五十年代相仿, 但是现有的医院床位远远不足。以北京高校为例, 学生患精神类疾病之后可以移送的医院为北大六院、安定医院和回龙观医院, 这些医院需要预约, 经常需要等待床位。这些医院收治的不仅仅是北京的病人, 大量全国各地病人慕名而来求医。而精神疾病患者的治疗周期很长, 有的病人可能住院到终老一生。这些医院还承担教学和研究的任务, 包括为外地医院的进修医师提供培训, 任务之繁重可想而知。"据北京市精神疾病流行病学调查显示, 全市重性精神

---

11 贾西津.心灵与秩序 从社会控制到个人关怀〔M〕.贵阳:贵州人民出版社, 2004.
12 贾西津.心灵与秩序 从社会控制到个人关怀〔M〕.贵阳:贵州人民出版社, 2004:97.

疾病患病率 10.03‰，约 15 万人；抑郁症患病率 3.31%，全市约 50 万人，其中大学生抑郁症现患率达 23.66%。据此估计，北京地区患有抑郁症的大学生不少于 10 万人。北京市卫生局有关负责人坦言，政府对精神卫生工作投入不足，目前精神卫生防治经费人均不足 0.2 元，全市具有大专以上学历的精神科医生占 50%。北京安定医院 2001~2004 年流失医生 30 人，占全部医生的 1/5。北京回龙观医院近年流失医务人员达 112 人。社区康复机构逐渐萎缩，为精神病患者提供服务的工疗班大部分关闭。重性精神疾病的管理和贫困精神病人免费服药比例低，截止到 2004 年底，实际在册管理人数为 55651 人，已服药的贫困精神病患者数 3634 人。管理的精神疾病病人仅占全市精神病病人的 42.8%，形成潜在的社会不稳定因素。"[13]精神疾病患者的数量与现有的治疗、康复条件比较起来微不足道。精神卫生立法与医疗保障体系没有解决之前，其他社会系统可能被牵连进去。患病学生和他们的家庭找不到社会支持，就可能将这种压力就可能转移给学校。L 同学的治疗和 T 同学的自杀预防，都需要社会作为一个整体去考虑，除了学校承担一部分关爱照顾他们的道义责任，社会合作体系应该给他们提供更多选择和支持。

由此观之，高校学生管理遭遇的冲突和矛盾与整个社会的协调合作环节缺失有关。个体在社会系统中得到的支持有限，各种资源和社会力量难以彼此沟通配合，个体感觉到无助和孤立，看不到突破困境的可能和机会，单个的组织试图承担责任，也同样会感觉到责任被无限放大，难以为继，孤立无援。个人和组织都在孤立的处境中挣扎，个体的责任完全交给任何一个组织，这个组织都难以承受，也没有能力和资源去消化矛盾。所以多一事不如少一事，事不关己高高挂起，免得招惹麻烦难以脱身。于是形成恶性循环，谁也不敢管事，不敢越雷池一步，但求免责，无功无过。大凡想要负责任的组织或者个人，最后自己面临难以承受之重，一次还好，反复几次，原本负责任的心思，早也磨灭了。如此陷入恶性循环的困境也是整个社会的困境，缺少协作交流机制的社会，每个组织都去重复建设一套机制解决自己的小环境内部的问题，把社会移植到小环境里，不在这个小社会之中的其他人，也就难以得到惠及。彼此的壁垒导致隔阂，社会被分割，一个个组织是单独的封闭结构，彼此之间没有交集，在这个模式下重复的浪费也必然存在。

---

13 闫龑.北京七成重性精神病人管理失控 精神卫生条例列入立法审议项目〔N〕.健康报，2006-9-6.

"只有合作，才能保全每个人的利益，才能走出理性的困境。"[14]组织想要从困境中解脱，需要建立完善的社会合作体系并向公众开放，使得个人充分受益，个人的权益才能得到充分的保障。近两年出现的"共享经济"的概念，正是对封闭结构的解构，优步，嘀嘀打车，拼车，共享单车，Airbnb，通过网络平台充分利用社会闲置资源，提高了效率，减少了社会资源的闲置，把空余的私车和房屋、时间都利用起来了。虽然说"无利不起早"，共享经济有利可图，也有网友说共享单车是一面照妖镜，照出了国人人性的恶，损毁率过高。无论怎样，共享的概念，也会改变社会固有的思维，打破原来的陈腐观念，至少可以打破社会原本的条块分割，建立共享互利的新观念。商业和市场经济中的观念建立起来之后，建立社会互助统筹的规则也许就不那么困难了。当人们习惯了"共享"，社会生活中的解决问题的单一模式至少可能有改变，不至于某一个组织或者个人完全背负另一个人或者组织的全部责任。

研究者已经注意到，在大病医疗问题上，不少贫穷家庭面临大病治疗的巨大缺口时，求助于互联网"众筹"模式，在微信朋友圈时常看到转发募集医疗费。十万，几十万的费用，对于贫困家庭就是一笔巨款，放在互联网经济时代，各种众筹平台提供帮助，让他们发布信息，互联网扩散了信息，增加了透明度和社会公信力，也给了社会公众参与慈善的机会，帮助了那些需要的家庭。这远比申请政府资助，走各种复杂的申请手续要容易。加上熟人社会的认证转发，被放大了无数倍的效应。这种民间依靠互联网自救的模式，有可能改变过去依赖政府和单位等组织提供资助，失去政府资助就走投无路的单一社会救助模式。"截至 2016 年底，我国尚有 4335 万农村人口生活在贫困线下，因病致贫占比达 40%以上，解决因病致贫、因病返贫的难题道阻且长。而随着互联网的发展，智能手机移动支付的普及，让网络互助这一新兴的经济形式得以产生并有了存在和生根发芽的土壤。"[15]政府要制定法律、政策，划拨经费，层层下放权力，甚至监管地方政府去落实，还尚未可知是否对这四千多万人口的扶贫能够达到预期效果。到了互联网平台上，速度和效率、成本都胜于传统模式。互联网就是一个分享的平台，人们不仅仅是利用

---

14 杨雪冬.奉献社会与秩序重建〔M〕.北京:社会科学文献出版社，2006:71.

15 共享经济不只有单车 阿米互助成时代新宠，〔EB/OL〕http://mt.sohu.com/20170331/n485752721.shtml

这个平台发布信息，开始可以众筹，转让自己的二手物品，智能手机的普及，互联网支付手段的保障使得交易轻松达成，这些技术的进步逐渐改变了过分依赖政府和单位组织的传统救助模式。在互联网模式下，一切皆有可能，甚至可能创造更多的自由机会，"人们开始有了条件以自己的手艺与天赋为生，不再依附于一个机构或组织。通过互联网内容平台、知识付费平台或者共享平台，你可以灵活地出售时间、技能和金钱，获取收益与打造自身的圈子人脉、个人品牌与影响力的机会。"[16]互联网改变个体对工作机构的依附关系，不但是对个体的解放，也释放了更多的社会资源投入共享之中。这在几年前还无法想象的可能性，在互联网和智能手机的帮助下已经显出端倪。研究者有信心相信，过去困扰组织的那些困境，可能会在社会生态改变的情况下也随之发生改变。

二、保险体系

1. 保险理赔额度不足

保险理赔是一个企业对自己的客户的行为，既有商业的特征，也有社会救助功能。保险如果能够发挥作用，在灾害救助中可以极大缓解压力，"1998年，美国、加拿大发生冰暴，两国的保险机构分别受理了80万和14万件理赔事宜，金额高达13亿美元。相比之下，2008年年初，我国南方大部分地区遭受特大低温、雨雪和冰冻灾害，尽管保险部门积极理赔，但理赔金额尚不到全部灾害损失的1%。"[17]保险不能发挥作用，公众因灾难造成的损失完全靠个人和家庭自己承担，会进一步恶化他们的贫困处境。L离校如此困难，更是缺乏保障的典型。从发挥社会救济作用的角度，研究者以为保险公司有必要提高理赔额度。保险理赔带动社会多渠道共同为遭遇灾难的家庭提供财力支持，为此类事件的善后处理起到较为积极的作用。

2. 保险种类单一

中国是一个传统上依靠家庭养老的国家，尤其是独生子女家庭，一旦失去孩子，父母年老失去养老保障。T同学自杀、山鹰社山难善后处理，保险额

---

16 共享经济繁荣：自由职业会崛起成为一股暗潮〔EB/OL〕.http://news.k618.cn/ tech/ 201703/t20170331_10826607.html

17 王宏伟.重大突发事件应急机制研究〔M〕.北京:中国人民大学出版社，2010:33.

度远远不足以为失去孩子的父母提供养老所需，家属要求学校赔偿，可视为家长在找不到依靠的情况下把压力转嫁给学校。社会支持渠道单一已经不仅仅是个人和家庭的困境。在学校这样的组织中同样存在，"导致人员伤亡的校园突发事件一旦发生，经济赔偿是解决因突发事件引发纠纷的重要手段。学校动辄被索赔几十万，给学校带来巨大的办学压力，直接影响到学校特别是中小学校的生存与发展。为了保证赔偿资金的有效到位，建议推行学校责任保险，把由于学校疏忽或过失造成的损害，在法律上应由学校承担的经济赔偿责任转移到保险公司身上，由保险公司负责赔偿，转移学校教育风险，使学校可以把有限的教育经费投入到教育教学中去。同时应推广学生意外伤害保险制度，运用个人意外保险和学校责任保险，共同解决学生事故的赔偿问题。"[18]如果学校有过错，让学校承担全部责任，学校办学的财力难以为继；如果连续发生多起，赔偿的金额足以把学校压垮。保险应该成为学校应对紧急突发事件的一种专业化和商业化保障手段。

三、其他社会组织体系

1. 社会组织的存在有助于增强社会活力

美国是一个创新能力很强的国家，在电子行业发展的起伏中，曾经被日本赶超，而美国依靠强大的创新能力，近年来通过苹果等众多品牌再次引领世界潮流。这种创新能力固然与美国的教育、科技高度发达有关，也有研究者指出，美国的创造力来自于活跃的非营利组织，"美国现在在社会领域中大致拥有一百万个活跃的非营利组织。它们的活动创造了美国国民生产总值的十分之一；其中的四分之一来自公众的捐献，另外四分之一来自政府的专项工作支付（例如医疗保健补助项目中的管理费用），其余的则来自服务收费（例如私立大学的学费收入，又如现在在美国的每一个博物馆中都可以见到的艺术商店的利润）。"[19]相信很多国人对美国各大中城市的博物馆、美术馆印象深刻，美国的各类基金会也非常活跃，这些机构和组织自觉承担了一部分社会责任，丰富了整个社会生活。权益和责任是对应的，公众有权参与就会乐于承担一定的义务，使得整个社会生活更为活跃，

---

18 丁烈云，杨新起.校园突发事件应急管理〔M〕.武汉:华中师范大学出版社，2009:109.
19 〔美〕彼得·F·德鲁克.社会的管理〔M〕.徐大建译.上海:上海财经大学出版社，2006:76.

更加有生气，也有助于公众找到更多的渠道和途径化解矛盾与积怨。当整个社会充分活跃，大多数组织和个人都积极参与社会生活时，一些小的矛盾和积怨在各种组织中得以消解，人与人之间的矛盾、个体与组织之间的矛盾可能被淡化，当个体的生活不会局限于狭小的范围，矛盾被放大和激化的风险可能会减小，个人的矛盾不至于累积起来成为导火索。有各种活跃的民间机构的分担，政府也不必承担超过自己能力和权限范围的所有责任。社会组织的存在，既是民间力量自我管理的力量和资源，也是缓解政府财力支出压力的一种社会分担。

2. 社会组织缺失增加应对复杂性的压力

现实的困境是某一个偶然事件的处理与社会问题结合，把社会矛盾的积怨和学生的疾病、突发事件等状态结合，酝酿发酵，各种本该社会机构和组织分工解决的矛盾和问题，被短时间集中在学校身上，集中在因为一个学生的突发伤亡等恶性事件引起的冲突中。"成功的危机管理并不主要取决于关键决策的制定，它还取决于整个反应网络对危机执行与协调的简化。"[20]所谓简化，应该是如何在突发事件到来时，责任清楚，分工明确，各司其职，不需要在协调上花费更多的时间和精力。我们生存的世界是互相依赖的。社会作为整体去应对个体重大需求，比如精神卫生治疗、康复与患者的基本生活保障，才可能解脱包括学校在内的社会组织的困境。"来自复杂性的压力是无法抗拒的，而且，采用越来越不适用的组织模式与管理模式，已不再可能应对这种压力，这就逼迫我们去进行创新。无论人们是否情愿，对于我们的社会而言，变革已成为一个至关重要的问题。"[21]高校面对社会复杂性的压力，现有的组织和管理模式均已受到挑战，需要从原本扮演的政府的角色中解脱出来。大学需要放弃一些不该管辖的权限，把属于社会的事务交给社会机构和组织去处理；社会需要作为一个整体去疏导化解矛盾，让警察、保险、社会医疗救助等体系共同发挥作用，使得高校能够摆脱扮演政府角色并承担所有责任的困境。

20　〔荷〕阿金·伯恩,保罗·特哈特,〔瑞〕埃瑞克·斯特恩.危机管理政治学〔M〕.赵凤萍等译.郑州:河南人民出版社，2010:57.

21　〔法〕米歇尔·克罗齐耶.法令不能改变社会〔M〕.张月译.上海:上海人民出版社，2008:44.

第三节　政府的角色

一、政府的权力与职责

1．政府拥有合法的权力

政府拥有权力，能够制定法律，提供公共服务以及国家安全保障，"政府就是合法地使用权力的组织"[22]，政府的合法性在于"政府的核心功能就是制定法律（立法）、实施法律（行政）和解释法律（司法）。"[23]政府可以制定政策、法规，使得某些需要社会保护的权益合法化、制度化。"因为没有人能够凭一己之力得到任何东西，无论是新东西还是旧东西，无论是基本的东西还是奢侈的东西，无论是日常用品还是奇珍异宝。个体目标的实现以及个人的成功不过是协作行动和机构目标实现的副产品。"[24]以个人一己之力得不到的东西，只能在社会的框架内求助于他人，政府是社会组织中最强大的力量，解决个人的保障问题只是其强大功能之一小部分而已。

政府的强势力量不仅限于实现个人无法达到的目标，"对大一统的政治结构的持续追求导致中国形成了权力中心辐射边缘、边缘依附中心的权力整合方式。在这种整合方式中，权力运行有轴心，但权力中心的权威无边、无形，可以纵向管到底，横向管到边。"[25]政府权力延伸到社会生活所有角落，自上而下形成对社会的掌控，易于实现对残疾人和弱势群体的保护。

2．政府在社会管理中的责任

政府掌握公共的权力，不仅是社会保障，在社会管理的各方面，政府可以行使公共权力发挥作用。"在校园危机管理上，美国传统的组织架构呈纵向管理模式，即实行'联邦—州—县—学区／学校'四级管理。其中联邦一级的管理机构是 FEMA，它将全国划分为 10 个地区，每个地区设一个分局，实行垂直管理。作为全美公共危机管理的最高权力机构，学校危机管理也在其

---

22 俞可平.责任政府:从权力本位到责任本位 序言〔M〕.陈国权等.杭州:浙江大学出版社，2009.

23 〔英〕安德鲁·海伍德.政治学核心概念〔M〕.吴勇译.天津:天津人民出版社，2008:22.

24 〔英〕布劳尼斯娄·马林诺夫斯基.自由与文明〔M〕.张帆译.北京:世界图书出版公司，2009:105.

25 周振超.当代中国政府"条块关系"研究〔M〕.天津:天津人民出版社，2009:135.

管理范畴之内。这方面，FEMA 的职责主要是提供技术指导、业务培训和资金支持。"[26]政府对学校的危机有指导、培训和资金支持的责任，更重要的是政府要保障和保护个人的权益，避免个体和组织受到不必要的伤害。

各种复杂的学生突发事件带给学校诸多难题，作为一个教育机构，高校显然不具备某些能力去应对学生出现的随机性的社会事务。这些事件的处理需要专业机构的参与，甚至由政府主导去处理。谁拥有权力，谁就应该承担权力赋予的责任。只有政府制定明确的法规，大学依法制定章程，确认了学校、院系、职能部门各自的职权范围，赋予各个组织与之匹配的权力，管理才不会出现混乱。

发生在 L 同学身上的一个原本简单的离校问题，背后蕴藏了复杂的社会诉求，经历了曲折艰难的过程。L 同学母亲以死相逼，事件被提到政府层面处理，是本案例的关键点。当一个组织面对自残或者伤害事故风险可能性增大的情况下，必然回避这样的风险，调动一切资源去规避危机。这是政府管理社会的底线，也是组织与个人的无奈与悲哀。当"闹"可以获益成为参照，民众认为可以通过这样的手段和途径获得原本可能得不到的资源和支持时，大闹大解决，小闹小解决的逻辑就成为部分群体寻求解脱困境的办法，甚至成为少数人为自己谋取私利的法则。这样的案例也就会一次次重复下去，主角变了，场景变了，而核心的逻辑还是如此，多数人为少数人的非理性行为买单，多数人的权益得不到正当的保护。回到理性和法律、规则的有序范畴，多数人的利益能够得到保障，少数人的胡闹也可能得逞，但两相比较，选择对多数人有益的解决办法，才能够彰显政府的合法权力。

3．政府提供个人基本保障

宪法第三十七条规定"中华人民共和国公民的人身自由不受侵犯。"保障公民人身自由是政府的主要职责，政府如果不发挥作用，个体自由无从谈起。每个人生活在社会中，自动具有一个社会身份，这个社会身份赋予个体享有正常生活的基本权益，比如自由流动和得到基本保障。比如 L 的身份来自他的社会性，他是一个公民，按照他的社会身份来确定，政府就该承担其责任。只有计划经济体制下的个体成员身份是由所在单位界定，按照这个原则来理解，L 作为一个单位成员，一旦要离开学校，没有单位接收，立即意

---

26 方展画,王东.美国校园危机管理的组织架构分析〔J〕.高等教育研究，2008,9.

味着没有单位对他负责。L 母亲之所以坚持学校应该给他学位证书，因为她坚信只有拿到学位证书和毕业证书，L 能够就业，或者说找到一个单位，他的归属才能解决，他才有社会身份。把个人归于单位，并把个人责任归于单位，是一种传统的计划经济做法，个人失去单位就失去了生存下去的空间和机会。但是单位依附制也使得个人没有独立性，没有行动的自由，不能随意更改工作地点，工作性质，被单位辞退意味着失去社会保障和基本身份。在市场经济的框架内，单位已经淡出社会生活，不能发挥这样的功能，单位原有的社会保障功能已经逐渐并入政府统一提供的社会保障体系中。但是如果政府主导的体制内依然被认为是更有个人保障，福利更好，这样也会影响公众的选择。当下的社会心态很复杂,公众既想享有互联网与市场经济的自由，也想得到政府的保护，希望有一个组织与他们共同面对风险与责任。互联网带来的自由度已经超过任何时代，截至 16 年 7 月，国人使用手机的用户超过 13 亿，使用 4G 的用户超过 6 亿[27]，然而依赖性和求稳的社会观念的改变还是需要更长的时间。

4. 政府应该参与重大危机处理的组织与协调

美国大学危机事件处理由政府组织评估，弗吉尼亚理工大学枪击案处理经过清楚显示出州长、专业人士均发挥了自己的角色。州长的职责代表了政府的职责，专业人士的职责是为政府和社会服务，为公众和大学提供一份调查报告来展示如此重大的校园枪击事件的真相以及各方是否该承担什么责任。报告也指出了弗吉尼亚理工大学在此次事件中应该吸取的教训，该大学需要反思联邦、州政府对于应急响应的要求，及时评估校园威胁，及时培训师生，及时发布安全警报。在大学需要反思和改进的项目里，政府的指导和要求仍然发挥作用。弗吉尼亚理工大学的行动限于校内师生心理安抚以及信息发布，事件由警方和州长任命的调查小组进行定性和解释，学校是接受调查的对象。处理的程序和规则很清晰，彼此的界限也很清楚。

我国高校涉及社会事务的协调需要学校自己来做，政府和专业机构缺乏一个机制自动及时参与到处理和应对大学的重大危机事件中，在 T 同学的自杀事件、L 的离校风波中，涉及到的都是个体性困境，所以都是学校想方设法

---

27 2016 中国智能手机用户规模将达 6.25 亿〔EB/OL〕.http://www.9game.cn/news/1453910.html

去寻求政府和社会的支持，鲜有政府的首脑主动出来召集会议商讨。一旦涉及到了重大的社会安全稳定隐患，比如当年的邱庆枫事件，处理不当可能引发敏感时期的连锁反应，政府部门高度关注，多位领导莅临学校指导。在山鹰社山难事件中，因为涉及到多位学生的人身安全，引起社会舆论高度关注，无论是最高政府首脑还是地方政府，都给予了学校巨大的支持。在现实情况下，除非重大事件确实没有必要要求地方政府的首脑来主导处理。我国在重大自然灾害、安全事故等处理上地方政府首脑必须亲历一线，无论是决策还是调动资源，确实发挥了核心领导作用。

除了政府的行政首脑，谁也没有权力来协调和召集社会各方力量并组织专家小组。研究者认为政府的角色依然不可替代，他们参与重大危机事件处理，不是对高校独立性的干预，而是行使他们的权力。政府作为具备权力的机构和组织，有责任和能力去处理复杂的协调以及调动人力、财力、物力等资源的工作。没有个人和组织能够取代政府的职责与权限。只不过这个政府的代表，是地方行政长官还是其他官员，或者是地方政府委托的一个第三方机构，都是代表了被委托的权力，可以发挥协调和调动社会资源的功能。研究者认为只有法律界定清楚了权力与责任，政府行使其行政力量，统筹安排分工，专业的社会组织介入，将高校的社会事务剥离出来，高校才能从各种不确定行为中解脱出来。

二、政府积极作为的选择

为了让 L 同学离校，学院多方寻求帮助，地方民政、社保表示无能为力。政府是否真的没有办法解决类似的问题？已有研究进行了相关介绍，在精神疾病以及身体残疾等弱势群体的社会支持方面，香港政府提供的保障体系可以作为内地政府的示范。香港政府采取的措施，主要从三个方面进行：购买服务、提供财力支持以及鼓励社会组织参与。

1. 香港政府通过经济援助，购买服务，为残障人士回归社会提供了支持

在香港，政府有两种经济援助方式，一种是直接经济援助，含发放综合社会保障和公共福利金，前者包括标准金额、补助金和特别津贴三部分，根据年龄和健康程度等条件发放；补助金则包括长期个案补助金、单亲补助金、社区生活补助金等三类；特别津贴包括"租金、水费、照顾幼儿津贴、就学

开支、殓葬费、住房及有关津贴、家庭津贴、医疗及康复津贴等8个项目。"[28]这些措施充分保障了弱势群体的基本生活需要，帮助他们有尊严地生活，体现了人性关怀。另一种方式是"香港政府只创办少数福利机构来提供相应的服务，对于残障人士群体的服务多是由民间福利组织提供，政府为这些组织提供大部分的运作经费，并负担为这些组织工作的义工支付工资。"[29]香港政府为此支出了大额开支，政府"在整个社会的福利事业中扮演的是一个服务的购买者的角色，同时也是这些组织的坚强后盾。正是有了这样一个强大后盾的存在，福利资源的供给才能得到保证，从而使救助工作得以顺畅进行。"[30]没有政府的支持，仅仅依靠少数民间机构或者个人的自觉自愿难以长期延续坚持，善心需要社会的经济保障和制度保障。"这些支持覆盖面广泛，涉及工作、学习、生活等领域，较之对其他社会弱势群体的社会支持更为全面、深入、细致。一方面，政府和民间组织根据残疾的不同类型和程度，提供相匹配的多种多样、多阶段的服务；另一方面，残障人士的监护人和家庭也和政府及提供服务的民间组织密切配合。同时，在香港有相当数量的社会工作者和义工也积极投身到为残障人士服务的事业中来。"[31]这种模式兼顾了政府投入、民间机构积极参与、个人和家庭的努力，有权力的政府和有能力的机构与个人互相合作，任何一方不至于单方面承担所有的责任。

2. 政府积极鼓励非政府组织参与社会服务

非政府组织在职业康复服务、就业、日间训练服务、住宿照顾等方面提供了仔细的照顾和支持；义工、社工在人力上提供了大量的服务时间。这些措施合在一起，为残障人士和他们的家庭提供了物质和时间的支持。这些家庭得到社会支持之后，也同样积极参与义工与社工服务："2003年统计的结果显示，服务使用者家长或者亲属平均为服务单位义务工作177小时，其中，有的家属义务工作的时间达到了将近2000小时。目前，在所有服务组织中已

28　刘祖云.弱势群体的社会支持　香港模式及其对内地的启示〔M〕.北京:社会科学义献出版社，2011:118.

29　刘祖云.弱势群体的社会支持　香港模式及其对内地的启示〔M〕.北京:社会科学文献出版社，2011:122.

30　刘祖云.弱势群体的社会支持　香港模式及其对内地的启示〔M〕.北京:社会科学文献出版社，2011:122.

31　刘祖云.弱势群体的社会支持　香港模式及其对内地的启示〔M〕.北京:社会科学文献出版社，2011:118.

经超过半数成立了家长组织，充分调动他们的积极性共同促进康复服务的发展。"[32]香港政府在政策上给予的支持促进了弱势群体利益得到保护，"香港因经济社会发展程度较高以及由此导致的非政府组织的社会服务和专业化社会服务的健全和完善，在残障人士的社会服务方面，家庭的负担较轻。与此相反，内地因非政府组织的社会服务和专业化社会服务不够健全完善，在残障人士的社会服务方面，家庭会承担的更多。"[33]内地家庭因病致贫，残障人士家庭往往生活在社会底层，因而"生理性残疾往往与家庭经济利益的贫困性、生活质量的低层次和承受能力的脆弱性联系在一起。"[34]弱势群体在多种困境交织的处境下，其承受能力的脆弱性可能使得这样的家庭走向绝望，与社会隔绝之后自生自灭，或者与社会对立，甚至采取极端行为引起公众关注。

在香港的社会救济体系中政府、社会、家庭、个人都在发挥作用，首先政府积极承担起责任，其次是社会组织积极参与，个体不会因孤立无援走向绝望。如果 L 同学离开学校的前景并不暗淡，政府和社会能够提供经济和治疗的帮助，他们从政府、社会组织多个渠道可以得到帮助，应该不必跟学校博弈他们的利益，更没有必要长时间滞留在学校。

第四节　本章小结

在这个相互依赖的世界里，人与人之间，人与组织之间、组织与组织之间不可分割，中国诗人卞之琳的一首小诗蕴含了这样的哲理，"你站在桥上看风景，看风景的人在楼上看你。明月装饰了你的窗子，你装饰了别人的梦。"中国当下的大学就建立在相互影响的复杂社会环境和关系基础上，只不过展示出来的不是诗意，而是无奈和焦虑。传统文化对公众认知的影响、现实矛盾引起的利益冲突以及组织自身存在的问题等诸多困难互相干扰，因为一个导火索而爆发出深层的不相容。学生自杀、意外事件频繁发生，这些事件的背后往往有复杂的社会原因和诱因。在本研究所涉及的几个案例中均可见各

---

32 刘祖云.弱势群体的社会支持 香港模式及其对内地的启示〔M〕.北京:社会科学文献出版社，2011:132.

33 刘祖云.弱势群体的社会支持 香港模式及其对内地的启示〔M〕.北京:社会科学文献出版社，2011:213.

34 刘祖云.弱势群体的社会支持 香港模式及其对内地的启示〔M〕.北京:社会科学文献出版社，2011:212.

种现实困境彼此交叉，学生的问题并非单一的某个阶段的教育问题。

教育是一个长期的培养过程，中小学教育与大学教育之间的衔接与配合得当，大学阶段学生的独立性自主性比较强，大学教育也就相对轻松。如果中小学教育过分追求以成绩为指标的单一评价体系，到了大学阶段，这些在单一模式下成长起来的学生，依然习惯于单一评价体系，他们适应大学的要求、融入大学环境会遇到比较多的困难，这些不适应会困扰他们青年时代比较长的时期。对于社会底层的百姓，他们自身的教育水平比较低，抱着朴素的对学校和老师的信任，要求孩子完全按照学校要求执行，这些孩子受到学校和老师的严格管理教育，可以避免流入社会，成为街头混混。但是他们升入大学之后，如果失去严格管理，自身动力不足，从已经跨越的社会层级中得不到支持，在新的层级中缺乏引导和严格约束，他们的处境依然堪忧。研究者发现虽然高校的资助体系提供给贫困学生的金额已经可以让学生不会因为贫困失去教育机会，但是，比物质上的贫困更为严重的精神贫困，精神寄托和动力不足，则会严重阻碍这些学生在他们的人生道路上继续上升，即便是这个通道已经为他们开放。甚至有学生说，他们来到大学面临的第一位的挑战，并不是专业课的难度，不是同学之间高考或者竞赛保守之类的差异，而是大都市国际化和时尚文化的冲击，他们短时间内难以适应从乡土文化到大都市文化的转变。这些可称之为软文化的影响和干扰的因素，可能就隐藏在社会的矛盾中，比如城乡差异，比如因为家庭贫困导致的眼界和视野有限等。研究着曾经试图劝说一位学生坚持完成大学学业，他对自己在大学的生活很不满意，也不想继续下去。即便是他已经到了最顶尖的大学，他依然认为自己跟父辈一样，就是社会底层的人，无法再往上流动。这种对于自己处境和命运的悲观态度，导致一些年轻学生在适应过程中选择退却和放弃。过去只要按照老师要求完成任务，就一定可以得到某个结果，现在需要自己选择复杂性，面临的困难当然远比过去艰难。我们曾经以为穷人的孩子早当家，穷人的孩子更有动力往上流动，更勤奋努力，现在穷人的孩子可能不想被当作穷人的孩子，他们从小也被溺爱，甚至农村的孩子没有干过农活，从小没有经历过艰苦生活的磨练，自强自立的意识和吃苦的精神远不如父辈，他们体会不到社会生活的艰辛和教育机会的重要，要求他们自我约束，坚持去完成艰苦的学业，似乎比过去更为困难。

对于接受了比较好的素质教育，甚至精英教育的学生，他们虽然也面临各种压力焦虑和困难，但是他们获取社会支持的渠道和途经比来自社会底层的学生状况要好很多。他们的信息来源渠道，自信心，视野，父母的支持都甚于社会底层学生。他们的焦虑也来源于此，希望得到更好的机会和流动平台，渴望更好的完美主义追求也会造成他们的焦虑和压力。在同一个大学，因为入学之前的种种差异，学生接受大学教育的程度也存在差异。虽然学校提供的机会是同等的，但是学生性格、天赋、能力的差异，已经造成了同样的教育环境之下不一样的状况和结果。研究者在这里并不刻意强调所谓的阶层固化，而是更为强调环境、成长经历、个体差异对教育结果的影响。出身于精英家庭，接受精英教育，未必一定会成为某些领域的精英人才，某些特殊学科所要求的天赋、勤奋、机遇与出身无关，与起步早晚无关，更需要持之以恒的努力。

理解这一点，有助于社会和家庭理解学生问题的来源，不能简单地归结于大学教育的失误。学生的问题可能来自于家庭和长期的教育，家庭的问题有可能来自于保守的传统家庭观念，也可能是社会保障和社会矛盾的转移，加上人性本身具有的复杂性，对同一件事情的理解和处理可能因人而异，造成不同的后果。有的父母教育孩子一切都要去争抢，什么都是自己的利益至上，有的父母教育孩子宽容厚道，仅就这一点看不出来他们的家庭处于什么社会层次，与经济能力也没有关系。所以孩子们上大学之后失去人生目标和方向，未必就是因为他们原来的应试教育、素质教育或者所谓的精英教育的差距，父母的价值观与所处的社会阶层无关，但是给孩子的价值观打上了烙印。有的学生无所事事，甚至沉溺于游戏，他们的家庭经济条件与社会地位各有不同，父母对孩子的教育重视成绩，不重视价值观教育，学校教育也偏向应试，价值观教育缺失，可能是学生到了大学之后失去动力的主要原因之一。

除了个人和家庭的原因，组织与组织之间的隔阂造成社会分离，彼此没有形成良性的循环。组织各自为政，民间组织良莠不济，人才有限，得不到足够的支撑去承担那么大的责任；某些政府部门不作为，甚至过分谋求部门利益，争相维护自己的利益，最后谁也没有为社会、国家承担责任，公众的利益落空。我们身处的时代传统的家族伦理体系已经发生改变，大家族演变为小家庭，家庭生活重视独立性，家族式的互助不复存在，陌生人社会依赖的不是熟人，更可能是契约和合同关系。

当社会环境的变迁带来很多不确定性时，对个人和家庭的命运产生难以预料的影响，如果家庭和个人不具备应对的能力，他们需要求助社会系统的支持，如果这个支持体系不完善，大家族式的互助关系也不存在，能够凭借新的技术平台实现社会互助，在目前来看是最为可行的方式。在这个意义上说，网络和智能手机的出现，可能改变了社会的支持和保障体系。

然而，对高校的管理系统的考验，依然在于当组织的责任、能力以及与社会的合作等方面存在问题时，潜在的社会不稳定性、复杂的社会关系就可能因一个突发事件的刺激而激化，使得高校相对稳定的状态失衡。如果公众和组织能够从实践中积累经验，从经验中建构社会共识与协作精神，危机也因此可能成为一种学习机会，推动社会建立共识及协作关系，成为社会渐趋理性和成熟的环节。这个中心性、根本性问题也正是高校和社会当下面临的难题。如何理解高校学生危机事件，根本上是我们的社会如何彼此理解，如何建立共识的问题。

研究者认为政府在其中扮演的角色不可或缺，作为具有合法性的权力机构，政府需要解决权力的分配与职责一致的问题，"立法和机构设置要解决的是职权配置问题，职权配置的合理就从根本上减少了权限冲突，也相应地会避免一些权限争议；指定管辖是当客观上出现多重管辖或无管辖时由上级行政机关行使领导权，确保一事一部门主管，发挥行政领导的组织指挥作用；而对行政权限争议的处理是在主观上各职能部门之间发生相互争权或推诿的情况下，由争议之外的第三方站在公正的立场上解决纠纷的准司法行为。"[35]法规可以约束政府的行为，使得职权合理配置，并促使大学放弃一些不该管辖的权限，把属于社会的事务交给社会机构和组织去处理。

在危机事件处理中避免利益的博弈和不确定因素的干扰，寄希望于个人显然不明智，人员会有流动，制度相对长久稳定，"强调制度的国家往往比那些依赖于英雄人物的国家更稳定。"[36]制度远比个人更加理性，无论是建立的程序还是实现的过程，都可以通过设置限制条件避免个人因素的干扰。"制度化是组织和程序获取价值观和稳定性的一种进程。任何政治体系的制度化程度都可以根据它的那些组织和程序所具备的适应性、复杂性、自治性和内部

---

35 金国坤.行政权限冲突解决机制研究〔M〕.北京:北京大学出版社，2010:279.

36 〔美〕迈克尔·罗斯金,罗伯特·科德,詹姆斯·梅代罗斯.政治科学〔M〕.林震等译.
　　北京:华夏出版社，2001:131.

协调性来衡量。同样，任何一个组织或程序的制度化水平也可以套用这几个条件来加以衡量。"[37]成熟的组织和社会力求避免因个人的因素引起动荡，理性的选择是以法律和制度约束个人行为。

"现代思维是立法理性，现代实践是立法的实践。"[38]从这个意义上说，我们身处的社会还只是逐渐在进入现代思维，社会以及组织的行为与理性的实践还有距离。

37 〔美〕塞缪尔·P.亨廷顿.变化社会中的政治秩序〔M〕.王冠华,刘为等译.上海:上海人民出版社，2010:10.
38 〔英〕齐格蒙特·鲍曼.个体化社会〔M〕.范祥涛译.上海:上海三联书店，2002:73.

第七章　社会在高校学生危机事件处理中的认知困境

　　社会认知困境，就本文涉及到的问题而言，主要是指社会对于某些问题的认识缺少共识，甚至各执一词，存在误解。"问题的关键，不在于没有一个稳定的社会世界让我们去认识，而在于对这个世界的认识本身，就存在着不稳定性和多变性"[1]。认识自我比认识客观世界更加困难，理解认知的差异是理解世界的前提。研究者认为，在缺乏现代思维的一部分群体中，认知差异对社会造成了巨大的困扰。

　　高校面临的认知差异首先是家长对学校的理解和期望与学校所能够承担的责任之间存在较大差距，不少家长希望学校承担父母的责任，但现代大学分工越来越精细，高校的发展规模已经使得这个角色被专业化的管理模式取代。公众希望学校把所有学生培养为人才，为所有的社会问题负责，学校限于自身的功能，不可能承担起那么大的责任。中国的父母对子女承担了无限责任，为此受苦受累，家庭养老的传统强化了父母需要子女回报的观念和习俗。中国是一个传统观念很强的国家，传统却又面临快速变迁的社会引发的冲突，政府、组织、个人面临发展中的不确定，客观上造成社会认知的不确定，发达的信息传播更把不确定性推向舆论的风口浪尖，强化了社会的彼此互不信任，这种不信任直接影响到整个社会的良性循环。

　　高校学生突发危机事件爆发之后，缺乏社会共识的认知造成家庭、媒体、

1　〔英〕安东尼·吉登斯.现代性的后果〔M〕.田禾译,黄平校.南京:译林出版社,2011:39.

舆论与学校直接发生对立与冲突，彼此缺乏对话的前提和机制，组织普遍面临信任危机，社会舆论通常会质疑学校的公信力。"共识通常被视为政治的真正要义。因为政治至少在某种意义上是一种特殊的解决冲突的非暴力方式。假设个人和集体利益的不同是人类生活的永久性特征，那么和平共处只有通过协商、调节与妥协的过程（简言之，即构建共识）才能实现。因此，程序性共识体现了这样的认识，即不进行讨价还价与妥协，就得面对公开的冲突且多半是暴力性冲突。"[2]研究者乐观地希望突发事件和危机处理成为建立社会共识的机遇，各方能够逐渐从协商和相互妥协中朝向有利于社会良性发展的方向努力。为此，了解我们的认知局限所在尤为重要。

第一节　人情与规则的冲突

传统的人情讲究处理事情要有人情味，要给当事人留面子，要给某一个组织留面子，这种观念根深蒂固地影响着中国人的办事规则。但是，到底什么是人情，似乎没有一个确定的定义。子曰"仁者人也，亲亲为大；义者宜也，尊贤为大。亲亲之杀，尊贤之等，礼所生也。"[3]夫子对仁义礼的解释奠定了千百年来中国人的行为准则。人情在中国社会就是日常生活的处事规则，人们对人情的理解甚至影响到法律，干扰到规则的执行与法律的实现。

一、情绪化的群体冲突

在突发危机事件中，人情与规则的冲突随处可见。2002 年 8 月 7 日，北大山鹰社登山队在攀登西藏希夏邦玛西峰遇险，五名学生遇难。8 月 14 日开始，遇难学生家长及亲友陆续来到学校，家属接待涉及到五个遇难学生所在的四个院系。当时受学校委托去跟家长见面的时任学工部副部长 S 老师回忆说，第一次跟家属见面，四十二个人立刻围住她，情绪异常激动。虽然山鹰社临行之前家长们知情并同意孩子的行程，在孩子遭遇不幸之后面对学校官方代表，家长们依然情绪失控。S 老师把握的原则是，不能跟家长对立，不能说不合时宜的真话，包括学生登山有风险，家长都已经知情同意，四位队员已经登过雪山等实际情况，只是反复跟家长解释这是天灾，无法抗拒，学校

2　〔英〕安德鲁·海伍德.政治学核心概念〔M〕.吴勇译.天津:天津人民出版社，2008:21.

3　中庸.第二十章.

会尽力营救，把学校能够做的尽力做好。[4]这个时候去跟家长强调学校是否有责任，只会激发家长的不满以及社会舆论的谴责，这就是人情社会的道德判断，他们不会依据事实，而是从感情出发来判断行为是否得体。当然，研究者也并非一味坚持在家长情绪失控的情况下跟他们讲道理，暂时的沉默也许是明智的，但是恢复理智之后的交流应该是基于事实的判断。

遇难学生来校亲友中，有一位学生的亲属非常善于组织动员，在家属里面起了很大作用，他们联合起来向学校提出诸多难以满足的要求，导致学校跟家属的沟通难于进行，学校不得不找到了这位亲属的工作单位，希望对方协助学校做好家属的安抚。亲属在参与危机处理的过程中积极联络媒体，发动网上舆论攻势，影响力不可小视。除了 L 同学离校这个案例中其他亲属没有到校，其余案例的亲友到校人数众多，少则三五人，多则二三十人，他们除了对孩子的突发情况表示关注或者悲伤，更重要的是表达一种声援，否则就显得他们不讲人情。学校要面对学生直系亲属之外的众多社会关系，还要承担他们来校期间的食宿交通等费用，投入的人力与财力巨大，如果拖延时间比较长，不堪其苦，只好利用对方工作单位来施加压力。亲属与学校之间正是因为没有彼此都信任的第三方机构能够承担中间的沟通协调，在发生对立冲突之后双方的信任感存在障碍，学校一方虽然利用对方工作单位来沟通施压，但是未必有效，尤其是单位认为是家务事不愿意介入的情况下。学生亲属当然也利用学校的声誉和形象为筹码，同样给组织施加压力。双方都对人情和声誉、形象有所顾虑，倾向于采取协商的办法，对于多数人来说，对簿公堂意味着不讲情面。

因为雪山的地质和气候条件恶劣，救援队无法把遇难学生遗体全部找出并运回学校，出于安全考虑，将找到的遗地掩埋，家属对此很有意见。营救已经结束之后，8 月 27 日有亲属在学校组织的追思会上提出来要求学校去雪山上找回遇难学生尸骨，期望时间是三年之内。这个提议难于实施，后来也不了了之。[5]救援本身存在风险，当突发事件过去之后，学校不可能长期得到那么多的社会支持，救援所需的人力财力投入也是学校难以承受的，更无法承担由此造成的新一轮人员伤害，自然无法做出承诺。

某位遇难学生家里来了 16 位亲友，学校要求院系照顾好家属，校医院也

4　访谈记录第 12 号.

5　访谈记录第 16 号.

提供了来校亲友的医疗帮助。在长达半个多月的时间里，亲友中间个别人提出跟本次接待无关的要求，包括生活标准、换地方吃饭等。部分亲友从刚开始来学校时的悲痛情绪逐渐转移到要求学校赔偿，或者提出他们其他的利益诉求。[6]

为了不引起群体性冲突，学校把家长们分开在多处安排食宿，院系安排班主任、团委书记等干部陪同。山鹰社的新老队员也加入到安抚学生家属的行列，分别帮助院系去接待、照顾家属，带去山鹰社队员们的哀思和对家长的问候，缓解了家属的情绪。"8月18日，校党委书记闵维方和校长许智宏联名写信慰问各位家长，表示北京大学全体师生将和家长们一起共度难关。8月20日晚9：50分，校领导代表全校师生到各宾馆看望五位遇难学生的家属。他们对五位同学的意外表示巨大悲痛，对登山队员的精神给予充分肯定，并转达中央领导和有关部门领导对遇难同学家属的亲切慰问。"[7]

8月20日下午，登山队六名队员从拉萨返回学校。当晚，他们将五位遇难同学的遗物转交到家长们手中。学校安排了院系老师去机场迎接他们，对他们回来之后的休息做了保护性安排，邀请了有经验的心理咨询师对回到学校的山鹰社队员给予心理创伤辅导。校医院调派心理保健医生也以工作人员的身份参与家长接待，对家长和亲友进行心理安抚；校医院安排医护人员24小时值班，以应对家属可能因为悲伤情绪引发的突发病情。8月26日，学校在大讲堂设置五位遇难同学灵堂，为在校学生、家属、社会各界提供了一个悼念场所。当天下午16：30，追思会在正大国际中心隆重举行，参加者包括所有在校的校领导以及国家体育总局、中国登协的领导和遇难同学的家属代表、北大师生代表及媒体代表。

山难事件涉及五个学生，四个院系，学校动员了校本部学生所在院系、学生事务相关部门、体育教育部、校医院、宣传部门、校办等学校行政和后勤的资源，并得到政府，专业组织等多种社会力量的支持，动用的人力、财力是空前的。2007年4月16日弗吉尼亚理工大学发生枪击案，包括凶手在内33人死亡。弗吉尼亚理工大学紧急协助家属从各地赶来学校，并组织了追思会。中美两国对于学生事务的定义不同，工作的内容、范围也很不一样。我

---

6 访谈记录第 17 号.

7 张彦.高校学生危机管理研究 典型案例与处理机制〔M〕.北京:北京大学出版社，2008:287.

们的学校身处人情社会之中，无论学校是否有过错，是否要承担责任，首先就必须面对公众和舆论对人情的要求，为社会承担道义责任，努力使各方面子上过得去。

二、升级的校园冲突

极端事件引起的剧烈冲突在全国各类学校并不少见，处理不妥导致的社会影响以及对学校的负面影响将是长久的。"学生自杀、自伤或者发生其他安全事故，给家庭带来巨大痛苦，也给学校造成很大压力。我国虽有多部教育方面的法律法规，但是学校在学生安全事故中到底该如何担责，学校与学生、家长之间仍然存在争议。学生自杀或者发生其他安全事故以后，有的家长采取堵门、拉横幅、设灵堂等极端方式讨说法，给学校正常教育教学秩序造成干扰。为了减少安全隐患，杜绝安全事故，有的学校减少体育课，降低体育课难度，取消春游计划，不让学生在外租房、上网，许多有益于学生健康成长的活动不敢开展，有的学校还实行封闭式管理。从某种程度上讲，这样能减少安全事故发生机率，但是也影响了学生健康成长，有悖大学精神。"[8]在情绪的极端宣泄冲突中，学校采取消极的自我防御措施，减少学生的外出活动和剧烈运动，本身有悖教育规律，但是校园安全责任关系到家庭幸福与社会稳定，学校不得不回避激烈的社会冲突。人情重于规则的社会认知往往以恻隐之心和对弱者的同情取代逻辑和理性的判断，加之舆论的盲目煽情，把事态朝向不利于法治的方面发展，通过危机达成共识的愿望难以完成。

在基层和地方，人情与规则的冲突更为严重，这种认知冲突甚至影响到基本的社会秩序，甚至凸显社会公众的无知无畏和某些政府官员的推诿和息事宁人态度。一位基层教育局长面临的困境很说明类似的遭遇："一个学生周末放假回家到河里洗澡溺水身亡，家长把尸体抬到教育局来闹。这个时候。你敢说没责任，'人家一句话把你的嘴封得死死的'，'我们家孩子死了，你说你没有责任，你还有没有人性？你为什么不好好教育他，让他不要去河里洗澡？'。家长拉了一大堆亲戚朋友，天天到教育局闹，闹得鸡犬不宁。他先闹，先发泄，然后跟你要钱。我们是又安排住宿，又招待吃饭，又陪着说话，最后我们出了 2.6 万。还有其它的花销呢，乡镇、派出所，司法局都给我们做了

8　王瑞芳.辩证看待学生"生死状"〔EB/OL〕.〔2012-3-24〕.http://gb.cri.cn/27824/2010/11/10/882s3049923.htm.

工作，还得感谢人家，不然的话人家以后不帮忙替你说话。遇到这些问题，你说法律怎么管，政府怎么管，基本上是没有道理可讲。政府要求赶快把事情处理掉，不要让家长再闹到政府，'学校还要上课呢'；'我们那儿的习俗，找你帮着解决问题，你不解决，梆的，往地上一坐，把你大腿一抱，弄得你什么事情都办不成，弄得你很难堪'。了解的人知道家长没道理，不理解的人会说，'这个局长怎么当的，连这个事情也解决不了，不就是要钱吗，又不是要你家的钱。再说人家死了人，死了人再没有道理也是有道理的，给人家吗！'"[9]

老百姓把政府、学校当成自己的父母，要求学校承担教育孩子的所有责任，无论孩子是否在学校出事，均回避自己应该承担的责任。教育部制定的《学生伤害事故处理办法》第一章第二条明确限定了该条例的适用范围为"在学校实施的教育教学活动或者学校组织的校外活动中，以及在学校负有管理责任的校舍、场地、其他教育教学设施、生活设施内发生的，造成在校学生人身损害后果的事故的处理"，发生在校外且在家长的监护之下发生的意外，本不在学校的校园安全责任范围，家长的无理取闹就如同成年的巨婴跟自己的父母哭闹。他们不讲道理，不讲规则，然而又能如何？这种情绪宣泄，不过是需要引起关注而已，他们不能承担自己的责任，害怕面对自己的过错，于是转而谴责本无责任的人，获取内心的自我安慰，以逃避现实的残酷和他们内心的自我反省。

政府部门怕惹事，怕麻烦，把社会事务当家务事处理，出自人情去考虑社会规则和社会管理，采取和稀泥的办法糊弄过去，不愿意去理清其中的复杂性。这其中既有传统文化中死者为大的心态，也有政府官员多一事不如少一事的心态带来的不作为和惰性，在基层普遍存在复杂的人际关系和人情纽带，使得法律和规则执行起来更为困难。基层的百姓相信熟人办事甚于相信法律，对待自己的事情都希望找到人情托付，对他人则希望按照规则执行，这种认知使得社会的运行陷入无数人为制造的困难中，各种人情混杂在一起，规则很难深入人心并得到尊重和执行。

这样的情况同样发生在大学。09年春季学期期末，某院本科毕业班学生因为论文被老师认定为抄袭，按照学校规定学生应该被记过处分，取消学位。家长认为这是该任课老师在迫害学生，父母带着家中老人到学院大闹，要求学院让学生通过该门课程，不能给处分。老人躺在该院办公室地上哭闹不休，

9　丛春侠.困境与超越　我国县教育局长角色困境研究〔D〕.北京:北京大学，2010:81.

威胁学校如果不给他们满意的答复，他们要从老家叫人来把学院给炸了。其他同学反映该生接到家长电话之后很快消失，怀疑被家长藏匿，家长却找学校要人，找记者"爆料"，找老乡在学校的 BBS 上发帖，声称学生被老师迫害。其父是当地法院院长，认为学院的解释是偏袒老师，欺骗家长，自己躲在后面遥控指挥两个女人的行动。其母在办公室威胁老师要跳楼，老师们上前劝说，书记被抓伤，另一位副书记竟被其母咬伤，不得不到医院缝伤口，打破伤风疫苗。这样的事件，学校不能到媒体上去爆料，警方对一个老人和妇人的吵闹行为也难以采取强制措施。[10]多数民众认为自己是弱势群体，大学当然是强势一方，可现实中看起来强势的一方完全得不到尊重，法律似乎也没有提供保护，反倒是表面上弱势的一方极尽所能，没有道德底线地要挟学校，学校如果在媒体上跟这样的人讲理，公众可能会认为学校花力气跟小人计较，没有肚量和胸怀。

三、偏向伦理判断的冲突观

规则与人情的这种冲突在突发危机处理中凸显其难以平衡的一面。人情在中国传统社会是一个蕴含了太多感情和血缘、地缘关系的特殊概念，包含了主观性、模糊性。在不需要说清楚的日常生活中，人情是人际关系的润滑剂，可以帮助人们缓和关系，建立社会网络并得到社会支持，甚至可以化解矛盾；在需要说清楚的事情上，人情的感性和复杂的社会关系可能会搅混水，表现出缺乏逻辑和理性。

公众在个体与大学之间一边倒的指责学校未尽义务，可能他们所要求学校做的事情根本就不是学校的义务。公众站在各自的利益诉求的立场上，很容易转移他们日常生活中遭遇的矛盾和不满，将积怨发泄到原本与他们的利益无关的事情上，用人情来模糊，笼统地表达不满意的情绪。每个人都可以表达对于人情的理解，话语体系比较相似，而规则并非大家都清楚，尤其是涉及到法律。于是在两者之中多数人倾向于选择容易的一方，选择人情而非规则比较符合大家的认知水平和社会从众的心态。在这种潜在的社会心理引导下，公众乐于花时间和精力去构筑所谓的社会关系和人情网络，却回避理解和遵守规则，法治社会自然无从谈起，个人权益与社会公共利益都没有得到保障。即便明知违反社会规则和法律，也有人站在道德高度，从所谓的包

---

10 访谈记录第 15 号.

容或者同情心出发去评判是非，而每当各种突发危机事件成为焦点，公众往往把关注点放在事件背后是否存在所谓的黑幕，所谓的潜规则，而不关注事件本身的真实性，甚至认为真实性无法获知。长此下去，真相莫辨，社会难以建立共识，缺乏彼此对话的基础。本研究中的学生自杀，自伤事件，舆论质疑学校，归罪学校的居多。很多人甚至可能对发生事件的学校毫不了解，但是也会站在道德高点保护弱者，质疑强势的一方保护措施不当。2017 年 2 月 27 日晚九时，两名儿童从天津市南开区大悦城商场 4 楼坠落，不幸身亡。网友们在网上激烈争辩孩子的父亲是否要承担法律责任，孩子的死与父亲当时抱着两个孩子往下看的行为有直接关系，一部分网友认为应该依法处置，一部分则认为人家孩子没了已经很悲惨很痛苦，何必要追究刑事责任，还有部分网友认为商场的护栏不够高，或者没有装铁网，应该起诉商场。[11]就在之前的一个月左右时间，1 月 29 日（大年初二）下午 2 点左右，宁波雅戈尔动物园发生老虎咬人事件，死者家属认为公园管理存在漏洞，应该承担责任，公园管理方认为，他们已经设立三道防护栏禁止进入老虎活动区，该死者逃票翻墙进去，不算是游客，在禁止参观的区域遇害，公园不该承担责任。[12]悲剧发生之后的质疑，一方面会促使发生悲剧的所在地管理方在安全设施上设法避免任何疏漏以求免责，也在社会群体中造成很大的触动，争辩与思考究竟法律规则优先还是道德判断重要。

在社会和个人的权益问题上，农业文明的传统重视人情和道德判断，以道德为出发点来评判行为是否妥当，尤其在社会生活中。"东方帝国教导人们尊重某些宽广的伦理原则，（例如儒家的伦理原则），希望借此建立一个基础，使道德上受人崇敬的领袖能以仲裁的方式消除潜在冲突。而由于仲裁的艺术是减少而不是强调人的差异，因此东方最优秀的知性天才致力的便是避免'概念的清晰'。"[13]中国的传统重视伦理与道德，伦理道德不是植根于法律以求完善，而是植根于某些圣人伟人，依赖他们的道德完善。圣人曰"治大国如烹小鲜"，少有数量的精确化，难以复制，可意会不可言传。这种模糊性留下了

---

11 如何看待天津大悦城两名孩子坠亡事件〔EB/OL〕.https://www.zhihu.com/question/56402447

12 宁波老虎咬人事件后续：死者亲戚认为园方有责任〔EB/OL〕.http://mt.sohu.com/20170131/n479735907.shtml

13 〔美〕弗雷德里克·沃特金斯.西方政治传统 近代自由主义之发展〔M〕.李丰斌译.北京:新星出版社，2006:8.

太多的制度空间，民众申诉权益遭遇的偶然性、随意性太强，制度建立在人的道德可靠性基础上，缺乏客观标准。这对于农业文明的乡村治理来说不是问题，乡绅中有威望有德行的长者就可以依据道德原则来判断是非过错，族人之间的纠纷也可以在宗族内协商解决。但是扩展到在个人与国家、组织机构的关系上，把血缘关系和宗族关系推广到整个社会关系中，必然就会遇到模糊性带来的规则界定的困难。在农业文明的背景消失之后，宗族家庭解体，社会组织不够活跃和发达，家庭没有合适的依托力量，要求学校解决出路问题的想法由此而来，他们也以学校为他们的家长，希望学校为他们伸张权益，这是我国各类学校目前在学生突发事件处理中普遍面临困境的一个原因。研究者也注意到，随着年轻人占据网络的话语权，一边倒的舆论已经逐渐发生改变，年轻人脱离了农业文明的人情约束，他们对网洛和现代社会的规则更加认同，在各种不同的声音争辩中，完全以道德判断为出发的"圣母心"往往得不到网络舆情的支持。天津大悦城悲剧发生后，年轻人中不乏质疑父母是否需要培训，需要资格许可的意见。在他们看来，不是所有人都有资格做父母，保护孩子是父母的天性，也是父母的责任，他们不会同情放弃自己责任的父母。

不同的文化背景和传统，对于规则和法律的理解有不同的渊源，中西方之间的差异性由来已久。"自古希腊时代以来，西方人便认为逻辑是发现真理的基本武器。逻辑程序的本质就是以一套清楚界定的范畴体系为实相作分类。这种本质也是所有司法行动的基础。法官的任务是，决定一组既有事实是否为某一明确法律原则所辖，是否会引起明确的法律结果；这就是法官与'仲裁者'不同之处。法学思想的目标，则是尽可能清楚地为概念下定义，并在实际案例中判别最精微的差异。"[14]西方社会对逻辑与清晰的概念的追求强调把事实说清楚，训练并养成了西方社会重视清晰概念，重事实不重人情的传统。清晰的概念为界定责任、权力边界提供了前提，发达的法律体系为社会生活中的分歧提供了争辩的舞台和机会。以法律为武器去维护差异性和多样性，减少了社会管理的成本，个人的归个人，社会的归社会，政府无需做全能的家长去承担所有的责任。

14　〔美〕弗雷德里克·沃特金斯.西方政治传统 近代自由主义之发展〔M〕.李丰斌译.
　　北京:新星出版社，2006:8-9.

第二节　正视矛盾与寻求稳定和谐的冲突

一、校园危机与学校内部管理

　　邱庆枫是北京大学政治与行政管理系 99 级学生。2000 年 5 月 19 日，她回北大本部参加转系考试，回到昌平县城，从县城返回昌平校区途中遇害。5 月 21 日，昌平学生出事的消息被发至一塌糊涂网站和清华大学水木清华 BBS，94 级至 99 级学生对学校将一年级文科新生集中在昌平校区的不满情绪因此爆发，5 月 23 日晚校园爆发大规模学生聚集和游行，学生们深夜在办公楼前久久不散，要求跟学校领导对话，改变学校管理状况。

　　因为历史的原因，北大得到的经费支持远远不足以应对学校发展需要，校舍陈旧，学生宿舍、食堂极其拥挤。92 级军训一年返校，与 93 级同时在读，教室与其他设施空前紧张。"1993 年由于上年度军训的学生和本年度的新生同时入校，宿舍和教室全面紧张，1994 年 5 月 14 日校长办公会议决定昌平 200 号定名为'北京大学昌平园区'，1994 级文科新生入住。"[15]学校本部与昌平之间的交通，有定期的班车来往，错过了班车时间，老师和学生只能自己搭乘公共交通往返。昌平园区位置偏僻，与县城之间步行距离比较长，夜间安全隐患很大。校区偏远且交通不便，学校没有提供交通上的支持，这是在昌平学习过的学生的不满之处。"北大有责任，并有无法推卸的责任。第一，昌平校区如此偏僻和交通不便，新生都放在那里，为何没有应对措施和配套设施。第二，主要针对昌平校区新生的转系考试，为什么放在海淀本校进行，学校无视学生的权益。第三，没有将安全教育做到家，如此的校区环境，即使硬件建设一时跟不上，软件方面总要努力做一点，从偏远地区来到大都市的学生，往往不知道都市的治安状况较差。"[16]

　　学生们长期以来的积怨引起他们大规模聚集和抗议集会，这样的冲突十余年来首次出现，舆论压力、政治压力陡然增加，多位高官亲临学校指挥，引起境外媒体高度关注，将此事与邻近的六四时间点联系。"1989 年之后，每年的'6．4'在高校都是一个敏感的日子，特别是在北大。这个事件发生的时间接近'6．4'，形势十分紧张，处理不好，结果很难预料。李岚清副总理、

---

15 李向群.北京大学校报，2007-4-3.

16 Rodeo.十一年后再说邱庆枫与"邱庆枫事件"〔EB/OL〕，〔2011-3-20〕，http://blog.sina.com.cn/s/blog_77699ad50100pfuj.html.

教育部、北京市委、公安部都高度重视。"[17]事件的处理以学校按照当时的市教委领导要求"讲政治"而"补助"家属结束。

但是，这场悲剧留下的，除了痛苦，学生爆发出来的积怨对学校的管理产生很大触动。6月3日下午校领导到现代物理中心会议室与物理系学生座谈。座谈中学生提到学校教学设施，学生上网不方便，东门交通安全，后勤服务态度，食堂卫生等问题。物理系学生建议学校在 BBS 开通校长信箱版面，把学生合理的、建设性的意见整理分类之后提供给校长参考。[18]此建议被采纳，后来在学校主页上出现了"校长信箱"栏目，再后来并入未名 BBS。学生意见有了渠道可以反映，涉及学生切身利益的具体问题学校也给与了答复，比如澡堂开放时间延长，食堂改进服务等。

事态平息之后，6月6日学校再次召开学工系统例会，主管校领导在会上总结了邱庆枫事件，认为该事件是个导火索，引发了学生对学校管理的怨气，肯定学生有组织纪律性，没有上街游行，学校内部管理的问题在校内解决，没有将事态无限扩大。学校要吸取的教训包括对于网络言论要快速反应，要关注学生生活设施的改进，加强跟学生的沟通、交流[19]。这场危机的触发是因为邱庆枫遇害，更深层的原因在于学生们表达对学校安排文科新生去昌平园区一年的不满和抗议，以及对百年校庆之后学校管理存在的诸多问题的不满。6月16日，学校派学工干部分别到复旦大学、浙江大学等高校参观学习，了解这些学校后勤社会化改革之后学生管理模式的变化。学校8月20日召开学工系统暑期研讨会，分析学生情况，提出要引导舆论，加强管理，严格要求学生，同时也指出校园商业气氛过浓，学术气氛淡化，要关心学生学术活动，为他们提供成果转化平台。

学生在校外遇害，但是起因与学校能够提供给学生的学习生活条件有限相关。学生遇害的意外刺痛了有着相似经历的学生的感情，引发学生群情激愤，短时间造成校内学生大规模聚集并要求学校改善管理。这个冲突不仅仅是家长与学校之间的冲突，学生与学校之间的冲突更为严重。家长与学校之间发生严重分歧，尚可被视为社会矛盾在学校的延伸，而学生对学校的不满乃至抗议行为，则是严重影响甚至动摇学校的社会声誉与形象的重大事件，不能不引起学

---

17 王德柄.我在北医五十年〔M〕.北京:北京大学医学出版社，2006:238.

18 会议记录.

19 工作日志.

校以及学校的主管部门和高层的关切，尤其是具有社会影响力的学校，学生的抗议行为往往被赋予更多的寓意，不排除其他的社会力量会参与进来并利用这种影响力来表达其他的诉求。学校对学生负有安全保护的责任，同时面对来自敏感时间点的政治压力，承担了维护校园和社会稳定的责任。悲剧是一个导火索，冲突触动了学校管理不合理之处，事件的紧迫性促使组织及时反省。邱庆枫事件发生在校外，是一起恶性的刑事犯罪案件，非学校过错造成，但是学校附近的宿舍和教学设施不足，学生不得不远离主校区，交通不便以及安全提示不充分，学校对此也要承担一定责任；学生在校外遇害的悲剧发生后学校的反应不够快速，也让学生感觉到被忽视而爆发不满情绪。这些管理上的问题在冲突爆发之后被触动，引起学校高度重视并得以改进。类似的学校管理问题，社会舆论不一定非常关注，但是对学校的影响更为深远。

二、冲突对组织有积极意义

人类对冲突的理解也经历了一个过程。传统农业文明依赖人情与血缘关系，重视中庸之道，和谐为贵，避免冲突；在流动性很强的工业社会，陌生人之间的相处不再依赖彼此之间的人情关系，必须依赖规则，解决矛盾冲突的过程建立起规则和法律体系，推动了社会的发展。"最初，科学管理学家认为所有冲突最终都将损害管理者的权威，所以应该避免冲突或者尽快解决冲突。后来，人际关系学家认识到了冲突的不可避免，所以建议管理者学会接受冲突，但他们始终都强调在可能的情况下还是要解决冲突。到了20世纪70年代，组织行为学家认识到由于冲突的性质和强度不同，冲突可以带来正反两种结果。"[20]当权威走下神坛，管理更加注重调动所有人的参与，激发个人的内在潜力，人类逐渐改变了原有的冲突观，不再把冲突视为不利，把冲突区分为积极与消极两种形式，认为积极的冲突"带来了一种全新的观点，即太少的冲突对组织不利。经历的冲突太少的工作团队、部门，或组织往往受到冷漠、缺乏创造力、优柔寡断和无法按时完成任务等问题的困扰。适当类型和水平的冲突能够向着积极的方向激励人们。"[21]冲突少或者没有冲突的组

---

20 〔美〕安杰洛·金尼奇.组织行为学精要〔M〕.王慧敏,王慧英译.北京:电子工业出版社，2009:132.

21 〔美〕安杰洛·金尼奇.组织行为学精要〔M〕.王慧敏,王慧英译.北京:电子工业出版社，2009:133.

织内部可能趋于同质化，彼此之间难以碰撞出火花，因而对多样性，复杂性缺少准备，在竞争中处于劣势。思维活跃的组织内部存在不同的分歧和争论，这种丰富性和差异性带给组织新的观点和视角，在适应新的变化和复杂性的要求的时候，应变能力和敏锐的适应性都较同质化的组织更加灵活。

因而从积极的方面出发，冲突是对传统的挑战，对组织固化的解构，也是变革的动力，"冲突能够鼓励自我评估，并挑战传统智慧。它可能会在组织内导致一定程度的负面作用，但是同样能够在很大程度上激励学习和改变。它能够帮助组织领先于变化的环境，成为持续革新的源泉。这在群体决策的情况下尤其明显，缺少冲突常常导致同一性和陈腐。"害怕冲突影响到管理的权威性，可能会压制不同的意见，久而久之必然造成要组织内部沉寂和对危机的漠视，多数人不承担责任或者逃避责任。冲突短时间造成组织内部的混乱，甚至挑战原有的秩序，但是长期看可能是建立组织认同和归属感的最好机会。"矛盾还是释放挤压的一个重要渠道。它通过对分歧的研究和解决加速了相互迁就融合的过程，并且常常首先产生出更具颠覆性和爆炸性的解决方案。尽管有些自相矛盾，但是冲突有时能够激发改变，但有时又能帮助维持现状。"冲突是矛盾积累到一定程度之后的一次释放，可能改变原有的秩序，也可能没有改变，但是多少对组织有触动，释放本身就是一种目的，释放组织内部压力能够缓解内部矛盾。"有效的冲突能增强自我认识，促进创造性地解决问题。"[22]对冲突的两种预期可能都存在，冲突也是复杂的，对组织的影响具有不确定性。因此消极的影响同样存在，"太多的冲突使组织原地踏步，因为冲突将组织成员的工作变成无效率的活动"[23]，冲突处理不当则可能激化矛盾，对局势失去控制，造成人心涣散，不但达不到创新和组织更新的目标，反而有损内部凝聚力。组织内部不可无冲突，太多的冲突也伤害了组织的执行力和效率。

在约定俗成的社会生活中，协商的机制依赖于冲突的双方所信赖和依靠的人际基础，比如家族的长老，社会公认的德高望重者，某一个领域的权威等。如果冲突双方没有谈判和协商，比如皇权的争夺，必然是你死我活的残酷冲突，"多少年来,我们社会中最基本的冲突模式是:冲突的双方是一种你胜

---

22 〔美〕安杰洛·金尼奇.组织行为学精要〔M〕.王慧敏,王慧英译.北京:电子工业出版社，2009:135.

23 〔加〕加雷思·摩根.组织〔M〕.金马译.北京:清华大学出版社，2005:172.

我负、你死我活的关系。在这样的冲突中,双方的目标不仅仅是获得自己的利益,而是要彻底战胜对方,而缺乏一种理性解决利益冲突的方式。更重要的是,由于多年来一直对社会冲突采取一种不正视的态度,因而缺乏有效解决社会冲突的制度化手段。所采取的权宜性措施又往往以追求表面上恢复稳定速效为特征,这样的权宜性措施不但不能从根本上解决导致冲突产生的问题,反而往往会激化矛盾和冲突。"[24]历史遗留和延续的冲突观念对冲突以及由此产生的组织困境持消极态度,担心冲突引起社会动荡,力求维护平衡和稳定状态,以权宜之计处理社会矛盾。但是太多的权宜之计拖延甚至延误了解决问题的时机,成了不负责任的借口,而现实中无法回避的尖锐矛盾可能会把组织逼到绝境,组织最后为此付出的代价远甚于矛盾初发阶段及时介入可能付出的代价。在工业文明时代,生活在陌生人中的社会群体解决冲突不可能再依靠长老或者熟人,只能求助于规则和秩序的建立,建立协商制度对所有人和组织都是更为确定可靠的保障机制。

一位领导说过,工作的三个层次分别是:免责,尽责,负责。免责是最低标准,尽责算是尽力而为了。负责则可能要承担超出边界的义务,比如让学生在规则范围内不出事,算是免责,关系他们的成长,算是尽责。为他们设法解决各种困难算是负责吧。

要做到负责,当事人要承担更大的责任和压力,甚至做了之后得不到认可,设法解决困难要调动资源,付出时间和精力,甚至要寻找政策空间的弹性,而灵活处理规则既需要智慧,更需要承担责任的勇气和胸怀。现实中很多所谓的"为官之道",多数管理者不愿意触碰矛盾,选择回避,搁置,等待其中部分老人的自然更替,等他们退出历史舞台,或者等待时间来消化矛盾,拖得时间长了,有的矛盾随着时间的流逝不成为矛盾了。即便是法律规范清楚的行为,有的事情并不一定需要动用法律来解决,法律的成本更高,传统的长老式权威的协调就可以解决的问题,往往可能不需要走法律程序。

对于管理者而言,如果可以用钱来解决问题,避免纠纷,也许是一种快速途径,司法的审理过程漫长,耗费的时间精力较多。在情绪激烈冲突时,也很难去讲清楚道理,不如花钱摆平,让死者安息,生者继续回到社会秩序之中。研究者认为这种方式是一种当下社会的特有现象,也许还会延续相当一段长的时间。但是对于建立社会秩序可能不是一个好的方法,甚至是有破

---

24 李琼.转型期我国社会冲突研究综述〔J〕.学术探索,2003,10.

坏力的。大家只要闹就可以得到心理上和物质上的补偿，就不可能学会规则，承担后果。

三、理性的组织追求确定性

高校的学生危机事件处理隐含了复杂的社会背景，潜在的不确定风险可能导致局面失控，引发更大规模的动荡或者群体事件。社会的治理与发展需要稳定的环境，无论是执政党还是社会管理部门，动荡的社会局面都是棘手的难题，尤其是社会思潮波动，社会没有形成共识的情况下，不确定性引发的群体聚集都可能造成失控的局面。2008 年 6 月 28 日，贵州省瓮安县发生了一起严重的群体性暴力事件，因为一位初中女生溺水身亡，家属对警方"自杀"鉴定不满，家属在当地游行，流言传播引发当地上万群众聚集，一部分人围攻并毁坏了包括县公安局、县委县政府、民政、邮电在内的多个行政办公大楼的设施和附近车辆，造成巨大的财产损失和上百人受伤，震动全国。就如当地领导人所言"从一起单纯的民事案件酿成一起严重的打、砸、抢、烧群体性事件，其中必有深层次的因素。一些社会矛盾长期积累，多种纠纷相互交织，一些没有得到应有的重视，一些没有得到及时有效的解决，矿群纠纷、移民纠纷、拆迁纠纷突出，干群关系紧张，治安环境不够好。一些地方、一些部门在思想意识上，干部作风上，工作方式方法上，还存在一些这样那样的问题，群众对我们的工作还不满意。"[25]发生这么大规模的群体性暴力事件实属罕见，当地民风彪悍，社会矛盾积怨甚深，从根本上动摇了社会信任的基础，与此事无关的围观者也抱着不信任的态度，将曾经受到的不公平待遇的积怨和怒气发泄在这件事情提供的舆论平台上，群体聚集之后的失控和暴力行为，远远超出了个人表达诉求的理性界限，成为一起社会群体性刑事案件。

这种担心同样也影响高校的危机处理。高校学生相对于社会公众，他们年轻、有激情、容易冲动，在学校宿舍群居，容易被组织动员起来，也容易因为同学的遭遇感同身受。他们的聚集引发的影响力可能不限于学校内部，还可能扩散到校园之外。曾经有一句广为流传的说法，全国稳定看北京，北京稳定看高校，高校稳定看食堂。此言虽不严肃，但是食堂关乎所有学生的生活，食堂的管理和质量问题确实对学生的号召力很大，食堂风波包括，学生因为食堂饭菜质量不好倡议罢餐，因为外来人员用餐人数过多要求取消临时餐

---

25 贵州瓮安事件〔EB/OL〕.http://baike.so.com/doc/5511387-5747140.html

卡。有关取消临时餐卡的倡议得到学生积极响应，学校不得不召集学生代表与校方代表座谈，并回答学生代表提出的质疑。高校应对学生突发危机事件通常采取避免和回避冲突的处理策略，采取这样的策略，有政治因素要求校园稳定的压力，也有高校对自身管理不成熟的顾虑。除了社会因素的考虑，高校内部在后勤、行政、教学质量等事务上存在诸多令学生不满之处，这在 2000 年北大邱庆枫遇害事件引起的风波中表现明显。组织采取不回应、不直接发生冲突是一种策略，但是逃避问题则如同沙漠中把头埋进沙子里的鸵鸟。如果组织对危机有充分的理解和准备，不必事到临头才仓促应对，通过渐进的改变去回应不同群体的诉求，完全可以避免暴力和激进的行为。面对质疑敢于直面对话，往往可能消除怀疑和不信任的流言，得到多数人的理解和支持。

在这个意义上，危机和冲突对组织的发展不是坏事，虽然经历冲突的过程是艰难而痛苦的，潜在的危机却时时警示组织需要不断更新。贵州瓮安事件发生之后，高层意识到民众积怨来自言路不畅，组织了多个座谈会，在当地设立了露天的信访接待站，要求"开展县(市、区)委书记大接访活动，有效预防和化解矛盾纠纷。坚持信访工作原则，强化县级责任，形成县委书记带头、县级领导干部参加，直接面对群众、亲自接待来访"[26]，传统的面对面的沟通和交流，也是偏平化的社会管理模式，打破了科层制的疏离感，对于重建社会信任与共识是必要的。高校学生危机事件发生之后，校方也会反省管理中存在的问题和漏洞，力求规避类似的风险。当组织通过冲突发现自身问题，调整组织结构与规则，建立新的秩序时，组织更可能趋向理性。对于整个社会"具有信念意味着相信生活的意义，期待所做的或放弃所做的都具有长期的重要性。如果生活的经历证实这种信任得以稳固地建立，那么信念会轻而易举地来临。在一个相对稳定的世界中，事情和行为长久地保存其价值，时间之长堪与人的一生相当。只有这样，上述的确证才很可能实现。在一个合乎逻辑和始终如一的世界中，人类的行动也获得逻辑性和连贯性。"[27]合乎逻辑、始终如一的社会具有确定性，有确定的规则和程序去化解矛盾和冲突，公众有机会从冲突中去逐渐进行价值和利益的取舍。确定性既是理性组织的目标，也是理性的个体追求的目标，社会秩序与规则是对所有人利益的保护，社会管理机构以其规范化程式

---

26 贵州省委书记：要使民众有话有处说有理有处讲 http://news.xinhuanet.com/legal/
　　2008-07/10
27 〔英〕齐格蒙特·鲍曼.个体化社会〔M〕.范祥涛译.上海:上海三联书店，2002:197.

化的管理规避风险，能够有效降低社会冲突的危险。

第三节　知情权与公共舆论导向的冲突

一、善良的谎言

　　网络和智能手机，可能是当代对公众影响最大的技术，信息传递的速度、范围、数量均超出了个人与组织可控的范围。2010 年 5 月，富士康因为员工的十几起连续跳楼事件，成为公众舆论聚焦对象。在质疑富士康管理问题，员工人权问题的同时，专家建议媒体适度报道，不要渲染，不要过多报道细节，悲观情绪会被传染[28]。心理学专家关心的不是公众的知情权，而是部分危险群体对于这些信息的承受能力。对于患有精神和心理疾病的人来说，曾经发生过的自杀细节如果被他们知晓，他们去模仿的可能性远远大于普通人。比如某大学曾经在几年内发生多起跳楼自杀行为：05 年 4 月，一位本科生从某楼坠亡。5 月，一位研究生同一楼坠亡。7 月，一位本科生坠亡。06 年 3 月，一位博士生坠亡。08 年 8 月，一位研究生坠亡……

　　学校后来封锁了公共区域楼顶。这种心理暗示的关联平息需要相当长的时间，每每有人想不开的时候，楼顶就对他们是一个暗示，封锁了楼顶可能暂时中断了二者的关联。与公众得到的信息知情权比较起来，心理暗示产生的模仿行为以及负面的影响有可能超过了信息公开的积极影响，公众的知情权与生命安全比较，知情权在某些特殊情况下需要被严格评估，一旦知情权与公众利益发生冲突，后者优先的原则应该得到社会认同。媒体需要点击率，需要广告和吸引眼球，可能缺乏对某些负面新闻的长期影响的研究和仔细考虑。校方尤其要考虑这些事件对其他学生的影响，顾虑是否会引起连锁反应等等。校园稳定不仅仅只是一个政治术语，更是对学生的责任和爱护，包括了心理、社会等多种因素的顾虑。某高校一研究生在浴室自缢身亡，学生们议论纷纷，认为学校的公告含糊其辞，没有说明白死者的真相：到底为什么自杀，为什么在浴室自缢，毕竟在浴室自缢令人感觉蹊跷，学生们甚至认为学校在掩盖什么，揣测学校为了推卸后勤管理不善的责任故意躲躲闪闪。该生的死亡并非自杀，而是刻意模仿特殊行

---

28 叶铁桥,李建平.如何阻断富士康的自杀链条〔N〕.中国青年报，2010-5-26.

为失手导致意外死亡。这类事件的真相不仅仅涉及隐私，家长不会愿意公开死亡原因；学校更顾虑是否会有其他学生模仿这类行为。学生们议论和存疑，学校背负骂名，事过境迁，没有人再去关注这件事情。没有人因为细节的放大，因为事件的刻意宣传使得学生因为好奇去模仿而导致生命危险，事情本身则被暂时搁置，随着时间流逝而渐渐被大家淡忘。说还是不说，真相是否重要，取决于这个真相对于某些群体造成伤害的风险是否超过了真相被屏蔽的危害，学生们不具有决策权，需要教育者和管理者承担责任，反复斟酌。

研究者无意为谎言开脱，但是有时候需要善良的谎言去保护学生，保护特殊群体。区分和甄别带有保护色彩的谎言的责任，只能交给具有决定权的群体和组织。

二、过度报道的负面效果

在 T 事件里，家属在网络、媒体上质疑学校的责任，怀疑学校隐瞒真相。学校报警之后，在司法系统蹲点的媒体得到消息后进行了报道；媒体在学校有线人，为他们提供了情报。家属到达当晚，有几家媒体记者在学生宿舍外面徘徊，希望接触学校师生及家属，师生对此比较反感，不希望他们这个时候进行所谓深度挖掘。整个善后处理过程中，学校方面婉言谢绝记者，没有接受任何一家媒体的采访。研究者跟死者身边同学讨论死者自杀的细节时，他们说令人恐惧，这样的事实不应该被传播出去。

相关研究者在总结 SARS 教训时，认为最大的过失在于 SARS 爆发初期疫情被隐瞒，没有采取措施及时控制造成全面爆发，波及全球的悲惨后果。如果危害公共安全的信息不公开，全社会将为此付出惨重代价，这一点应该成为社会共识。而过度报道，也会造成灾难性后果，比如 2004 年俄罗斯别斯兰人质事件，媒体报道过度，泄露了本不该报道出去的信息，"一些媒体随意将特种部队指挥部位置、装甲车位置、有关人员位置等内容，随意向外界传播，使外围匪徒的同伙轻易获取，解救行动陷于被动。"[29]泄露信息的动机可能源自不同的政治主张，甚至是掌控媒体的利益集团借此机会向当局者施压，作为一种政治筹码讨价还价，"有人在电视上透露了突袭的秘密通道，而恐怖分子通过电视轻而易举获得了这一重要情报，在秘密通道里布了雷，俄特种

---

29 桂维民.应急决策论〔M〕.北京:中共中央党校出版社，2007:158.

部队不得不因此改变行动计划"[30]客观后果是类似的多处失误造成该事件中人员重大伤亡，如果少数人的政治博弈和利益诉求伤害了如此多的无辜人质，社会规则和制度应该力求避免这样的最坏结果。

因此，如何尊重公众的知情权，尊重公众的合法权益，以何种方式发布信息需要仔细周密的考虑。信息的发布不是简单的公开，针对信息可能会对社会、公众产生的影响，需要有一个充分的估计，对安全性有周密的安排，并在必要的时候采取保护措施防止引起恐慌或者造成损失。涉及学生的危机事件，需要充分考虑所公开的信息是否损害个人权益，是否对其他学生产生危害，以及是否应该由学校来发布。不当的发布渠道也会对信息的传播造成负面效果，来自警方的声明就远比学校的公告更加具有专业性、权威性。

三、传播的不确定性

媒体被认为是社会的良心，他们有责任告诉公众发生了什么。"媒体的代表有责任知道事实，无论组织是否合作，他们也都会得到事实。如果组织不对局势发表评论，他们也一定会找到其他消息来源。在危急中，要使人相信，至少组织是媒体信息的主要来源，这样就能控制局面。"[31]当突发事件发生时，媒体一定会第一时间寻找新闻线索，如果组织信任媒体，则可能共同发布新闻。媒体是否可以无条件信任？在知情权与公共利益的冲突中，谁来决定哪些细节应该公开，媒体还是专家，或者某一个政府机构？

现实社会的复杂性对媒体的影响超过既往，他们的组织归属感，职业荣誉感，职业道德都面临挑战，传统媒体与新媒体之间激烈的竞争，也给他们带来巨大压力。传统的媒体从业人员享有很高的社会地位，被称为"无冕之王"，"市场经济导致媒体单位制崩溃，使得媒体从业人员不仅要承受外部权力的'傲慢'，还要承受内部的不平等。事业挫折、生活压力、同事间的冷漠和激烈竞争，让媒体从业人者无时无刻不处于焦虑和不安全感中，因而'愤世嫉俗'也就成为媒体行业普遍的非理性职业心态。"[32]市场带来的原有社会组织解构，不单单是媒体从业者失去组织的归属感，其他社会行业和领域也同样存在，只是媒体从业人员从"无冕之王"落下来的失落感可能更强，他们本身掌握话语权，在他

---

30 桂维民.应急决策论〔M〕.北京:中共中央党校出版社，2007:158.

31 史密斯-巴克林协会.非营利管理〔M〕.孙志伟，罗陈霞译.北京:中信出版社，2004:175.

32 雷少华.中国新闻业界的愤世嫉俗心态〔R〕.北京大学中国与世界研究中心，2011，2.

们被市场驱动寻求生存空间之时，他们更有表达不满的话语空间和平台，其复杂的生存状态与非理性职业心态可能导致他们对新闻采取炒作噱头，吸引眼球的方式获取话语权，甚至以此释放自身压力和焦虑。纸质媒体和其他传统媒体受到互联网媒介冲击之后，媒体从业群体年轻化，也会使得这个行业沉淀下来的职业操守和规范面临新的不确定性，而年轻群体面临的工作压力、家庭压力、社会流动的压力，使得行业的心态不容乐观。

　　微博、微信等新兴传播形式之下人人都可能成为新闻发布者，个人成为自媒体。在缺少行业约束和规范的情况下，如果享有言论自由的权利却不承担与之对等的义务，公众舆论环境必然是无序混乱的。"网络的勃兴为诸多不负责任的言论提供了便利条件。很多人从未接触过北大的人和事，仅凭一点道听途说来的理由便可攒出一篇篇痛心疾首的檄文。北大动辄得咎一度成为时尚，北大的堕落于是在众口相传中成为'事实'。"[33]大量的网络舆情就这样被制造出来。微信公众号等网络媒体的兴起，虽然吸引了相当多的媒体从业人员或者非专业人士，但是在如此快的推送与发布速度之下，有价值的文章和信息毕竟有限，媒体从业人员如果追求经济利益而不重视发掘和采编新闻，各个平台重复发布信息，甚至以所谓的心灵鸡汤滥竽充数，对公众的负面影响多于正面，信息传播的价值和不确定性逐渐就会受到质疑。

　　当然，媒体的力量不可小视，包括政府、高校的一些组织已经重视跟公众的沟通并设立了新闻发言人制度，任命新闻发言人代表组织发表意见。组织采取积极主动的态度去跟媒体沟通有利于建立互信和引导舆论，控制局势，但是具体情境中新闻发言人在何时出现，如何沟通，他们发言的内容由谁来做决定，谁来承担可能的风险与责任？新闻发言人面对复杂组织内的复杂情况，是某位领导授权还是委员会授权给发言人？在每一次危机事件来临时向媒体发布信息，发言人如何掌握危机发生的所有细节？组织内部的统筹协调一旦出现问题，信息发布如果不及时，网络传言在正式声明发布之前就已经控制了舆论，组织试图改变误解要付出更大的代价。

　　在高校学生突发危机事件中，由于没有第三方独立机构的参与，家属倾向于营造网络舆论声势来给学校和警方施加压力，而学校一般不愿意发表意见。如此庞大的一个机构，百密一疏，万一真的有什么问题被误解和牵连，学校容

33 吴思锐.我们依然在仰望星空〔EB/OL〕.〔2003-6-1〕,http://www.aisixiang.com/data/897.html.

易卷入是非，难保成为下一个被攻击或者炒作的话题。但是学校的沉默也留给网络无穷的猜想空间，以为有真相被屏蔽或者被遮掩。"无论他们看到什么还是喜好什么，都取决于可利用的信息资源，包括他们接触到的信息渠道，以及他们信任的信息渠道。在这种情况下，对事物的认识既取决于讨论和说服的过程，也取决于信任和敌对的相互关系。"[34]大学积极面对社会舆论并做出回应，既是公众的期待，表示对公众意见的尊重，也可以借此发表意见，引导舆论。精英和公众之间通过交流，即便争吵，如果能够达成部分共识，对社会的意义已经远胜于互相的漠视和不信任。同时，高校以及社会应该理解"媒体在维护稳定的民主程序上所起的重要作用，学会适当地帮助他们开展工作。"[35]高校需要主动改善与媒体的关系，使得危机事件处理能够得到舆论和公众的理解和支持。

第四节　个人独立性与社会整体性关系的冲突

法国印象派画家保罗·高更(Paul Gauguin，1848-1903)1897年创作的一幅作品《我们从哪里来？我们是谁？我们往哪里去？》，不仅仅只是一副画，其主题"我是谁，我从哪里来，我到哪里去"是十九世纪末，二十世纪初西方思潮变迁的重要象征，这个世纪之问与尼采对那个时代基督教上帝已死的洞察一致，宣告了"没有一个永恒的给世界以意义的上帝，反而能够使人获得真正的自由和创造力"。[36]上帝之死解放了人的精神，人必须为自己承担责任，为自己寻找人生的意义。当然，旧秩序崩溃，新秩序的建立并非理想主义的转换，过程充满痛苦、挣扎和反复，但是个体的独立性自文艺复兴之后再一次被强化。

与之同时期的新文化运动和五四运动，对中国社会进行思想启蒙和个性解放，但是传统的力量更为强大，农耕文明依然是中国社会的主要文明形态，工业基础薄弱以及科学、教育不发达，使得受到土地局限的多数民众没有机会走出乡村，其时农耕经济已经难以为继，无论国家还是个人已经捉襟见肘，国力衰弱，民生凋敝。经济上不独立，其他的独立性无从谈起。个人的独立

34　〔美〕詹姆斯·G·马奇，〔挪〕约翰·奥尔森.重新发现制度 政治的组织基础〔M〕.张伟译.北京:生活·读书·新知三联书店，2011:43.

35　〔美〕史蒂文·科恩,威廉·埃米克.新有效公共管理者 在变革的政府中追求成功〔M〕.王巧玲等译.北京:中国人民大学出版社，2001:183.

36　L.J.宾克莱.理想的冲突〔M〕.马元德,陈白澄,王太庆,吴永泉等译.北京:商务印书馆,1994:200

性当然也得不到社会普遍的尊重和重视，个人承担责任的意识也普遍较为淡漠。民众必须依赖家庭才能生存，没有其他经济来源和社会组织机构的支撑的前提下，个人也自然无法建立起对于社会、国家的整体性观念，看不到社会整体性与自己利益的关系，必然会较为重视家庭而非社会的整体利益。改革开放之后，人口流动性急剧调整了人与人之前的关系，多数人才开始了解现代社会建立在基于契约关系的陌生人之间的信任关系上，与仅依靠家庭和熟人的传统观念存在冲突。我们的传统观念如此强大，基于传统社会关系的认知与现代社会关系的矛盾直到今天还在影响公众对学生突发危机事件的理解，由此带来的舆论压力还会影响到高校办学的社会环境。

个体在社会中的自我成长经历的过程受到多种因素的影响，工业文明要求的专业化，职业化与个体的独立性之间也有复杂的矛盾关系，"在国家社会不断专门化的同时，单个人成为自立的，成为更多地自己为自己做决断的独立个人的道路，随之也变得漫长和复杂起来。对他有意识的和无意识的自我规范的要求也在增加。此外，介于未成年状态和社会化状态的中间年龄期出现了延长，并且表现出某种特殊的形态，这种延长和特殊的形态成为给个人加入成年人社会带来重重困难的因素之一，而且，它们还增大了这样的可能性：个人无法在他自己的特长，在他自身的自我规范和他的社会责任之间找到恰当的平衡。"[37]相对于农耕文明，工业社会的个体成熟期延后，需要为社会化准备的周期更长，自我认知、自我特性与社会价值之间恰当的平衡关系不是确定不变的，而是不断探索和求证的过程。

一、中国传统社会依靠血缘关系维系

对于自我的探索，在不同的文化里表现不同。中国传统社会建立在农耕文明的基础上，"以农为生的人，世代定居是常态，迁移是变态。"[38]在农耕社会里，归属感与土地关系紧密，因为土地的固化，人与人的社会关系也相对稳定不变，在立足土地的依赖关系中，血缘关系是其中最为稳定的关系，因此有专家认为"中国传统社会结构的基础是亲属关系"[39]。在农耕繁忙之际，彼此借出劳动力完成耕种，可能是最朴实的依赖关系。扎根于土地的血缘关

---

37 诺贝特·埃利亚斯.个体的社会〔M〕.翟三江,陆兴华译.南京:译林出版社，2003:144.
38 费孝通.乡土中国〔M〕.上海:世纪出版集团，2007:7.
39 费孝通.乡土中国〔M〕.上海:世纪出版集团，2007:246.

系成为个体赖以生存的依靠，家庭成为社会的核心。

人们信任亲人、熟人，不信任陌生人，自我建立在家庭以及围绕家庭的社会圈子里，这个自我从家庭来，生活于家庭提供的环境中，最后回归家庭。"在宗法血缘关系的社会组织制度中，儒家特别强调对家长的'孝'，认为它是'为仁之本'。儒家学说进一步把这种宗法组织的道德要素很方便地推广到社会组织中去，要求臣对君的'忠'，以及'君'实行'徕远人'的'仁政'。'仁'又是有差等的，必须符合'礼'。这样，宗法关系就不仅是维系某一血缘集团的组织力量，而且不再是自闭的了，它被推广成为一种社会组织的原则。不仅将皇帝被视为'父'，而且封建官僚们也被称作'父母官'。"[40]学者因此认为父母和父母官是中国人生活中最重要的两种力量，将血缘关系和社会关系统一，进而将家庭与社会紧密结合在一起。"信奉孔孟圣贤学说的儒生，一方面推行儒家学说，维护国家统一；另一方面又用孔孟伦理管理家族家庭，使自己的行为成为整个社会的规范。这种政治权力与意识形态观念合一的一体化结构，就像强性黏合剂一样，使宗法组织与国家组织协调起来了。"[41]家国天下由此成为一体。

这种统一有传统小农经济的合理性，"传统中国没有完善的产权制度。中国很多朝代征税带有很大的随意性，朝廷将收税的任务完全交由地方官员或收税地主，他们可以任意设定收税标准，只要本地的百姓可以接受。农民们也可以被随意地征去服兵役和徭役。而朝廷则几乎不提供社会性服务来回馈税赋。……传统中国长期面临着人口过剩、资源匮乏（如土地）的局面，而家庭之间的争斗也一直激烈。大部分儒教社会一直到现在都没有正规的社会保障制度。在这种环境中，牢固的家庭制度可以被看作是一种基本的防御机制，可与险恶多变的环境抗争。"[42]在缺乏社会保障和政府支持的环境下，家庭成为中国人主要的甚至几乎是唯一的依靠，家庭内部关系上"极端的家庭主义、男性遗产均分制与收养机制的缺乏以及对非亲非故者的不信任综合在一起，塑造了传统中国的经济行为模式"[43]，造就了中国传统家庭与社会其他群体的隔阂和分裂，这样的观念在今天依然根

40 金观涛,刘青峰.兴盛与危机 论中国社会超稳定结构.法律出版社，2011:51.

41 金观涛,刘青峰.兴盛与危机 论中国社会超稳定结构.法律出版社，2011:52.

42 〔美〕弗朗西斯·福山.信任 社会美德与创造经济繁荣〔M〕.彭志华译.海口:海南出版社，2001:86.

43 〔美〕弗朗西斯·福山.信任 社会美德与创造经济繁荣〔M〕.彭志华译.海口:海南出版社，2001:89.

深蒂固地影响着中国社会。

现代社会已经经历工业文明带来的变迁，不再是小农经济时代，个人的生活范围已经远超出家庭的局限。传统中国社会依靠血缘关系，现代社会依靠契约关系。"血缘是身份社会的基础，而地缘却是契约社会的基础。契约是陌生人之间所作的约定。在订定契约时，各人有选择的自由，在契约进行中，一方面有信用，一方面有法律。法律需要一个同意的权力去支持。契约的完成是一个权利义务的清算，须要精密的计算，确当的单位，可靠的媒介。在这里是冷静的考虑，不是感情，于是理性支配着人们的活动——这一切是现代社会的特性，也正是乡土社会所缺的。从血缘结合转变到地缘结合是社会性质的转变"[44]。血缘关系建立在宗族之间，契约关系建立在陌生人之间。农业文明追求土地的归属和稳定的生活方式，工业文明要求社会流动，追求自由选择，血缘关系与契约关系所遵循的规则不同，现代社会与传统社会之间存在明显差异。在一个相对狭小的生活范围里，人的一生植根于宗族、乡邻，只跟自己认识的熟人打交道，面子、关系、声誉就已经起到了约束的作用，契约显得多余。而工业文明带来的社会流动使得人的一生获得了迁移的自由，可以离开熟悉的土地或者狭小的圈子，大规模城市化使得人类必须生活在陌生人中间，人与人之间的关系已经不可能依靠熟人的信誉，而必须依赖法律、制度、契约等来规范。

依靠血缘关系建立起来的社会关系曾经长期维系着中国社会的稳定。"特定的关系在今天的中国同过去一样，会产生出非常强烈的忠诚和相互责任感。这种社会责任的根本特质始终是中国公民意识发展的主要障碍，因为中国人更多地视自己为特定关系网中的一员，而不是一个国家的共同成员。儒家关于社会责任的观念，不重视把个人的权利和利益作为政治思想的目标。多元论者把社会看成不同群体竞争的舞台，而社会责任在他们的相互竞争中产生，这种社会观念与中国历史上的治理原则和实践截然相反。"[45]血缘家庭关系有利于小农经济条件下社会小圈子的稳定，一个自由流动的社会更需要民众出于公共意识自觉参与社会事务，维护公共权益。在社会现实背景改变的情况下，中国社会人与人之间的关系已经难以遵循传统，必然面临理念与组织形

---

44 费孝通.乡土中国〔M〕.上海:世纪出版集团，2007:70.

45 〔美〕李侃如.治理中国 从革命到改革〔M〕.胡国成,赵梅译.北京:中国社会科学出版社，2010:17.

式变迁的挑战。

二、传统小农社会缺乏组织性

中国传统社会受小农经济规模较小的影响，财富积累有限，自由流动困难，家庭成为社会关系的核心，同时两者之间互相影响，土地被作为最要的家庭遗产不断细分，经济规模难以扩大，也造成社会组织不发达，在最高皇权之外宗族力量维系社会关系和底层运转，除了"国"和"家"，其他社会组织力量相对单薄。"中国传统小农之所以不具备组织性，是因为他们长期生活在宗族家庭结构中，这种生活方式使他们缺乏独立参与社会活动的热忱。以家庭为单位的生产方式无疑和传统一体化结构以宗法家庭为农村最基层的组织互相维系。"[46]小农长期依赖土地，依赖血缘关系互助，没有往外迁徙的社会经济动力，经济发展水平限制了组织发展需求与规模，形成了系统内部的反复循环。

在这样的经济环境下，文化传统和观念立足于家庭，依赖家庭去传承。"中国是一个家国同构的社会，传统文化宣扬的是个体对家尽孝和为国尽忠，中国人对家与国之间的连接——市民社会是没有概念的，这一点正好和西方发达国家不同。由此带来的问题就是人民缺乏公共意识与组织意识，只会'上对国家、下对父母'负责，而不知个人作为社会中的一个成员，对公共社会也有一份责任。"[47]中西方的经济发展差异造成了文化传统与社会治理模式不同，中国传统植根于小农经济，重视内部凝聚力，强调对国家、集体以及社会秩序的服从，西方自工业文明发展以来经济上政治上积极往海外扩张，资本带动世界性的贸易来往，鼓励冒险和开拓新市场，家庭和国家不再是个人生活的中心。小农经济模式下中国社会不活跃，没有建立其他组织的动力，个人的生活范围局限于家庭，社会结构以家庭、宗族为核心，在国和家之间没有其他的支持力量，国家发生剧烈变故的时候家庭、宗族难以应对复杂的社会变迁，难以自保。没有社会公共组织，没有机会和空间按照公共组织需要的方式培养训练公众，公共意识的基础也就无从谈起。发展到极致时，"一个不发展的'个人'，自我估价往往是很

---

46 金观涛.刘青峰.开放中的变迁　再论中国社会超稳定结构〔M〕.北京:法律出版社，2011:323.

47 朱力,韩勇,乔晓征.我国重大突发事件解析〔M〕.南京:南京大学出版社，2009:285.

低的，自然也不会有自我尊严。因此，当他去谋取私利、满足私欲时，也往往会用十分没有尊严的方式去进行。"[48]这样的自我如果推向极端，在社会生活中采取非理性手段获取私利，必然破坏社会秩序与规则，社会公众的权益和长期重要的价值受到忽视。

以家庭为中心的观念还削弱了社会组织的影响力。"在中国和拉丁美洲，家庭是牢固而又紧密结合在一起的，但却很难信任陌生人，公共生活的诚实与合作水平也很低下。其后果是滋生裙带关系，社会贪污腐败泛滥。对于韦伯来说，新教改革之所以变得重要，并不是那场改革在企业家中提倡诚实、互惠和节俭，而是这些美德第一次在家庭之外被广为奉行"[49]。中国社会除了家庭之外缺少成熟的社会组织形式，缺少足够的公共空间为个体的利益、需要、感情以及活力提供展示的舞台。新中国成立之后的前三十年单位组织极为完善，分散的社会被组织和凝聚起来，但是过分单一而束缚了个人的活力。后三十年改革开放，个体得到解放和自由，公共的社会组织处于比较松散的状态。"现代化必须要有很高的契约意识，很高的守规则的意识，包括人的尊严意识，既尊重自己，也尊重他人，要尊重所有的协议，所有的契约，所有的规则。"[50]这些规则不可能在家庭内部自发建立起来，而是在人们的相互关系以及利益冲突中依靠组织、团体去建立和推动。中国已经在工业化进程中从乡村社会中走出来，不再依赖于土地和熟人社会，家庭渐渐失去了作为个人的庇护和经济单位的功能，逐渐回归到亲情和爱的原初意义上。个人也不再依附于家庭，与陌生人、与社会建立起了紧密的关系。

三、依靠陌生人的现代社会

我们的国家逐步在从传统的乡土文明向工业文明转变，工业文明和商业化吸引人口流动，经济发展的动力与追求更好生活的愿望使得人们远离故土，不能再像过去一样依靠家人、亲友、宗族的力量解决生存问题，都在不断地投入陌生组织、陌生人群中，在大都市中生活和迁移只能学会依靠陌生人、

48 孙隆基.中国文化的"深层结构"〔M〕.西安:华岳文艺出版社，1988:335.

49 〔美〕弗朗西斯·福山.大分裂 人类本性与社会秩序的重建〔M〕.北京:中国社会科学出版社，2002:20.

50 刘再复.思想者十八题〔M〕.北京:中信出版社，2010:10.

信任陌生人。因为社会生活的丰富与多样，以及社会专业分工的细化，所有人的生活都在彼此依靠，信任陌生人、依靠陌生人的渠道除了每个人的工作单位，延伸至社会其他组织，市场和商业既是迁移的动力，也是必然的结果。其中一些社会组织可以承担社会自我管理的能力，缓解政府的压力、分担责任、增强社会自救的能力。

社会力量的缺失使得矛盾、积怨集中在政府身上，集中在某几位官员身上。"中国公民没有被赋予日复一日的机会，去发展组织自治团体或协会的技能，以作为政治参与的渠道。因此，民众的政治参与只是零星的和不稳定的，无法演变成在制度内缓解紧张和减少冲突的传统方法。发展出必要的心态和技能，以使后一种形式的参与运转良好，尚需时日。"[51]缺少民众的参与，政府独立支撑转变时代的所有社会问题和国计民生，一方面难以集思广益，决策有疏忽就会造成重大损失，社会矛盾也必然聚焦集中在政府身上，另一方面政府把自己当做了父母官，以为自己承担了所有的社会责任，而民众的不满意可能正是来自于没有机会去参与这一过程。现有的社会矛盾与各方利益冲突需要民众参与，在参与过程中了解社会的整体性，提高信任与共识。没有机会参与的社会组织只有站在各自的立场表达诉求，很难要求他们理解社会的整体利益。培育社会自我管理的能力，形成权力制衡，这既是民众的呼声，也已经写入执政党的最高文件。现实的复杂性对组织变革形成压力，正在逐步推动组织建立灵活的机制去适应依靠陌生人的现代社会。"变革是为了生存。一成不变的组织必然会变得衰弱。"[52]在复杂而多样的社会诉求面前，单一的社会组织形式试图解决所有问题愈加艰难，尤其是在社会矛盾较为尖锐的危机面前。

四、个人独立性与社会整体性

现代社会围绕商业运行，商业是利益的博弈，需要通过谈判协商达成共识，并依靠彼此遵守的规则、契约来实现利益共赢，没有规则各方利益均无法实现。在商业规则影响下，社会逐渐形成对规则的尊重和服从，并能够理

51　〔美〕李侃如.治理中国 从革命到改革〔M〕.胡国成,赵梅译.北京:中国社会科学出版社，2010:5.

52　〔法〕米歇尔·克罗齐耶.法令不能改变社会〔M〕.张月译.上海:上海人民出版社，2008:45.

解利益博弈的前提建立在对自我的认同和对他人的认同、对共同规则的认同同样重要的基础上。这就不难理解在个人独立性最为突出的美国，他们的社群关系反而最为紧密。"在美国，家庭关系常常要服从更大社会团体的要求。事实上，在种族群体以外，血缘关系在美国是促进社群生活的一个较小因素，因为美国孩子不断受到宗教团体、教会、学会、大学、军队或公司的吸引而走出家庭，融入到社会中。在美国历史上，社群有更多的权威性。美国从建国到在一次世界大战时崛起为世界首要的工业强国，这期间一直都不是个人主义的社会。事实上，它是具有高度自发的社群倾向的社会，普遍地存在高度的社会信任，因而可以建立大规模经济组织，在这种组织中，非血亲人员可以轻松地为着共同的经济目标合作。"[53]现代国家走过不同的道路，但是工业、商业的发展具有相似的规律性可以遵循。包括美国在内的西方国家的经验证明社会的活跃依赖于社群的活跃，活跃的社群组织为社会带来创造力，组织有实现个人才干的平台和机会，个人在组织与社群中的充分参与推动了社会发展。

当社会关系仅仅由血缘关系决定时，每个人只关心自己的小圈子，社会处于无组织的松散状态；在其他组织和社群难以发挥作用的环境下，整个社会也缺乏真正尊重个体的独立性与社会的整体性的氛围，社会没有基础和条件去建立整体性共识。在 L 离校、T 的自杀以及山鹰社山难等事件的处理中，双方各执一词，各种复杂不清的关系全部搅浑在一起，冲突的双方没有第三方独立的机构、组织来协调矛盾，所有的冲突在两方之间直接展开。如果存在一个可以参与进来的中间组织，比如社群、社团，个人和家庭因为大病、灾难等造成的物质与精神损失可以得到其他机构、组织的援助，可以得到第三方公正的接纳，也许可以缓解双方的焦虑和矛盾。

如果社会对个人独立性有足够的尊重和重视，有合适的土壤去培育社会公益组织以及其他非政府组织，个人和组织应该有能力和积极性解决自己的困境。社会组织充当社会的润滑剂，可以缓解矛盾和冲突，在政府之外发挥自我管理、自我服务的功能。个人与社会的整体利益是一致的，当个人的诉求得到满足时，社会发展就可以进入良性循环。

53　〔美〕弗朗西斯·福山.信任 社会美德与创造经济繁荣〔M〕.彭志华译.海口:海南出版社，2001:286.

第五节　对精英教育过高预期与现实差距的冲突

一、公众对精英教育的预期

中国传统上对教育非常重视，科举考试是中国社会阶层流动的主要途径，一旦考得功名，原有的阶层隔阂就被打破，"中国向称耕读传家。农村子弟，勤习经书。再经选举或考试，便能踏进政府，参与国事。故士之一流品，乃是结合政治社会使之成为上下一体之核心。"[54]科举考试为政权开放广揽人才，客观上造成读书人学而优则仕的路径，这在没有工业基础且商业不发达的农耕时代，就是读书人最好的出路了。读书人经由科举入仕的道路选择根深蒂固地影响了中国社会对教育的理解。

高等教育中的名校效应，与科举选拔有类似之处，名牌大学的毕业生更有机会在社会的分层和流动中扮演重要角色。名校建立之初虽无意于培养毕业生跻身社会上层，但是这些毕业生接受的良好训练和出色的表现使得他们客观上成为各阶层中较为突出的群体，在社会声誉和财富上居于领先位置，比如公众看到的中国高校毕业生富豪榜，名校以明显的优势领先于其他高校，这个结果对公众具有强烈的示范效应，成为部分社会公众摆脱自身处境，寄希望于子女通过考入名校达到往上流动的动力。考取名校的最主要标准就是成绩，学业分差异把他们分成了不同的社会群体，"学业体系倾向于在最具同质的类别之间建立最大的间隔，在此基础上，学业体系促进所有间隔的再生产，并且使这些间隔合法化，然而，正是这些间隔无时不在地组成了我们的社会结构。这就是在高等教育机构的协助下产生的主要效应。它们在学生群体内部建立了两大鸿沟：其中一条位于普通大学的学生和名牌大学的学生之间；另一条则存在于不同名牌大学的学生们中间—他们作为被录取者，因为优异而被共同建构为在社会关系上得到保证的'精英'。随着两大鸿沟的建立，既相互竞争又相互补充的社会身份得以产生，尤其还得以神化；与此同时，某些群体，即'精英群体'，也得以产生和神化，尽管竞争使他们在权力场域内部彼此对立，但是一种组织上的真正利害一致性将他们联合在一起。"[55]以学业成绩为主要录取标准的大学也为不同阶层的民众创造了往上流动的标

54 钱穆. 中国历史研究法〔M〕.北京生活•读书•新知三联书店. 2004: 44
55 〔法〕P.布尔迪厄.国家精英 名牌大学与群体精神〔M〕.杨亚平译.北京:商务印书馆，2004:243.

准，似乎只要成绩足够优异，他们就可能获得进入主流社会的许可。名校的毕业生构建了拥有有特殊身份的校友关系，在各自领域拥有相当的影响力。精英大学所代表的社会流动以及由此而形成的权利、话语以及利益，对于普通民众来说是一种巨大的社会资源。成为精英群体中一个成员的预期，无疑是学生考入名校的动力之一。越是在社会变迁时期，其他的不确定性难以掌控，个人能够拼一己之力借助教育为自己创造身份流动的机会，这种确定的可能性对社会群体的吸引力越大。因此，发生在高校的学生危机事件，每一个生命的逝去，不仅是青春之花过早的凋谢，也可能是这个家庭、家族几代人为了争取往上流动的希望的破灭，引起他们的家庭和亲友的激烈反应情绪，也就可以理解了。这已经不是一个孩子的学业与命运，而是他们所有人的命运。

二、子女教育与父母的意志

中国传统社会以孝为仁，子女要顺从家长的意愿，"父母在，不远游"，发展到现代社会，家长往往因为自己的各种抱负得不到实现，就把希望寄托于孩子去实现自己的梦想，孩子既是家长生命的延续，也是理想和价值观的延续。当孩子通过教育成为国家精英的愿望成为家长的选择时，孩子的教育被赋予了太多的期盼，负载了太多压力。这种压力在一定程度上是家长的选择，是家长的价值导向，未必就是孩子的本意。"'小太阳'现象只是独生子女教育中的表面现象，并不表明中国家长倾向'儿童中心'或者'儿童本位'。恰恰相反，更多成年人将自己的意志强加在孩子身上，要求孩子沿着成人设计好的成长轨道一步一步前进，这是一种表现为'大太阳'现象的'成人中心'的'成人本位'"[56]。

经济学家陈志武批评中国的亲子关系过于功利，父母对孩子施加过多的要求和压力，"生儿女既是父母对未来的投资，又是为未来买的保险，儿女是人格化了的金融品种。父母也许爱子女，也许不爱，这不是最重要的，关键是儿女长大后要'孝'，这是保证父母投资有所回报的关键。'养子防老'是保险和投资的概念，而'孝'则是儿女履行隐性'契约'的概念。以'孝'和'义务'为核心的儒家文化是孔孟为了降低这些隐性利益交易的不确定性、

---

56 史秋琴,杨雄,陈建军.城市变迁与家庭教育 上海家庭教育报告书〔M〕.上海:上海文化出版社，2006:11.

增加交易安全而设计的。"[57]研究者并不赞成把儒家文化简单归为算计的结论，传统的家庭也并非是经济利益的日常状态，但是无论"小太阳"还是"养子防老"的观念，都把亲子关系引入歧途，尤其体现在子女教育方面扭曲了教育的本意，一些家长自以为爱孩子的做法可能违背了初衷。科举考试通达仕途，"朝为田舍郎，暮登天子堂"的一步登天的成就感，对读书人，社会底层的百姓来说，其诱惑力无比强大。最高统治者也充分利用科举选拔来鼓励天下英才，宋真宗赵恒诗曰："富家不用买良田，书中自有千锺粟；安居不用架高堂，书中自有黄金屋；出门莫恨无人随，书中车马多如簇；娶妻莫恨无良媒，书中自有颜如玉；男儿若遂平生志，六经勤向窗前读。"这种经由考试达到人生目的的传统实用主义思想在社会心理中普遍存在。读书与"良田"、"黄金"、"车马"、美女以及"平生志"结合在一起，到底是读书郎自己的意愿还是政权的目的、父母的意愿，或者他们都被社会趋利的追求挟裹往前，甚至忘记了究竟要什么。这种被扭曲的教育观使得公众对教育的期待过高，一方面家庭不惜代价投入子女教育，另一方面父母忽略孩子受教育的过程和根本，只重视结果，教育的结果以分数等量化的指标呈现，分数是冷的，孩子的生命是鲜活的，忽略生命本身的结果远比成绩更为严重。家长们以为孩子成绩很好就表明一切很正常，孩子就很开心。当孩子遇到挫折和打击时，家长的心态比较复杂，很难进行平和的反省，很难面对自己的错误。父母可能为孩子付出了一切心血和努力，他们如何能够面对最后错误的结果？在跟学校沟通的时候，他们甚至责备学校：为什么我的孩子在中学是优秀学生，好好地送到你们学校，现在就变成这样了？

现代社会高等教育已经比较普及，如果不追求名校，上大学并不困难，据 2016 年教育部中国高等教育质量报告，2015 年我国高校在校生 3700 万，高校毛入学率在 40%左右，已经高于世界平均水平，2019 年入学率还有望达到 50%。但是，名校的毕业生在求职就业上的竞争优势，特别是就业市场上本科非 985 高校就难以得到比较好的面试机会，或者最后被拒等等新闻见诸报道，家长们的不安全感迫使他们追赶更高的目标。教育变成了竞技运动，没有最好，只有更好，大家拼命追逐几所名校。

在 L 同学离校的最后协商阶段，L 同学母亲要求学校承诺跟 L 同学告知离校手续的交谈没有风险，保证 L 同学不会犯病。她一直反复强调自己在保

57 陈志武.金融的逻辑〔M〕.北京:国际文化出版公司，2009:201-202.

护儿子，强调学校也要承诺万无一失，而这种承诺，学校怎么能够做到，所以一次次被母亲强逼承诺的时候，选择了不做承诺，放弃跟 L 同学的直接接触。她反复抱怨命运，抱怨学校还为他们做得不够，抱怨自己付出的太多。关注自己失去而不是得到的人，内心的焦虑很难得到缓解。她对 L 同学的保护，也近乎于一种真空包装，希望不让 L 同学受到任何污染、细菌感染，任何一点对 L 不利的消息都对他封锁，不让他知道，更不让他参与。一个精神疾病患者要回到正常的社会生活中来，不是一味给他无菌环境就可以了，恐怕社会也不可能提供真空环境，她自己也没有能力为孩子提供一个真空环境，要求别人像她一样欺瞒孩子更是不可能。老师登门拜访看望，9 点去的时候说孩子在睡觉，十点半再去孩子还在睡觉，老师要跟一个学生谈话就这么困难，一定要等到他清醒的时候，方便的时候，他的母亲高兴的时候老师才可以见到她的儿子。在这样的隔离环境中，母亲的狭隘束缚了孩子的活动空间和自由，他越来越退回到童年甚至婴儿时期，一切依靠母亲的保护。而这种保护，只能是被父母意志控制，失去自由发展的可能性，失去外界的支持和帮助。患有精神疾病的学生不得不依靠家庭解决他们的护理照料，学校不是学生的监护人，更不是专业机构，甚至不能参与学生的治疗方案的协商。面对父母对孩子的屏蔽保护，学校即便认为非常不妥，也很难改变他们的想法和做法。甚至最为极端的情况，如果父母也有程度不同的精神疾病，依靠谁、哪个组织去采取哪一类适当的措施来对家庭进行治疗呢？他们的子女的教育与治疗的决定权由谁掌控？这显然是超出了学校的能力范围，是一个更为复杂的社会问题。

三、教育的作用

北大知名教授柯杨在一次访谈中提到"千万不能过高地估计教育的作用。"柯杨认为，我们中国人有重视教育的良好传统，但是，我们希望教育所承载的东西远远超过了教育本身所能够承载的。"现在社会上有一种精英化教育的倾向，老百姓们都希望通过教育来改变孩子的命运，让子女通过受教育成为社会精英，然而教育并不能做到将每个人都培养成精英。"在柯杨看来，对培养精英的期待导致了目前从小学到高中唯分数论的单一教育模式，这种教育模式忽视了受教育者自身潜能的多样性，从而也违背了教育的根本目的。"教育的根本目的应该是让受教育者变得更加文明、更加成熟，能自食其力，同时能够对社会有用，能够成为合格的公民。"[58]唯分数论催生了各种教育培训和大量的辅导教材，孩子们成天面对做不完的一套又一套试卷，奔波于各个课外辅导班，在牺牲的玩耍时间内进行重复训练，不断追求熟练和准确，当他们习惯了这种培养模式之后，在大学也用这种方法学习，显然大学与高中教育和职业教育有所不同，不会重视培养学生的熟练程度，这些学生不适应大学生活也就难以避免。"为了适应未来社会的变化，学生需要具备继续学习的能力和愿望，能坦然面对各种变化和多种多样的事物，并且能够在不断创造和适应未来社会新的思想和新的方式的同时，鉴赏历史的价值和智慧。当然，这些目标正是要由文科教育来完成和实现的。"[59]文科教育被多数家长视为无用，家长在各种压力之下需要立竿见影看到子女受教育的效果和结果。然而培养一个人的文明与成熟是漫长的过程，家长对待子女教育的耐心和从容的气度需要包容而平和的社会环境。如果社会环境给孩子和家长造成巨大压力，大家都害怕输，害怕被抛弃，必然竞相加入残酷的竞争行列。

一些学生因为中学时代过分的被管束，到了大学反而失去了学习的动力，他们中间有的学生就因为玩游戏耽误学业被学校退学回家。失去动力的有原因很多，目标过于单一，以致于上大学之后找不到自信，失去自我。高中的主要目标是高考，大学的学习目标不再单一，学习成绩不再作为唯一重要的考核标准。如果把大学的目标设定为就业，就业的好坏无法准确定义，难以量化，标准存在很大的差异性。有人倾向于体面、高薪，有人愿意按照兴趣发展。社会发展的趋势在不断变化，没有人可以准确地预见到未来的职业与行业情况，当下的高薪行业，也许若干年之后逐渐消失；被公众追奉为体面的工作岗位，也会随着时代、社会的发展失去曾经的光环。进入大学之后学生逐渐接触更多的信息，对社会的了解远比过去更加充分，不再依赖书本和父母的意见，他们开始接触并理解社会的复杂性与多样性，他们面临的是多项选择，而不是高考的唯一选择。

为了激励学生去面对高考带来的巨大压力和艰苦的训练，中学老师往往激励学生说，你们现在辛苦，考上大学就轻松了。中学老师和父母为了激励孩子

---

58 刘静,俞海萍.教育首先要让受教育者受益：访全国政协委员柯杨〔EB/OL〕.(2010,4,22).http://pkunews.pku.edu.cn/xwzh/2010-04/22/content_172728.htm.

59 〔美〕詹姆斯·杜德斯达,弗瑞斯·沃马克.美国公立大学的未来〔M〕.刘济良译.北京:北京大学出版社，2006:29.

短时间付出艰苦努力所描述的前景，也对大多数学生具有很强的心理暗示，让他们以为上大学是一件轻松美好的事情。从欣喜到懵懂和茫然，多数学生对大学四年如何度过只是模糊的期盼，真实的大学生活远离熟悉的环境，面临未来的不确定性，多数学生对自己的专业所知甚少，就业也是一个遥远的规划，以为可以轻松度过四年，其实大学的差异性因学校和学科而异，在顶尖大学面临的竞争和需要付出的努力更甚于高考。从学生心智成长和发展的阶段性来看，大学对他们是一次脱胎换骨的改造，他们需要更强的主动性自主性；在拥有自由选择权利和机会的同时，他们必然要学会自己承担更多的责任。他们如果习惯于被安排好时间，被安排好生活，他们首先面对自我管理能力的挑战。

大学目标的多样性与分化，使得他们可以不再聚焦成绩和分数，而从阅读、社团、社交等多方面获得自我认同。他们在群体中的归属感虽然处于分化状态，但毕竟不会因为单一目标的失落而失去所有。他们已经被视为成年人，拥有决定和选择的权利，当自由真的来临的时候，他们必须学会承担拥有自由所带来的责任。他们从关注分数的单一培养模式中逐渐转换到关注人的独特多样性的人才培养模式中。

家长认为孩子退学就会毁了他们的家庭，让他们没有脸见人。他们高估了精英教育的作用，寄希望于某一个学校为他们带来荣耀和光环，可以帮助他们进入社会的上层，在世界扁平化的今天，已经越来越难实现。年轻人的成功离不开社会新的行业和领域的出现，新兴行业不是理论的空想，也不是僵硬的学习中偶发的灵感，来自灵活应变的创造力和想象力。家长们不能仅仅重视成绩和分数，忽视文科教育所培养的文明与成熟，社会也应该为年轻人提供公平竞争的合理机制，让青年一代不再指望依靠那些看似精彩的分数就能够创造高于社会平均水平的未来。教育以及教育背后的社会利益分配既是社会广泛关注的焦点，也是教育面临的挑战和难题。学生成长环境对他们的成长存在一定的限制和约束，部分困难学生在相对封闭的环境中长大，接触的人和外部世界非常有限，家庭的经济困难影响他们获取社会资源的能力，他们缺乏多样性的体验，对利用国家、社会、学校提供的更多机会去改变命运认识不足，家庭难以提供指导和帮助。社会分层所代表的社会资源对学生的发展、未来选择产生的负面影响，必然影响到学生对自我的认知和定位，如果他们认为阶层固化是一个难以逾越的障碍，在学业上的困难和焦虑就可能被放大，一时的挫折就变成了难以跨越的鸿沟。

　　L 同学离开学校之后病情康复不理想，后来复发再次住院，以后就失去联系。他妈妈陪读期间非常焦虑，不到半年头发全白，所有的时间除了照顾孩子的生活起居，就一直在找学校表达诉求，为孩子争取学位和保研，她一直放不下这些外在的东西，忽略了解决问题的关键在于解开心结。她反复强调治疗心病的解决办法就是让儿子继续读书深造，其实他们过分看重读书深造了才会生病，她一直就在这个怪圈反复循环。学校老师理解他们的焦虑，也试图劝说他妈妈，但是收效甚微，他们回去之后还是复发，其实跟他妈妈过分好强，过分强调用客观的条件的满足来治疗有关系。她一直在为孩子争取所谓的权益，跟体制对抗，要求学校承诺超出规则许可的深造机会，基本上从一开始就走错了路。她总以为自己的儿子是特殊的，可以得到别人得不到的东西。她跟学校和当地政府的代表说"我儿子在一流大学上学是为地方政府争光，一流大学来的都是一流的学生，家长也都是一流的家长"，这种逻辑难以理解。无论学校老师如何反复解释说明，鼓励，孩子都无动于衷，咬定了学校要给他一个学位证才行，甚至认为是学校不给他退路，很清楚地说这是一个利益的博弈，学校要妥协。当地政府的代表跟他父亲接触，其父称家人准备到北京找学校要一个说法。在社会底层的百姓，不甘心自己从以前的优越地位中滑落下去，总想抓住孩子教育深造的机会改变命运，然而，过分看重成绩，过分单一的发展路径，在复杂的社会路径面前，总会有受挫的时候，他们不想受挫，也不甘受挫，可是个人的力量那么小，怎么可能跟体制对抗呢？

　　他们都在其中挣扎而不清楚教育的意义，他们所谓教育的重要，可能没有看到教育的根本，否则难以理解他们的认知。他们过去努力学习只是为了父母高兴，让自己得到关注，忽略自己内心的真实想法和追求，活在伪装的世界里，或者压抑内心的真实想法，极力维护优秀学生、乖孩子的形象，对自我的认同依赖于学校的成绩、研究生期间发表的论文以及与父母的关系。他们的生活阅历相对简单，没有经历社会生活磨练，如果缺乏自我激励与自我成长的能力，个性过于善良、单纯、敏感，加之家庭关系紧张，社会支持网络比较少，如果需要长时间坚持才能突破困境，他们可能缺少精神的支撑，在价值观、人生观等问题上出现偏差。

　　研究者接触到另外一个学生的案例，他在本科期间感觉到课业繁重，学习本专业似乎也非自己当初所设想的那样有趣，内心产生困惑与焦虑，不了解本科毕业之后可以有何选择。他提出希望转系去念哲学，事实上他非常喜欢音乐，除了请老师教授二胡等乐器，他还自学其他三四种乐器。同时对西方音乐也表现出浓厚兴趣。他认为西方的音乐、艺术与哲学有很密切的关联，想要转系去念哲学，设想自己的最终目标是学习音乐。当然他只是在寻找适合自己的道路，也并未提出转系申请，依然继续原来的学习。他在本专业完成学业，本科毕业时申请赴美攻读博士学位，决定把音乐作为自己的业余爱好。然而，三年后，他从美国某知名大学退学，申请去了亚洲某国的佛教研究中心攻读佛学硕士研究生，转而从事藏传佛教方面的学习、翻译和研究了。他这个决定对于很多人可能都是难以理解的，好在他的父母不强求他必须按照他们的意愿选择方向，他可以不断调整，在他人生的每一个求学阶段都享受到了学习的乐趣，最后找到自己所爱。

不同的学生走了不同的路，不完全是学校教育的结果。"在当前这个时代的主要观念中，首当其冲的是这样一种观念，即认为教育能够使人大大改变，它会万无一失地改造他们，甚至能够把他们变成平等的人。这种主张被不断地重复，仅仅这个事实就足以让它最终成为最牢固的民主信条。如今要想击败这种观念，就像过去击败教会一样困难。"[60]研究者当然希望教育改变很多社会底层民众的流动机会，为他们提供空间和平台，但是这种社会流动性并非仅仅依靠教育就能完成，社会环境，家庭影响，机遇，个人素养等等，都会产生偶然与必然的可能性。对教育的态度和方式，也可见社会的单一性，孤立化，大家乐于接受对自己有利的结果，乐于看到有利的前景，不愿意面对复杂的现实。

第六节　本章小节

本章从人情与规则、知情权与公共舆论导向、正视矛盾与寻求稳定和谐、个人独立性与社会整体性关系、对精英教育过高预期与现实差距等方面讨论了社会的认知困境，认为我们当下的社会在这几个方面的认知局限性是整个社会达成共识的主要障碍。高校，精英群体，社会公众，在这些问题上如果难以达成共识，互相的理解认同就很困难。

---

60 〔法〕古斯塔夫·勒庞 著. 乌合之众：大众心理研究〔M〕.冯克利译 中央编译出版社，2015:58

　　组织关于责任、能力、合作等困境的改变，需要首先在认知层面改变。对于管理者和决策者来说，突破认知困境，需要通过危机事件处理中的充分沟通和处理过程的透明来争取舆论的理解和支持，"在危机中试图影响意义构建的决策者必须以令人信服的方式把他们所掌握的信息告诉公众、媒体和政治家。危机沟通是把某种程度的秩序强加给一个高度动荡的环境的最有效但又最难理解的方法之一。通过有效的沟通，领导者能够塑造和引导行为的观念。"[61]公众和舆论被影响和引导就是一个建立共识的过程，他们必须了解社会需要的秩序、规则，"意义构建需要危机管理哲学，它将提醒领导者必须保持的核心价值观，必须修复的结构性缺陷以及可以探索的机遇。"[62]核心价值观是一切社会共识的基础，就是本章所讨论的社会认知。中国社会目前的最大困难，就是建立大家都能接受和认同的核心价值观，让不同群体和阶层建立互信和共识。寄希望于"危机常常是不同的社会和政治秩序之间的转折点"[63]也许过于乐观，但是社会共识可以逐渐通过危机沟通得以改善。

　　中国社会历经数千年沉淀下来的社会认知和对家庭血缘关系的重视，即便在快速变化的现在遇到极大挑战，依然有着强大的生命力，有着维系社会安定的纽带功能。另一方面，家庭之外的组织也急需建构起来，以应对危机和分担社会责任。研究者甚至认为一百年前的新文化运动的启蒙还在进行之中，有待整个社会的工业化、城市化进程改变原有的社会结构，逐渐形成新的社会结构。当乡村逐渐与城市融合，年轻的一代经过工业化的训练之后不再保留原有的思维方式，传统遇到外来文化，互联网信息的冲击，逐渐建构新的社会关系。研究者认为生活方式的改变将逐渐改变人们认知的社会基础，在这样的转折过程中，突发危机事件处理伴随着社会秩序更加理性有序、机制更加健全、处理程序更加公开透明，能够逐步推动社会建立共识，增强理性，从而避免暴力冲突。最终的目的是希望建立更好的社会秩序，有利于所有人共处与发展。

61　〔荷〕阿金·伯恩,保罗·特哈特,〔瑞〕埃瑞克·斯特恩.危机管理政治学〔M〕.赵凤萍等译.郑州:河南人民出版社，2010:196.

62　〔荷〕阿金·伯恩,保罗·特哈特,〔瑞〕埃瑞克·斯特恩.危机管理政治学〔M〕.赵凤萍等译.郑州:河南人民出版社，2010:197.

63　〔荷〕阿金·伯恩,保罗·特哈特,〔瑞〕埃瑞克·斯特恩.危机管理政治学〔M〕.赵凤萍等译.郑州:河南人民出版社，2010:207.

第八章 研究结论及不足

　　社会生活纷繁复杂，中国高校面临的复杂性与多样性是社会生活的翻版。高校就是一个小社会，面临多种社会诉求和期望，但是高校的组织结构与功能有限，涉及到学生家庭重大利益相关的问题，远非高校所能解决。本研究展示的几个案例，从责任、能力、合作、认知等方面展示了高校目前存在的冲突和困境。责任困境在于政府、社会、学校、院系、家庭和个人各自应该承担的责任没有清晰的边界，高校学生突发事件被迫成为各种矛盾和冲突的出口；能力困境在于高校承担了不该承担的社会事务责任，却没有可与之匹配的权力、财力、人力、物力去应对；整个社会的合作困境由权力和责任的不匹配而产生，拥有权力的组织没有承担起责任；社会本该建立整体性共识，却因为传统、文化、现实的局限在诸多方面存在认知差异，试图从不确定性中寻找社会的整体性意义必然困难，体现在处理危机事件时难以彼此理解。这些困境就是中国高校真实的生存环境的呈现，这种困境是系统性的，高校应该承担一部分责任，社会组织和个人也需要为构建社会整体性意义分别承担自己的责任。

　　学生危机事件浓缩了社会矛盾，在紧急且矛盾冲突集中的节点上处理复杂的事件尤其困难。"大多数管理者所处的世界都是一团乱麻，其中充满了复杂性、模糊性、价值观冲突、权力斗争和不同的群体利益。"[1]处理这些矛盾和冲突考验组织与管理者的智慧和能力。正如有研究者指出，一个好的政府"只

1　〔美〕李·G·鲍曼,特伦斯·E·迪尔.组织重构 艺术、选择及领导〔M〕.桑强,
　　高杰英等译.北京:高等教育出版社，2005:48.

有将所有好形式中的因素结合在一个混合的政府里，才能避免动荡和衰落。稳定来自复杂性"。[2]应对复杂的社会矛盾，单一模式无法应对复杂性问题，"只有多样性才能处理多样性。"[3]因为"当一种政治组织制度根基于单一的绝对原则，以至于整个政治界及在单一模式下被组织起来时，所有社会势力都参加公共生活是困难的，让任何一种力量去平衡另一种更困难。"[4]因此，组织和管理者的行为与决策要充分兼顾到各方利益的复杂性。

第一节　研究结论

一、依法保障高校和学生的合法权益

1. 法律是强制实行的公共规则

法律是立国之本，中国传统社会重视德治，宗法制度和伦理道德体系维系了社会的基本稳定，但是在社会流动性增强，乡村社会转型到现代社会之后，伦理道德体系所起到的规范和约束不足以保障陌生人之间的关系，商业社会的经济利益、社会冲突涉及到的多方利益关系，更难以用伦理道德来规范，需要法律的强制约束。

在贵州瓮安事件后续处理过程中，决策者将上万人参与的游行与少数人围攻毁坏当地办公大楼和车辆进行了区分，对多数人采取信访制度，安排专人设立信访点，了解他们的诉求和抱怨。对于参与打砸行为的嫌疑人，采取法律的强制手段拘留抓捕，最后通过司法途径审判定罪。当人性中的恶被激发出来之时，道德约束失效，只能依靠强制的规则。"一个人、一件事或一次事故在他们头脑中唤起的形象，全都栩栩如生。从一定意义上说，群体就像个睡眠中的人，他的理性已被暂时悬置，因此他的头脑中能产生出极鲜明的形象，但是只要他能够开始思考，这种形象也会迅速消失。"[5]当地的流言与民

2　〔美〕塞缪尔·P.亨廷顿.变化社会中的政治秩序〔M〕.王冠华,刘为等译.上海:上海人民出版社，2010:16.

3　〔以〕叶海尔·德罗尔.逆境中的政策制定〔M〕.上海:上海远东出版社，1996:167.

4　〔意〕加塔诺·莫斯卡.统治阶级 政治科学原理〔M〕.贾鹤鹏译.南京:译林出版社，2002:204.

5　〔法〕古斯塔夫·勒庞 著.乌合之众：大众心理研究.〔M〕.冯克利译 中央编译出版社，2015:37-38

众过往的经验结合，群体的想象力、非理性、以为自己伸张正义的集体幻觉将他们卷入一场集体暴力行为，在万人聚集之后，既无组织，也无明确诉求的围观者，将此次聚集当成了自己发泄生活中的不满与失意的场所，道德约束失去效力。

"法律是普遍应用于政治共同体中的一套可以强制实行的公共规则。法律与其他社会规则的区别表现在四个方面。第一，法律是由政府制定的，反映的是'国家意志'（will of the state），因而优先于其他所有的规范和社会规则。第二，法律是强制性的，公民无权选择遵守或忽视某项法律，因为支撑法律的是一个具有强制性和惩罚性的系统。第三，法律存在于公开发布和公认的规则之中。这些规则是经过正式的、通常也是公开的立法程序制定出来的。第四，法律通常被认为对其适用者具有实际约束力。于是，法律体现着道德上的要求，意思是法律规则应当得到遵守。"[6]法律以不容置疑的权威性作为社会的基础，也必然是行政的基础。以法律为依据，行政的权威与效率才得以实现，法律追求的社会秩序才得以实现。司法的意义不限于法律本身，还参与和影响到政策的制定。法律既保护个体权益，也约束公共权力。

法律是社会系统中最为稳定的体系，是对实践经验的规范和固化。相关研究者认为，应该对法律有正确的理解并积极使用这个工具，"应该鼓励未来的学校领导者具有更为广义的法律观和道德观。在一个有秩序的社会中，法律为所有的交互作用提供了一个基本框架，而且它还规定了解决冲突的机制。法律起源于经验，且不断发展，旨在促进个人和集体的活动，反映不同时期政治和社会的变化。因此，理解法律不仅仅是一个机械地查找规定我们的行为准则和法规的过程。当教育者不理解法律时，他们总是无缘地对法律诉讼感到恐惧，他们关注的只是法律指示而非制定、解释和应用法律的程序。随着人们对基本法律原则的了解不断加深，个人与集体利益之间的张力，引起更多的尊重与法律权利相伴随的责任。"[7]法律之于个人，保障个人权利与责任的完整统一得以实现；法律之于社会，则保障后者秩序井然。法律规范解决冲突的机制，并可以强制执行，学校的管理者不必对法律诉讼感到担心和害怕，诉讼程序和过程可以增加包括管理者本人在内的公众对责任的理解和尊

---

6 〔英〕安德鲁·海伍德.政治学核心概念〔M〕.吴勇译.天津:天津人民出版社，2008:29.

7 〔美〕威廉·G·坎宁安,保拉·A·科尔代罗.教育管理 基于问题的方法〔M〕.赵中建译.南京:江苏教育出版社，2002:327.

重，有利于解决组织冲突并进行有序的治理。1999 年 7 月刘燕文诉北京大学不授予博士学位案引起社会极大震动，当时的司法和教育管理部门以及媒体都对此非常关注，民众更是认为学生告学校的举动不可思议。此前北京科技大学 94 级学生田永诉该校不授予毕业证学位证案，于 1999 年 2 月经海淀区法院判决，部分支持了田永的诉求，要求北京科技大学颁发毕业证书，重审学位资格，为其办理毕业生派遣手续等，开了中国大陆高校学生诉学校的先河。针对刘燕文案，北大法学院姜明安老师点评此案指出"在大陆法系，长期以来盛行一种特别权力关系理论。这种理论认为，学生和学校，公务员和政府，犯人和监狱等相互之间存在着特别权力关系，这种特别权利关系的相对人（学生、公务员、犯人等）不能享受一般公民的某些权利，如向法院起诉对方当事人（学校、政府、监狱等）的权利等。这种理论虽然有一定的合理因素，但显然也有封建的身份关系成分。目前西方国家大多通过法律、法规限制这种特别权力关系的适用范围，但我国的法律、法规依然维护这种关系，如行政诉讼法、行政复议法、国家赔偿法、国家公务员暂行条例等，都没有给公务员、学生等对涉及内部行政关系的行政行为提供明确的司法救济途径。现在这两个案例一开，就在教育领域首先打破了特别权力关系的限制，开了内部相对人通过司法途径告行政主体的先河。当然，这两个案例并非创制判例法，法院是通过解释法律、适用法律为学生提供司法救济的。在这里需要再次说明的是，特别权力关系需要限制，但不能完全消除；学生可以告学校，但不是什么事都可以告，作为行政诉讼，法院只受理《行政诉讼法》规定可以受理的事项。"[8]因此，这两个案例的意义，不限于学生个人权益的表达，更是对社会公众和高校的警醒，让大家明白争论和分歧可以通过司法途径来解决，对此姜老师认为"本案的受理、审理和判决，无论最后结果如何，双方何方胜诉，都有利于提高学校和其他公权力主体依法办事、依法行政的意识，有利于提高学生和其他公权力相对人依法保护自己合法权益，包括通过行政诉讼途径保护自己合法权益的意识。"[9]所以刘燕文诉北大不予学位案，在民众看来是学生告老师，法庭上为学生辩护的律师是法学院博士生，

---

8 案例：刘燕文诉北京大学不授予博士学位案〔DB/OL〕.http://www.chinacourt.org/article/detail/2003/11/id/93787.shtml
9 案例：刘燕文诉北京大学不授予博士学位案〔DB/OL〕.http://www.chinacourt.org/article/detail/2003/11/id/93787.shtml

代表学校出庭的是法学院教师，学生与老师在法庭上唇枪舌战，突破了民众对于学生不可"犯上"的禁忌，当时普通民众还难以理解，这一案例的审理过程正给了公众一个积极的示范，启示大家权益可以通过合法的渠道、合法的程序争取司法的强制支持。学校对这一案例的态度表达了对法律的尊重和对学生权益维护的开放态度，无论是校方还是代表双方出庭辩护的老师和学生都希望法律维护社会公平正义，触动现有教育法制中不合理的规章，同时也保护大学在学术与教学上的独立性，保障大学开展教育教学活动的自由。

为了避免对法律的解释模糊不清，以及在执行中的偏差，有研究者就认为应该通过"制定更精细的立法，迫使官僚机构与特定指令和精确法规保持一致。"[10]立法更精细和准确有利于行政执行，以避免误解甚至故意模糊化处理。然而新的不确定性总是会出现的，法律条文暂时难以覆盖所有的可能性，但是无论法律存在何种瑕疵，当法律成为平衡利益争端的依据时，公众至少拥有合法的权利站在法庭上陈述自己的意见，双方通过辩论可以澄清模糊不清的概念，也给公众一个机会和途径去理解矛盾和分歧如何化解。相对于暴力冲突而言，法律的理性和平衡利益的权威性更能造就社会的相对公平，带来对权利、责任的理解和尊重。依据法律解决分歧，尤其是解决危机事件中的争端应该逐渐成为人们的共识。与其耗费巨大人力物力财力和时间去博弈不确定性，不如诉诸法律，从法律体系中寻找并争取自己的合法权益。于是，接下来的问题就是，现行的法律体系是否能够保护公众的权益？

2. 制定法律并保障实施是政府的主要职责

当我们希望社会公众通过合法的渠道来表达诉求，寻求利益保护时，政府首先要建立完善的社会法律体系保证他们能够在现有的体系中获得这种帮助。法律既然是国家意志的表现，就必须由政府来制定。针对学生权益维护与高校的权益维护的平衡、特殊学生群体的社会保障等涉及社会系统性失灵的问题，政府同样有责任通过立法制定政策和法规来明确各方责任与义务，保护学校、学生以及公众的权益，维护正常的学校秩序与社会公正。

(1) 依法保护高校办学环境。虽然《高等教育法》明确了大学的性质、使命、职责，但是就学校管理而言，该法较为宏观，没有细化学校的内部关系

10 〔美〕拉雷.N.格斯顿.公共政策的制定 程序和原理〔M〕.朱子文译.重庆:重庆出版社，2001:119.

与职责。大多数高校迟迟没有制定章程，一方面说明情况复杂，各校均比较谨慎；另一方面，更与国家的法制环境有关系。大学章程如何制定，取决于国家相关法律是否完善，如果没有与之配套的国家法律支持，大学制定了章程也形同虚设，实际上无法执行。本研究所涉案例说明大学不具有充分的自主权，社会事务与学校职责没有区分，多种社会诉求形成的外部压力对学校决策的影响显然存在。在 1998 年 8 月 29 日颁布的高等教育法中，就明确了设立高等学校必须提交的材料包括："（一）申办报告；（二）可行性论证材料；（三）章程；（四）审批机关依照本法规定要求提供的其他材料。"该法第二十八条明确规定了高等学校的章程应当规定的事项包括"：（一）学校名称、校址；（二）办学宗旨；（三）办学规模；（四）学科门类的设置；（五）教育形式；（六）内部管理体制；（七）经费来源、财产和财务制度；（八）举办者与学校之间的权利、义务；（九）章程修改程序；（十）其他必须由章程规定的事项。"研究者理解其中第八条应该是公立大学与政府的关系，直至 2013年 11 月 16 日教育部核准首批六所高校的章程，才算正式开启了大学章程的行政审核程序，"这是 2011 年 11 月教育部发布《高等学校章程制定暂行办法》以来，教育部第一批核准的高校章程，标志高校章程建设取得实质进展"[11]。按照教育部的要求，"所有 985 高校需在 2014 年 6 月底前完成章程起草工作，211 高校要在 2014 年底前完成，其余部属高校要在 2015 年底前完成。高校还可能根据改革要求进一步完善章程，在完成时间表上有所调整。"[12]这距离高等教育法颁布已经过去接近二十年。研究者注意到，大学章程内容主要涉及内部管理，各种规范要求等，大学与政府关系只有一个表述"学校是国家举办的、实施高等教育的非营利性事业单位法人。国家核定办学规模，保障学校的办学条件和办学自主权。学校依法自主办学，接受国家监管和社会监督。"（《北京大学章程》）在研究者看来，凡章程所规范规定的事宜，均为大学责任所在，不在章程所列范围的，均非大学职责。本研究所涉及到的各种突发事件处理中的复杂协调关系，其实均不是大学的职责。

作为高校主要资助者的政府，在行使主导教育权的同时，也要自觉在法

---

11 教育部首批核准 6 所高校章程〔EB/OC〕.http://news.163.com/13/1128/18/9EPO4R5 S00014JB6.html

12 教育部首批核准 6 所高校章程〔EB/OC〕.http://news.163.com/13/1128/18/9EPO4R5 S00014JB6.html

律的框架内尊重章程赋予大学的自主权和独立性。社会公众更要理解并遵守法律和章程的约定，在合法、理性的前提下表达诉求，合法地拥有个人权益。高校因为对知识的垄断权力被误判为强势力量，但事实上需要得到政府、法律的保护和尊重。

（2）立法保护特殊群体权益。除了政府，其他任何组织都没有立法的权力，也难以起到约束、协调和整合社会力量的作用。除了就教育机构的权力、责任有明确的法律规范之外，精神卫生法等专门法律对精神疾患学生的社会救济也是高校目前化解类似冲突所迫切需要的。2013 年 5 月 1 日《中华人民共和国精神卫生法》正式颁布实施，该法第七条明确了地方精神卫生的主责部门，"县级以上人民政府领导精神卫生工作，将其纳入国民经济和社会发展规划，建设和完善精神障碍的预防、治疗和康复服务体系，建立健全精神卫生工作协调机制和工作责任制，对有关部门承担的精神卫生工作进行考核、监督。"在法律保障下各地对这类疾病的治疗和社会保障能够形成长期的持续支持，这一特殊群体不至于走投无路逼迫学校为他们解决困难。该法第六十八条规定"精神障碍患者的医疗费用按照国家有关社会保险的规定由基本医疗保险基金支付。医疗保险经办机构应当按照国家有关规定将精神障碍患者纳入城镇职工基本医疗保险、城镇居民基本医疗保险或者新型农村合作医疗的保障范围。县级人民政府应当按照国家有关规定对家庭经济困难的严重精神障碍患者参加基本医疗保险给予资助。人力资源社会保障、卫生、民政、财政等部门应当加强协调，简化程序，实现属于基本医疗保险基金支付的医疗费用由医疗机构与医疗保险经办机构直接结算。精神障碍患者通过基本医疗保险支付医疗费用后仍有困难，或者不能通过基本医疗保险支付医疗费用的，民政部门应当优先给予医疗救助。"现实中各种极端冲突的根源离不开一个字"钱"，患者和家庭依靠自身力量难以为继，独生子女患者在父母老后前景堪忧，地方政府没有预算解决此类难题，患者和家庭抓住哪根救命稻草就不松手，直到得到他们所认为接受的条件，就如 L 同学母亲所言，就一个钱字。将这些患者纳入医保，他们可以得到基本的医疗保障，医保依然解决不了的情况，还所以申请民政部门的医疗救助，患者和他们的家庭基本上就可以除却后顾之忧。

对于失独家庭，相关的法律也尚待完善。独生子女政策从 1980 年开始实行，至放开二胎为止已经执行了三十多年，据报道，我国有 100 万失独家庭，每年新增 7.6 万，独生子女从提倡到强制，逐步上升为基本国策，限制了家庭的生育自由，在他们年老失独，生活陷入窘迫之境时，他们希望政府提供生活援助和养老保障的诉求，也就逐渐浮现，得到了政府的回应。"自 2008 年就全面实施了计划生育家庭的特别扶助制度,对独生子女伤残死亡以后没有再生育或者没有合法收养孩子的夫妻,自女方年满 45 周岁以后就对夫妻双方发放特别扶助金。"[13]目前存在的问题是针对失独家庭的经济援助还不足以帮助他们应对养老等困难。随着计划生育政策的调整，失独家庭这一特殊历史问题，可能逐渐被大家遗忘，但愿这些特殊群体的权益得到持续关注。

(3) 立法保障社会救济渠道。我国原有的社会救助模式延续多年，基本上集中在农村和城市的最低生活保障，其他救助方式比较少，不足以覆盖社会需求。自 2014 年 5 月 1 日起施行的《社会救助暂行办法》确认我国的社会救助体系主要包括：最低生活保障、特困人员供养、受灾人员救助、医疗救助、教育救助、住房救助、就业救助、临时救助等，基本涵盖到社会矛盾集中的主要方面，也是公众基本权利诉求的几个主要方面。《社会救助暂行办法》所涉及到的各项救助，标准由县级以上政府根据当地经济社会发展状况制定，也留下了不确定的隐患。地方政府需要承担比较全面的责任，如果经济发展水平低，税收少，这个暂行办法也就难以执行了。在国家立法之后的执行，仍然需要进一步确定经费来源，对于经济发达地区这笔支出不成问题，在欠发达地区类似的执行办法则可能难以惠及民生。

保险也有必要纳入权利救济之列。自 2011 年 7 月 1 日起施行的《中华人民共和国社会保险法》规定"国家建立基本养老保险、基本医疗保险、工伤保险、失业保险、生育保险等社会保险制度，保障公民在年老、疾病、工伤、失业、生育等情况下依法从国家和社会获得物质帮助的权利"，该法明确"社会保险制度坚持广覆盖、保基本、多层次、可持续的方针，社会保险水平应当与经济社会发展水平相适应。"社会保险法覆盖了城乡，消除了以往社会保障的城乡差别，但是该法依靠"县级以上人民政府将社会保险事业纳入国民经济和社会发展规划。"研究者担心各地经济水平的差异会导致社会保险的实施存在不同程度的弱化。另外，现有商业保险的理赔额度不足以保护个人遭遇灾难以及重大风险之后恢复自救的能力。提高保险理赔额度不能指望保险

---

13 国家卫计委：将部署对失独家庭的细化政策〔EB/OC〕.http://legal.people.com.cn/n/
2015/0710/c188502-27285220.html

公司自觉自愿，需要政府立法和行政手段的推动，督促保险公司修改合同条款，增加理赔额度，帮助重大危机损失中受害人一方拓宽社会支持的渠道和资金来源。

⑷ 立法鼓励社会组织积极参与社会救济。目前社会组织，包括基金会等机构不发达，对社会生活参与度不够，政府可以通过法律和行政的措施鼓励社会组织良性发展。北大山鹰社山难事件之后设立山鹰基金，用于预防类似事故发生后的学生家庭的救济，该基金得到学校配比支持，由学校教育基金会进行专业管理。学校既没有责任被无限放大的压力，也实现对学生的关爱和照顾。类似的机构和组织，可以同样在政府的鼓励下参与对社会弱势群体的救济。"许多人，许多事，可以由社会团体想办法，可以由群众直接想办法，他们是能够想出很好的办法来的。"[14]无论是个人、社会都具有极大的潜力可以解决自己的问题。社会正逐渐朝向"实行自我管理、自我服务、自我教育、自我监督"[15]的目标发展，在政府鼓励与支持下社会和个人分享权利并承担义务将是缓和社会矛盾的必然趋势。政府和社会建立保障机制将会提高个人应对风险的能力，使得危机对个体的伤害最小化。学生和他们的家庭所面临的困难，需要有机会从社会机构和组织寻求帮助。香港政府的经验是政府并不完全承担所有的责任，鼓励社会组织和个人充分发挥作用。义工的参与减轻了人力成本，政府购买服务和财务支持使得社会组织可以长期坚持下去。《社会救助暂行办法》也规定了"国家鼓励单位和个人等社会力量通过捐赠、设立帮扶项目、创办服务机构、提供志愿服务等方式，参与社会救助。"同时明确参与社会救助的社会力量应该享有"财政补贴、税收优惠、费用减免等政策"，地方政府也可以"将涉及社会救助中的具体服务工作通过委托、承包、采购等方式，向社会力量购买服务。"

任何社会组织试图包揽一切的后果是谁也不承担责任，这种低效率的模式通过传统计划经济模式的实践已经被证明是不可能继续坚持下去的。只有当个人和组织拥有合法的权益，权利和义务界限清楚，组织承担必须承担的责任，个人也承担起必须的责任，个人与社会的发展良性循环，个体的生存发展与整个社会的发展才能进入良性循环，实现社会和谐。

---

14 毛泽东.关于正确处理人民内部矛盾的问题.1957,6.
15 胡锦涛.中共 17 大报告.

二、社会组织承担社会性事务责任

市场经济的发展促进个体的自由流动，个人的社会性身份要求社会管理以事务性质而不是以单位这种依附性极强的机构来划分责任边界，才能以处理方式的确定性（规则和法律）来应对事件的不确定性。"政府的任务是为所有公民提供生存、稳定以及经济的和社会的福利。（这并不意味着政府直接运营或监督经济或社会。）这是现代世界中绝大多数国家的最高目标。"[16]当政府承担起这样的责任时，个人的社会性身份得到保护，大学以及其他组织的处境就会得到改善。"大学中出现的危机,绝大多数是社会危机的集中反映,也只有在社会整体得到调节的前提下,大学才能消除这些危机。"[17]高校学生突发危机事件折射出整个社会的管理现状，只有社会管理职责清楚，并设计好一套相关的机制，所有的问题才能从根本上得到解决。在大学发展的历史上，"为了平衡两者之间的权力，避免直接的、过于激烈的对抗，建立大学和政府之间的中介组织是世界通行的方法。"[18]这样的中介组织包括社会专门的机构以及非官方的组织，凡是个人的社会身份所决定的社会性事务，都应该归属社会机构去承担责任，高校则不应该再承担师生的社会责任，包揽社会性事务。

与此类似的政府购买社会服务的做法，已经在某些方面推行，具体执行的情况和效果还有待跟踪。相关研究者分析指出，"一方面在宏观层次上要加速社会的功能分化，把不应当由大学执行的功能从大学中分离出来，由社会其他专门组织来承担，比如壮大企业实力,加快发展社会服务业，建立社会保障部门完善社会保障功能等。另一方面必须要在微观层次重构大学的功能—结构框架，将一些阻碍高等教育功能发挥、社会其他组织可以承担的非高等教育组织功能分离出去，对大学结构—功能框架重新建构。"[19]这种建议基于理想主义的理论，应该是大学改革的方向，但是大学内部长期形成的利益格局是否能够被打破，削减的部门如何分流，即便是职能交给社会，解决原有工作人员的消化分流也难以推动。其中关键涉及到他们的身份问题，原来在

16 〔美〕迈克尔·罗斯金,罗伯特·科德,詹姆斯·梅代罗斯.政治科学〔M〕.林震等译.北京:华夏出版社，2001:39.

17 董云川.现代大学制度中的政府、社会、学校〔J〕.高等教育研究，2002,9.

18 郑文.英国大学权力协调与制衡〔M〕.北京大学出版社，2011:67.

19 李爱民.对中国公立大学组织的社会学分析〔J〕.现代大学教育，2007,3.

大学的行政编制，与他们的社会身份，福利，待遇挂钩，离开体制内这些待遇自然被取消，但是把已经具有事业编制的人员分流出去，恐怕非常困难，端掉别人饭碗的事情，谁来对此负责，谁能动得了那些人？基本上不可能。不激化矛盾的做法只能等待人员老化退休，自然更替，或者采取新人新办法，老人老办法的策略，区分对待不同的群体，以免引起原有群体的不满甚至抵制，可以比较小的代价逐渐推进大学社会化职能的外包。研究者注意到，一些高校的后勤和行政系统，已经大量聘用合同制员工来降低运行成本，仅有少数管理岗位保留事业编制。合同制员工在子女入托、住房、医疗等方面不具有同等待遇，缓解了学校的办学压力，逐渐剥离学校的社会职能。另一方面，在全社会的优质基础教育资源紧张的情况下，作为吸引人才的有利条件，附属小学和中学的存在方便了教师子女入学，客观上对大学的声誉有一定的积极影响。依托大学办的小学、中学，获得大学的支持，也获得了大学优质的教育与人力资源，提高了这些中小学的社会影响力，想要取消或者剥离，目前来看非常困难。理想上将大学所承担的社会功能社会化、市场化，大学将轻装前行，而现实困境在于，长期形成的资源和利益格局如何可能被触动，这些功能的刚性需求不可能被取消，把它们从大学剥离之后谁来替代它们？

在长期形成的格局下，社会组织承担社会性事务的结论，可能过于简单化了，即便对于大学来说，幼儿园，中小学属于员工福利的后勤事务，可以办也可以不办，甚至最好社会化，以免承担这些机构的人员编制，占地，投资等多重负担和压力，但是因为长期投入已经成为大学的优质资产资源，加之社会公众趋之若鹜，已经有良好的生源和资金来源，一概剥离出去，可能也是大学优良资产的流失。

所以一方面理论上组织的授权与职责是一致的，高校的权力与职责应该匹配，而法律授权承担社会责任的各类政府机构和社会组织必须履行职责。这种严格的界限能够为高校创造有利的办学环境，避免被过多卷入社会性事务。另一方面，中国大陆高校的实际情况里面，不见得所有的社会化功能都是消极的，都需要剥离。在理论与现实之间，高校管理总是要尊重事实，尊重历史，不可能将过去几十年积淀下来的传统一笔勾销，就此别过。

比如美国高校在专业性，精细化等方面走在我们前面。同时，他们的公立教育面临经费的困难，大量招收外国学生，学校规模过大，导致学生得不到更多的关注。我们的学生事务管理更加积极主动关心学生，可以结合美国经验更加尊重学生的差异性和独立性，平衡好两者关系；我们的学生出现退学的主要问题在于网络和游戏上瘾，他们的学生问题更加复杂严重，比如酗酒，吸毒等。我们可以借鉴他们的一些方法帮助学生提高毕业率，但是我们高校学生的四年毕业率明显高于美国大学。社会发展过程的阶段性特点决定了我们的学生承担了更多来自家庭的压力，更加急于毕业和找工作；有利之处在于我们的高校学生毕业率高，学生有短期目标，不利之处在于学生受到短期目标和利益的局限，没有仔细思考前途，也没有时间去尝试自己的兴趣所在，过于仓促就选择职业道路，在工作中受挫容易放弃，轻易跳槽，甚至一直找不到自己的兴趣，仅仅为了生计所迫而工作，这样做的结果可能浪费了他们的潜力和可能性，压制了他们的创造力和活力。

三、规范组织行为和决策

自 1999 年 2 月田永诉北京科技大学拒绝颁发毕业证、学位证案之后，该案例成为经典指导案例。但是无论学生还是学校，采取法律诉讼解决分歧的做法还是少数。某研究生因为多门考试不过被学校要求退学，他和家人申请了在校内申诉，到市教委和教育部申诉，三次申诉均被驳回，他们最后选择放弃，没有再走司法途经寻求支持。涉及到学生培养以及教学要求，学校有比较大的自主权，除非侵害学生权益，教育行政主管部门和司法机构很难评判学校掌握的标准。学校方面对学生权益的尊重与保护的意识远比过去有很大改变，"对学校给予的处理或者处分有异议，向学校或者教育行政部门提出申诉，对学校、教职工侵犯其人身权、财产权等合法权益，提出申诉或者依法提起诉讼"（《北大章程》),学生的处分处理更为谨慎，程序合法成为基本的共识。但是学生和学校利用法律手段来解决冲突的意识还远远不够，在研究者看来主要是法律程序更为漫长复杂，不确定很大。公众担心学校作为强势一方利用自己的影响力干扰司法，而学校其实也没有精力和人力经常应对法律官司。目前有的高校没有律师，有的只有一位律师，名义上是学校的法人即校长的法律顾问，当学校面临诉讼时代表校长起诉或者应诉。此外法律顾问为院系提供咨询和法律建议，不直接参与院系包括危机事件在内的其他具体事件的处理。当然，这里所指的危机，也仅限于小范围事件，如果关乎学校生存的重大危机事件，律师必然会参与进来。"当危机发生时，领导者必须具有依靠专业机构及时运作并且与其他机构同步行动的能力。因此，领导者应当为促进危机期间有效的网络协作创造制度条件和社会条件，并投入时间和精力"[20]。多数高校目前已有警察（派出所、保卫部）、心理危机干预（心理咨询中心）、网络等专业技术支持，并通过主管领导进行沟通和调配，但是缺少专业的律师团队参与进来。如果学校只有一位律师，显然无法应对校内多重事务，尤其在危机发生的时候，律师需要投入较多的时间和精力。在此现状下，院系承担了具体的事物，把本该律师承担的事务集中于院系，前述各章论及的权力与责任边界模糊、缺乏权威性等问题均由此而起。

为了实现依法治理学校，依法处理危机，学校有必要建立律师团队。如果校内法学学科教师、学生有律师资格，可以吸纳他们参与处理危机，以避免学校专职机构庞大，长期聘用人数众多的律师团队费用昂贵之弊端。对于没有法律专业的院校来说，聘请律师事务所来帮助解决法律以及危机纠纷，就具体事项聘用律师事务所的成本是一次性的，远比保留具有永久职位的律师团队更为经济有效。

突发危机事件由具有不同经验背景的团队来处理，加上专业的律师参与进来，既可以利用专业背景帮助学生和他们的家长去处理他们遇到的困难，也帮助学校妥善处理好与家属的关系，使学校管理更加专业、规范。组织应该力求避免由一个人全部承担重大危机处理的责任，将责任和权力集于一身，个人不如团队稳定可靠，风险难以预料，个人的脆弱性却可以通过团队的合作机制加以避免。个人的经验也难以复制和传承，不如利用团队协作机制促进组织内部的沟通和交流，使得经验可以分享，也将每次危机处理作为培养培训团队的最好机会，训练了团队的合作意识，也分担了压力和责任。如果能够发挥律师的作用，危机处理的权威性和专业能力也会提高组织应对风险的能力。

从组织行为方面，律师团队参与危机处理使得程序更加规范，从公众维权的角度，个人的权益也需要通过合法的途经去争取。"美国诉讼率上升实际上也许是一场社会资本的正向指标：不是求助于统治集团的权力部门来解决争端，而是由私人各方在他们自己中间谋求公正的调解，尽管还要有一大批代价不菲的律师的帮助"[21]美国社会的社群和个人积极参与维护权益，对约束

20　〔荷〕阿金·伯恩，保罗·特哈特，〔瑞〕埃瑞克·斯特恩.危机管理政治学〔M〕.赵凤萍等译.郑州:河南人民出版社，2010:192.

21　〔美〕弗朗西斯·福山.大分裂 人类本性与社会秩序的重建〔M〕.刘榜离等译.北京:中国社会科学出版社，2002:27.

公共权力、争取个人权益发挥了巨大作用。在这样的社会环境里每个人不坐等现成搭便车，积极争取自己的权利，主动承担风险与责任。当然，形成尊重司法体系，遵循法律规则的社会环境，也并非一朝一夕之功，美国华盛顿司法纪念碑铭刻了数百位为了捍卫司法公正遇害身故的法官、检察官、律师的名字，这个纪念碑足以说明社会公平正义并非天赐，人类为了压制人性的恶与贪婪付出了巨大代价。

当各种个人维权行为得到法律支持，产生积极的社会影响，公众维权的理性认知就逐渐被强化。"每一个社会都有其广泛的选择，来应付个人纠纷引发的冲突。诉讼只是从回避到暴力等诸多选择的一种。纠纷和解的各种方式，以及社会认可的任何选择，传达出人们所钟爱的理想，表达了人们对自己的看法，也反映了与他人关系的质量。它们显示出，无论人们是希望回避还是鼓励冲突，是压制还是温和地解决冲突，最终，社会最基本的价值观在纠纷和解过程中被揭示出来。"[22]司法诉讼既是和平解决的途径和手段，也是社会核心价值观被充分表达出来的平台，公众希望看到他们所认可和珍惜的价值观得到国家权力机器的尊重与强制保障。同时，个体需要理解的是，"人们寄希望于权利的行使者能够满足他们的一切愿望，承担更多的责任。然而任何政治责任主体也不可能履行超出其能力范围的责任。在这个意义上讲，要使政治责任主体对自己的行为负责，同时也就要求一般公民对自己的行为负责，只有这样，政治责任才能真正得到实现。如果要求政府对所有人的行为负责，无疑会加大其责任范围而使它无法履行或承担，最终结果只能是谁也不负责任。"[23]社会的良性循环就是从这样的定位中达成的，国家权力的代表行使其作为国家机器的权力，个人承担个体的责任，包括利用法律武器捍卫个人权益的责任。

四、改进内部管理

1. 规则被设计来实现社会目标

社会需要倾向性的政策引导。"政策的制定在很大程度上有赖于官方的规则，这些规则是被有意识地设计来实现社会目标的。在此意义上，官方的规

---

22 彼得·德恩里科 邓子滨编著，法的门前，北京大学出版社，2013：362
23 房宁，貟杰主编，突发事件中的公共管理，中国社会科学出版社，2005：74

则就是所谓的法律。尽管它们有的是由立法机构制定的（成文法），是由行政机构制定的（管制规定），法院制定的（普通法），或者包含在宪法中的（国家法或者州法律）。"[24]无论由谁来制定，社会需要规则来约束并规范个体行为。多数人随波逐流，看不清未来的长远目标，以看得见的眼前的利益为驱动。如果没有制度性的安排去削弱这种逐利的价值追求，依靠民众的自觉、自省需要的周期太长，付出的代价太大。在高校处理学生危机事件时，法律、规则既可以约束组织对学生个人权益的伤害，也可以约束个人的不合理诉求。

2. 高校需要明确规则来约束和规范行为

危机事件处理最重要的是无论发生了什么，正式的程序、正式的解释、与政府的正式合作渠道能够以确定的制度和规则来回应不确定的危机。当不同群体确信自己可以从规则和制度中得到保护，诉求过程能够按照程序进行，暴力、激进的冲突行为以及社会诉求的无序状态能够归入有序，社会系统性失灵就能够整体上得到解决。因此，高校有必然建立起公开透明的沟通渠道与协商机制，比如设立包括律师、管理者、学生代表参与的委员会，危机事件发生后学校授权该委员会发挥作用，及时公布信息并与公众沟通，及时将公众意见反馈给校方管理层。涉及公共安全、保险等社会事务，由委员会与相关机构协商，专业机构负责处理和回应。

学生和家长的维权意识越来越强，一个完整的条例、严谨的处理程序、当事人的权威性有助于危机尽快解决。"使风险管理中所涉及的无数问题变得可操作的一个重要方法，就是制定清楚、简明的政策和程序，并要在学校手册中向学生和教师做出详细的阐述。"[25]学校是否授权，应对危机的当事人是否可以调动相关资源，获取相关信息，以及授权谁来发布信息，应对媒体和公众，都应该在学校制定的条例里确定清楚。学生在校内发生的危机事件，如果不涉及学校责任，学生工作管理部门与安全部门配合就可以解决。一旦事件涉及学校的责任，比如实验室安全，则一定需要无利益关联性的实验室安全专家来论证和界定责任，并回答校内外舆论有关设备安全的专业问题。而学生发生在校外的危机事件，更需要学校协调地方事务部门。学生危机事

---

24 〔美〕德博拉·斯通.政策悖论〔M〕.顾建光译.北京:中国人民大学出版社，2006:296.
25 〔美〕威廉·G·坎宁安,保拉·A·科尔代罗.教育管理 基于问题的方法〔M〕.赵中建译.南京:江苏教育出版社，2002:323.

件的调查取证、评估以及善后处理需要社会机构和专业人员的参与。

　　高校需要在组织结构上充分发挥行政科层体系的权威性和执行力，建立内部的有序协商合作机制，利用法律的手段，舆论的工具，即便诉讼至司法，也尽力维护学校合法的权益，使之成为判例；并因为法律的严谨规范，不至于被轻易讹诈，以渐渐约束社会的非理性诉求。最重要的是促使学校自省内部管理之不足，从程序、规则等多方面防范疏漏，以规范严谨的治理维护学生和公众的合法权益。虽然本研究涉及到的 L 同学离校等案例，学校方面无过错，但类似的事件处理因人而异的可能性是存在的，学校方面需要对细则进行规范，以免出现人为的失误。

　　3. 高校需要对有风险的环节提前采取干预措施

　　高校存在的安全隐患和风险包括实验室仪器设备操作、有毒有害物品管理、公共区域的安全保护措施、教学环节的学生安全保护等，均需高校通过宣传教育和制度规范来防范。校方承担制定规则的责任，教师和管理人员承担提醒和培训示范的教育责任，避免学生因为无知而酿成灾难性后果。"最为常用的干预措施有：协商、补救教育、同伴指导、成人-学生的指导、培训、特殊安排、学生指导、安全且严格的学校计划、家庭伙伴计划以及全面的指导系统。"[26]这些措施需要学校投入人力、物力、财力，尽可能关注到每个学生，并在手册中明确规定学校对师生的要求。"确立全体教职工对过程的责任是第一步。必须建立学校的纪律政策和秩序，并有所有各方的投入。制定的计划应该尊重学生，让学生具有责任感，鼓励合适的选择和教授社会技能。学校人员需要有进一步的培训，有实践行为管理的机会，并能在这些应用中获得技术上的支持。学生必须清楚各种学校环境中人们对他们的期望是什么。"[27]此外针对学生的身心特点，学校为了鼓励和帮助学生成长，也要重视多种教育手段，比如利用体育运动的完整人格培养功能，"通过体育运动，学生制定个人的目标，学会了负责任，发展了自律，学会了与别人合作，适应许多个性不同的人和出现的情况，并培养了终身使身体健康的习惯。"[28]学校

26　〔美〕威廉·G·坎宁安,保拉·A·科尔代罗.教育管理 基于问题的方法〔M〕.赵中建译.南京:江苏教育出版社，2002:261-262.

27　〔美〕威廉·G·坎宁安,保拉·A·科尔代罗.教育管理 基于问题的方法〔M〕.赵中建译.南京:江苏教育出版社，2002:262.

28　〔美〕威廉·G·坎宁安,保拉·A·科尔代罗.教育管理 基于问题的方法〔M〕.赵

应该重视学生的个体差异，利用他们差异性发展建立起来的自信心鼓励他们克服学习生活中的其它困难，"提供广泛的课外活动以满足尽可能多的学生的需要和兴趣"[29]。教师的责任心、体育运动培养的荣誉感、朋辈支持、教师与学生之间良好的关系都将可能缓解学生的焦虑、紧张、对立等状态，帮助他们更好地融入大学生活。

4. 高校有必要对危机事件处理进行培训

为了对相关部门和工作人员进行应对危机的培训，学校可以学习企业的经验进行轮岗。"一个对员工和企业都有利的方法是内部轮换。它可以帮助员工找到一个新的机会，了解不同的业务领域和职能部门，这会有利于员工个人在企业内部的发展，同时，企业也可以通过不同部门和不同地区之间的相互协助而受益。不同知识体系的融合更有利于实现创新。人员轮换不仅可以实现企业内部不同知识体系的结合，同样，不同企业之间知识体系的结合可能会给他们带来更大的收益。"[30]每一次重大的危机事件的处理，对当事人都是一个极大的磨练，其他岗位的管理者也有必要了解和学习处理危机的经验，熟悉规则和程序，以便在组织内更好地互相理解和配合。校级机构与院系之间通过轮岗的方式能够增加彼此的理解和了解，以避免误解和推诿扯皮。当然，除了轮岗之外，进行分享和交流也是一种培训，以案例分享起到示范的作用。

五、从危机中成长

自工业化以来的现代社会，已经陷入马克思，卢卡奇等人批评的商品化和物化，人本主义受到工具理性的挑战，人的自然状态被符号化取代，"生活的各个孤立方面的合理化，由此产生的各种—形式上的—规律，虽然直接地和表面看来归入一个有普遍'规律'的同一系统，但是，看不到这些规律的内容所依据的具体方面，就会使这种规律实际上显得缺乏联系，使局部系统的相互联系显得是偶然的，使这些局部系统相互之间表现出—比较—大的独

中建译.南京:江苏教育出版社，2002:265.

29　〔美〕威廉·G·坎宁安,保拉·A·科尔代罗.教育管理 基于问题的方法〔M〕.赵中建译.南京:江苏教育出版社，2002:265.

30　〔英〕贝蒂塔·范·斯塔姆.创新力 企业生存与发展的内在动力〔M〕.北京:高等教育出版社，2004:200.

立性。这种缺乏联系的情况十分明显地表现在危机时期。从这种考察的立场来看，危机时期的本质恰恰在于，从一局部系统向另一局部系统转变时，直接的连续性破裂了，而它们相互之间的独立性，它们相互之间的偶然相关性，突然进入所有人的意识里。"[31]卢卡奇认为，"社会的真正结构表现为各种独立的、合理化的、形式上的局部规律，它们之间的联系仅仅在形式上是必然的（也就是说，它们在形式上的联系能在形式上被系统化），但是，从实际情况出发和具体地说，它们之间只有偶然的联系。"[32]社会分工的专门化，专业化以及精细化，将社会分解为不同的孤立部分，个体也如同螺丝钉，被嵌入孤立部分的局部之中。无论是个人还是社会，都被分化成为某个部件，冠之以专门化的称谓，彼此之间没有关联性。当它们的独立状态被打破时，社会本身就缺乏整体性设计去重新构建关联性。社会结构性的变化带给所有人孤立无助感，社会又以什么形式将所有人重新连接起来？

在 L 同学离校的案例中，他原本正常的离校手续变得复杂艰难，正在于他和他的家庭难以面对这个转变，他们认为自己一旦离开学校的"庇护"，走到社会中就变得孤立无助，与这个社会的关联性无法建立起来。学校最后求助于上级组织，并达成协商意见，由当地派出专人接回，他们确实由此建立与当地社会的关联，让当地政府知道他们的存在，他们的困难，他们的需要。山鹰社山难事件的善后处理，家长们表达的诉求，也有了类似的寓意。孩子的离世使得他们失去了与某一种未来的可能性的关联，他们寄希望于学校、政府再做一些事情，把他们从孤立的状态中解脱出来。而孩子身故的家庭的社会保障，也由于当时社会环境和社会经济支持的不足，让家庭感觉到只有学校是他们可能建立的社会联系，试图从学校获得更多的资助，无论这个结果是否是学校的过错所致。学生与学校之间唯一的归属关系成了解决社会问题的救命稻草，对于学校当然是沉重的压力和负荷，对于这些事件中的家庭，当然也并不轻松，他们除了血缘关系找不到其他的社会支持渠道，所以校园危机事件中学生家族聚集声援的情况较为普遍。至于规则，秩序，法律，如果暂时无法保障现实的利益，在他们看来多半就形同虚设。

---

31 卢卡奇，历史与阶级意识，杜章志 任立 燕宏远 译，商务出版社，1992：164，165
32 卢卡奇，历史与阶级意识，杜章志 任立 燕宏远 译，商务出版社，1992：165

1. 形成共识

立足于农业文明的社会结构和社会关系，显然不能应对工业文明以来的复杂性和多样性。为了避免社会在转变中因为单一思维和单一行为模式产生的冲突引起动荡，组织需要进行内部变革，内部的变革并不需要推翻或者颠覆组织原来的结构，但是需要在一些基本的问题上形成共识，引导社会尊重并遵守共识。社会达成基本的共识是社会稳定性的基础。"组织的稳定性在很大程度上也维持了社会的稳定。"[33]社会的稳定对社会财富的积累与个人的积累都是必要的条件。世界强国如美国，其社会的稳定性、组织的稳定性都是国家精英长期经营打造的结果，作为一个移民国家，美国构建统一的国家意识、统一的文化意识、社会意识的意愿非常强烈，美国各地无论是历史纪念地还是名人纪念馆，都在不易余地构建一个统一的美国精神，构建对于美国文化的认同感。在国会大厦、华盛顿纪念碑上，讲解员、电梯工人都在骄傲地向大家宣讲美国的民主和自由精神。在Washington D C 的Holocaust Museum（大屠杀纪念馆），除了展示历史，也向公众宣传美国政府、美国人民在那一场世界灾难中竭力维护的价值观和精神，二战、越战、朝鲜战争纪念碑风格各异，但是强化美国的世界大国形象——美国的海外发兵是为了自由而战，美国人民为世界做出了巨大贡献等等美国如何伟大的理念。这些国家意志和社会共识渗透到个体的生活中，成为社会的"核心价值观"。

因此，对于社会面临的诸多困境，如何建立共识和认同是首要的。美国最早的新移民来自欧洲宗教异端、持不同政见以及被放逐的罪犯，在美国创建之初吸取了欧洲各国的经验教训，社会形成诸多教派和不同宗教信仰，社会多样性在宗教信仰上体现得也很充分。但是国家建立了严格的法律规范，目的在于防止不同教派公开冲突造成社会混乱和不稳定。现实本身具有复杂性、多样性，这些特质共存的基础在于严格的规范与彼此的认同和尊重，大家在严格的法律规范之下可以"从心所欲不逾矩"，而这些丰富性和多样性也就可以为社会认知提供丰富的教材，促进人类从经验和教训中学习，不断总结经验并丰富社会认知。社会和组织处理复杂矛盾的能力不是被教育出来的，而是在参与过程中实现的目标。美国社会没有明显地把价值观作为一个对象来教授，更加重视过程教育、参与教育中的渗透和潜移默化。

多样性丰富社会的物质和精神生活，多样性也成为社会治理的基础和前

---

33 周雪光.组织社会学十讲〔M〕.北京:社会科学文献出版社，2003:333.

提。充满活力的思想既是社会实现持续发展的基础，也是商业发展的必然结果。商业活动训练社会公众遵守规则和契约以获取双方利益，商业机构之间谈判协商也需要尊重多元化的价值观。"我在美国看到，真正的精英都是在商业社会里面，而许多基本规则也都是在商业活动中形成的。我曾经讲过，中国人将会在未来巨大的商业活动当中学会妥协。"[34]充分发达的商业和商业精神有助于社会理性回应冲突，从你死我活的暴力冲突，到通过协商谈判来化解危机和冲突、学会妥协是社会的极大进步。

商业社会的复杂性和多样性经由规则和契约得到维护，人的丰富性多样性也逐渐被重视，也需要得到尊重和认同。"一个充满活力的思想市场不仅是学术卓越的一个先决条件，也是开放社会和自由经济不可缺少的道德和知识基础，没有这样的思想市场，人才的多样性必将枯竭。在过去几十年的改革开放中，商品市场的引入不仅为中国带来了经济上的繁荣，也幸运地引导中国找回自己的文化根源。思想市场的发展将使中国经济的发展以知识为动力，更具可持续性。而更重要的是，通过与多样性的现代世界相互作用和融合，这能使中国复兴和改造其丰富的文化传统。"[35]思想的活跃、包容，追求整体价值而非一致性的"君子和而不同"的理想才是中国文化"和谐"理念的根本。在现实中一方面公众已经意识到活跃的思想对社会发展的推动很重要，另一方面也需要理解多样性需要社会法律和规则的支持。多样性和复杂性失去法律规范的约束，可能也会带来极端化。就如某些宗教极端主义思想，如果被纳入多样性听之任之，必然成为社会隐患。社会的复杂性与多样性被包容到什么程度，社会达成怎样的共识，既要参照历史，也要以社会经济发展与技术水平等因素为依据。

"从长远看，人们对各种争议问题会掌握更加充分的事实真相，多样性提高了这种可能性。当多样性反映了合理的选择时，其价值在于丰富整个社会生活。"[36]学校正是应该带给学生多样性的场所，学校有责任培养他们对于各种观点的理解。学校善于从危机和冲突中学习，所培养的学生也必然善于从冲突中学会包容、了解不同群体、文化的差异并善于处理社会

34 刘再复.思想者十八题〔M〕.北京:中信出版社，2010:11.

35 罗纳德·科斯.中国的市场转型只是起步〔EB/OL〕.〔2012-2-13〕.财经. http://www. hngzw.gov.cn/caijing/sdyj/zjld/gnzj/content_134974.html.

36 〔澳〕布莱恩·克里滕登.父母、国家与教育权〔M〕.秦惠民,张东辉等译.北京:教育科学出版社，2009:103.

的复杂性。

"各类组织给出的多样性定义中最好的是个体的独特性、包容一切和所有的差异。"[37]承认个体的独特性，即承认个人的价值与尊严，使得公众意识到他们的尊严与价值需要自己去维护，"在任何依赖的社会情境中，人们只有通过服从作为代价才能换取资源，进而获得在社会上行为的身份、自由和权利。"[38]，依赖于政府或者某一个组织，社会不但没有活力，且失去应有的权利。同时，社会不能依靠个人主义来管理运行，个人不同的观点需要建立在社会核心价值观基础上，包括对法律的尊重，对规则的认同和遵守，使得社会具有整体性，而社会的整体性也是为了维护多数人的价值和尊严。"中国特别需要的是培育一种宽容、怀疑、理性的批判精神"[39]，只有当公众对差异性、整体性抱有理性认知时，社会共识才有可能。

2. 建立沟通机制

当人与人之间的关系从自然状态转向非自然状态，彼此之间的交流似乎就成了问题。研究者发现，高校学生的心理问题中，相当一部分源于学生跟父母与导师的沟通有问题。L 同学案例中的母亲，虽然一直陪护在孩子身边，但是他们之间的沟通，也非自然状态，只谈学业，不谈人本身，母亲甚至认为学业问题是孩子生病的根源，只要学业问题解决，一切就都好转了。他们的眼里，孩子物化为成绩，毕业证，不再是鲜活的生命与丰富的个体。在研究者亲历的另一起危机事件中，学生与父母之间似乎在猜谜一样，孩子甚至不知道父母是否爱自己，因为他们没有表达，或者表达的方式让孩子误解。父母与孩子之间天然的纽带与爱的关系，变成了某种符号化的关系，孩子成了工具，他们的努力只是为了满足家长的面子、尊重，所以不难理解这些孩子找不到自我价值，找不到自我认同。某些家长在孩子遇到困难挫折的时候，首先想到的不是孩子的痛苦，而是自己的自尊，甚至威胁孩子不能达到什么标准就不许回家。在一切被物化的关系中，人与人之间的自然关系被扭曲成了外在的标准与符号，这既是孩子的无助，

37 〔美〕罗伯特·哈里斯,阿米达·拉塞尔.多元化趋势 众多变革失败的原因及对策〔M〕.郭武文译.北京:华夏出版社，2004:23.

38 李汉林,渠敬东.中国单位组织变迁过程中的失范效应.上海人民出版社，2005:33.

39 李泽厚.秦晓对话录.节骨眼,中国经济不往哪里走?〔M〕.北京:红旗出版社,2011:87.

也是父母的无知与可悲。在家庭内部如何建立有效的沟通机制，目前来看既是社会问题，也是心理学家的难题。

这几年社会经济发展的机会趋于平稳，阶层固化的危机感与中产阶级的焦虑感，已经给了很多家长巨大的压力，学区房房价的飙升，课外补习盛行，家长们都在拼命抓住可以利用的资源，而孩子们的感受，他们的成长，也许就被忽略了。原本是贪玩的年纪，他们怎么可能理解社会的焦虑，他们还懵懵懂懂的时候，一切就被安排好了。在精心算计安排下长大的孩子，进入大学之后也难免同样的算计，生怕自己错过了什么，他们的抗风险能力、心理素质同样堪忧，整个环节稍有不慎，他们是否会觉得满盘皆输，一切努力都枉然，人生再无意义？L 同学仅仅因为拿不到学位证就崩溃，还有的学生因为申请出国遇到挫折就非常焦虑，可视为他们在这条独木桥上走得过于胆战心惊了，稍有不慎，他们就以为自己没有前途了。而有的孩子就以这些外在的标准来评判自己，不知道自己作为一个人的价值何在，只有符号和数字这些冰冷的工具。

研究者与一位加州理工的博士研究生交流的时候，对方认为他们从政府层面得到大量研究基金的支持，这种资金投入是对美国创新的推动力，政府舍得花钱和长时间的支持投入。因而他们觉得在美国念研究生不如国内压力大，因为这里没有人关心要挣多少钱，要买什么房子什么车，国内的风气可能更被生活所迫，不得不考虑就业以及生计，不太可能会花很多时间慢慢研究自己感兴趣的问题。美国已经是老大，所以他们引领世界潮流的基础来自他们有足够的资金投入和制度保障，可以让研究人员进行长时间的探索研究，进行深思熟虑。他认为如果有一天中国成为老大了，一样会考虑怎么样去领导世界发展趋势，也会花大力气投入科研。现在的发展模式倾向于拿来主义，跨越式发展。

有人认为美国的教育分为三种模式："对底层来说，应试教育是最好的教育，因为至少可以让他够上一个饭碗。"在此基础上"培养孩子，更多的体育特长、更多的才艺，你得唱歌跳舞、画画，还有独立思考的能力、口语表达的能力、社会交往的能力、组织人群的能力、还有探索问题的能力。"这是中产阶层的子弟，"让孩子学会怎样选择和改变世界，这才是顶级精英教育。"[40]在这三种模式中，后面两种家庭教育会发挥一定作用，特别是最后

---

40 美国：底层应试教育、中产素质教育、顶层精英教育〔EB/OL〕. http://learning.sohu.com/

这一种，基本上依靠家庭的观念，社会地位和财富水平来决定。教育工作者担心这三种模式是否是中国社会的未来，如果是这样，阶层的固化与家长们的焦虑是否更加难以打破，未来的高校学生事务管理所可能面临的困难并不比今天好多少。真正对探索和研究感兴趣的学生，也未必就一定在社会精英阶层，但是他们如果得不到优质教育的机会，可能被埋没了天赋，毕竟有潜力的人才成为真正的人才需要严格的训练，需要资金的支持和施展的平台。

个体成为某种物质追求的物化工具导致人与人沟通的困难，而组织与组织之间的沟通，组织与个人之间的沟通，也存在非自然状态。社会分工专门化之后，组织之间，组织与个人之间的关系不是必然性的关联，没有人永久地归属某一个组织，个体也好，组织也罢，它们之间没有永久续存的关系。当危机发生时，需要建立原本孤立的组织与个体之间的关联性，可以通过第三方或者直接的对话协调，理解对方的诉求。

广受社会关注的高校学生危机事件，折射出社会不同群体的利益诉求，要求组织在明确的规则下具有灵活性、多样性以回应公众诉求。僵化的沟通模式无法回应复杂的利益诉求。组织建立对话与协商制度增进彼此理解，是建立信心、信任的基础。"这个世界已经发生了根本性的变革，现在，不确定性和危机不再是例外而是规律。"[41]当危机成为常态的时候，危机的应对必然成为组织的常态。"危机"本身蕴含危险与机遇，把对组织有伤害的事件引向新的变革，需要冷静客观的分析和判断。如果仅以管理者的视角看待危机，试图去控制危机，忽略了矛盾需要疏导，对矛盾采取一味围堵的态度，可能导致矛盾激化。大禹治水的经验，在今天的危机治理中同样适用。政府自上而下的全面管理成本太高，公众也未必满意。当个人和组织充分发挥作用，有机会自己解决困境时，整个社会的困境、组织的困境自然缓解。"在这个资源稀缺的时代里，一个储量很大的还未被开发的资源是每个工作人员应用于工作过程中的知识和独创性。"[42]激发个人巨大的潜力依靠激励机制，需要建立组织，把分散的力量凝聚起来，缓解政府和某一个组织独立面对所有社会矛盾的困境。

危机事件既有潜在的破坏性风险，也有积极的建设性可能。管理者的责

20170320/n483979276.shtml

41　〔美〕史蒂芬·A·拉佛.走向精益〔M〕.王占波译.北京:机械工业出版社，2010:2.

42　〔美〕史蒂文·科恩,威廉·埃米克.新有效公共管理者 在变革的政府中追求成功〔M〕.王巧玲等译.北京:中国人民大学出版社， 2001:102.

任是将危机充分利用起来，使之促进组织发展。美国私立学校的家长对于学校的管理参与得比较多，除了董事会之外，学校也提供很多机会给家长了解学生的培养过程。研究者曾经到访美国一所小学的"Grandparent Day"，这是专门为祖父母设立的开放日，前来参加开放日的老人很多，祖孙济济一堂，场面非常热闹；学校借此机会增进了社会各界与对学校的认同和老人与孙辈之间的感情和交流。长期坚持下来会形成社区对于一所学校长期的支持和信任，形成稳定的社会信誉。有的家庭祖孙几代都在这所学校上学，渊源很深。比较来说，我国大陆学校与家长之间的沟通较少，家长会往往是校长或者老师讲得比较多一些，家长参与得少；如果学校发生突发事件，家长与学校互不理解，极端情况下产生对立情绪，激化矛盾。我们的学校可以增加机会让家长们多了解学校，参与学校的事务，互相理解、信任，减少互不信任，促进和谐发展。研究者访谈过一些年长的中小学教师，他们提及过去有教师的家访安排，针对学业和其他方面有问题的孩子去家访了解情况，动员家庭和学校一起共同做好教育工作。当下社会的快节奏和生活压力使得家访一类的传统很难再实行，但是教育只有得到社会更多理解、家长更多支持才能达到目标。中小学现在普遍采用建立家长微信群，教师督促家长，家长再去督促孩子完成功课，利弊不论，联系倒是紧密了，基本都是围绕作业和成绩，家长和学校似乎都没有去关心孩子内心的真实感受。大学在新生入学环节召开家长会，与家长交流学校的教学与培养环节的要求，希望家长能够理解学校的规则，以免在孩子的学业出现严重问题时质疑学校的管理责任，也是为了减少学生成长过程中来自家长的不理解不配合。研究者发现，多数学生事务管理者都有一个共识，每一个问题学生的后面都有一个问题家庭。大学面临的是社会问题累计的后果，承担了太多复杂的社会问题的责任。

在一次谈话中学生问到，为什么西南联大的毕业生有那么多优秀的人才，现在的大学很难再有当年西南联大的辉煌。王义遒老师在一次讲座中谈了他的观点：当时图书很少，仪器被毁，教授们博闻强记，依靠记忆给学生讲课。学生则有意识去跟教授们谈话交流，把谈的内容写下来，作为知识来源。一旦战乱，诗书被毁，国家命脉就完全依靠口口相传，人才传承。精英化培养的模式是联大出人才的原因之一，学生和教授之间交流比较频繁，学生的个体性差异得到充分重视。研究者认为除了王义遒老师上述的观点，西南联大那一代人接受了非常好的传统文化教育，传统的文化精髓里面知识分子有兼济天下的家国情怀，加上抗战期间的亡国危机，家仇国恨，流民颠沛的残酷现实，解决了他们的理想，信仰与价值观问题；他们在联大受到了当时一批最有学问的教师的严格训练，后来负笈海外，再次接受了最好的西方科学教育，解决了他们的专业发展的问题。现在的孩子，除了教材不看几本书，没有养成良好的阅读习惯，缺少人文素养，视野有限，看不到长远和整体的发展，只看到眼前，他们再聪明也仅限于智力发育，人生发展却走不远。其实现在的学生有更好的条件接受科学训练，他们却未必能够在学术上做出成就。他们太关注结果，看重外在的东西，他们的内心没有西南联大前辈们那么坚强的信念支撑他们面对任何艰难磨练。

第二节　本研究的贡献与存在的不足

本研究通过展示高校学生危机事件的处理过程，尝试去分析这些事件映射出的各种组织冲突和冲突造成的组织困境。本文通过组织在责任、能力、合作、认知等多方面存在的困境去呈现学生危机事件处理过程的复杂和困难，试图解释中国大陆高校在处理这些困难时遭遇的社会文化、心理以及制度等方面的约束，进而说明高校在社会特殊的发展阶段和环境中，遇到的困难和危机除了高校管理本身存在的问题，更需要社会的系统性支持。

一、本研究的贡献

危机事件通常因其敏感性难以完整进入公众视野，公众仅从媒体、网络公布的部分信息或者个人只言片语的意见获悉信息，研究者也难以从公开的文献、资料中完整、全面获取案例。人们通常更愿意相信自己所看到的，案例提供给了这样的可能性。本研究提供了详实的案例，力图真实再现危机事件中组织身处的困境，这些案例的经验不可复制，很难在有准备的情况下开展研究，这些可遇不可求的经验丰富了现有的危机案例素材。

本研究的角度不同于现有高校学生危机研究集中于危机本身以及应对危机的管理能力、管理机制、应对机制的分析阐述，而是从现象出发，重点关注危机事件背后组织存在的困境，从组织回应危机的过程与行为中去分析这些现象背后存在的问题：高校的责任困境、能力困境，高校与政府、社会、学生的关系等方面存在的模糊不清、难以界定的困难，以及由于社会缺乏共识引起的各种组织冲突。

本研究希望通过对高校学生危机事件进行深入剖析，能够展示和说明高校在处理危机事件过程中遭遇的组织冲突和困境，理解冲突对组织的积极意义，提出解脱组织困境的建议，强调高校的管理离不开社会环境和氛围的影响，发生在高校学生身上的危机事件也不是孤立的事件。高校需要社会整体性、系统性的支持，这种支持不仅仅输入财力，更需要法律和规则明确政府和社会组织、个人应该承担的责任，把高校从承担太多社会责任的组织困境中解脱出来。

现实中社会发展出现的各种矛盾与冲突已经蔓延至高校。这是一个经济活跃、社会分化、利益诉求多样的时期，社会积怨和矛盾要寻找出口，发生突发事件的组织如果存在疏漏，更加容易成为攻击目标而陷入困境。"对于组织来说，冲突既是稳定秩序的破坏力，也是组织变革与发展的推动力，各种冲突成为组织变革的源泉与动力，而组织变革后的新秩序则导致了新的冲突的产生，组织在冲突—变革—再冲突—再变革的循环中不断发展。"[43]组织能够积极回应冲突，设法走出困境，可以把危机变为组织不断创造、更新的动力。

本研究的贡献在于将危机处理过程与组织追求确定性的目标结合起来分析研究。危机是组织因为分歧、矛盾引起的冲突，是组织行为与决策环境的不确定状态，也是组织的边界受到冲击的状态，在冲突和不确定性中的组织处境就是组织的困境。理性的组织追求确定性，组织的行政职责就是积极设法解决危机暴露出来的组织存在的问题，将危机转化为组织发展的动力。高校学生危机事件处理揭示出其中的社会问题需要社会系统性解决，学校内部管理存在的权责分配对称、能力匹配的问题，需要通过制定明确的规则来改进。高校与社会的沟通协调机制也是高校得到支持与理解的必要途径，应该引起高校的足够重视。

研究者注意到 CNN 在 2014 年 11 月左右播出了一部有关美国高等教育的短片 Ivory Tower，他们采访了不同类型的大学：Harvard, Columbia, Deep Sring, UC system, Cooper Union(这所位于纽约的大学在其办学的一百年里为学生提供免费的大学教育)。片中批评了某些公立大学的教育质量，学生很容易通过简单的考试，甚至不需要阅读，他们主要的活动就是 party，片中拍摄的学生聚会简直堪比酒吧或者什么研究者不了解的没有去过的场所。父母付了高昂的学费送孩子上大学，结果他们的孩子在大学四年不过是参加了一个又一个

---

43 向常春,龙立荣.论组织冲突的哲学基础〔J〕.自然辩证法研究，2009(8).

聚会，看起来"丰富多彩"的生活，获得的全是学术之外的人生体验。这是该片认为的美国高等教育最大的问题，最好的大学与其他大学差距极大。Cooper Union 面临的困难是新校长决定这所大学不再为学生免费，学生抗议学校改变传统，他们占领校长办公室长达 65 天。校长跟学生对话，显然没有结果，虽然警察出动，学校还是没有让警察强制带走学生。于是 65 天的学生结束抗议之后，学生准备跟校友会以及董事会合作，寻找解决办法，董事会在随后的投票中否决了新校长有关收取学费的提议，维持学校免费教育的传统。争议还是通过对话和投票来解决不容易留下后患，这样毕业生和校友对学校依然有很强的归属感。

Deep Sring 是另类大学，学生要学习耕种，畜牧，课程采取小班讨论的形式，学校没有 party，学生的生活简单而贴近自然。学校的管理近乎军事化，对学生进行严格的团队训练，但没有禁锢和严苛的约束，可能象美国早期清教徒的生活，更加回归自然。旧金山的 Hack School 更加另类，学校就在一栋看似民居的房子里，一群年轻人聚集在一起讨论技术，Facebook 的老板扎克伯格认为这是一种教育创新，或许在他看来新技术的发明与创新属于少数有天赋的群体，不是大学教育提供的。在研究者看来，扎克伯格辍学创业的经历就如盖茨和乔布斯一样不可复制，大多数年轻人需要接受正规的高等教育，系统学习。没有几个人可以象他们创业成功，多数人为别人打工，服从社会规则，不可能创造规则。少数精英引导多数人推动社会进步，依靠多数人的自觉是一个漫长的过程。美国正是这样一个典型的社会，精英治理，制度选拔精英，精英制定规则，创造新的文化与机遇，多数人学习并服从规则。

没有一种选择是完美的，美国高校学费如此之贵，很多学生毕业找不到工作，贷款利息紧接而来，年轻人焦虑前途更担心生活。美国社会也在反思高等教育下一步如何发展。中国高等教育已经比过去普及，在资金支持上政府投入精英大学比较多，地方普通大学依靠学费维持，大力扩张规模，在特色和质量上存在不少问题。普通大学的家庭付了较高的学费，不一定就得到了好的教育。受到各种资源支持的精英大学的孩子却有一部分缺少动力，不知道自己该干嘛，或者知道该干嘛，却只为自己利益盘算，成为精致的利己主义者。精英大学不少学生在成长的过程中得到各种优质教育资源的支持，深受学校之惠，视为当然，对自己身外之事毫不关心，对学校只有索取，没有回报。在这样的价值观中成长起来的所谓"精英"，远离国家和社会的现实需求，也承担不起社会责任。在国家、社会、家庭都对教育投入巨大且期望很高时，教育也必然要面对公众的质疑，回答教育的回报问题。大学作为长盛不衰的组织，是否还能处理当下社会的复杂矛盾，还可以引领社会的进步与发展？对于这个质疑，大学需要时间做出回应。

二、本研究存在的不足

因为研究者能力和视角所限，本研究在如下几个方面存在不足：

1．各种社会关系对高校的困扰

我们的学生、家长以及社会对高校的要求无所不包，使得高校形同政府扮演了家长角色；在西方高校不成为问题的事情在这里举步维艰。没有社会的系统性支撑，高校单独面对社会矛盾以及各种诉求困难重重。因此，有研究者指出"我们的根本问题在于更新社会控制模式以及权力关系"[44]。只有当整个社会的各种关系和责任明确清晰，高校才可能真正从艰难的困境中解脱出来。各种社会关系对高校的干扰在本研究中有所涉及，但是这个问题涉及到复杂的社会结构，尤其是需要分清高校与政府的关系，分清社会事务部门的责任等。限于篇幅和能力，本文对此的研究远远不够。

作家林达在《近距离看美国》第三卷《我也有一个梦想》一书中讲述了美国历史上的阿姆斯达事件——美国第 8 任总统布伦不愿意得罪南方蓄奴的农场主，试图干预司法判决，第 6 任总统亚当斯挺身而出，重操旧业，以一名普通律师的身份出庭为黑人辩护，现任总统不愿管，法律有漏洞，前任总统走上法庭为黑人辩护，官司赢了，现任总统输了，选举失败下台。在这样一批社会精英的示范下法律得以发挥作用，影响到社会共识，教育老百姓如何维护权益。14 年 11 月底美国多个城市爆发针对美国白人警察打死黑人少年，被判无罪的结果不满引起的骚乱，当地华人律师认为这个判决虽然可能有错，但是政府不能因为担心影响社会稳定就干预司法。骚乱总会过去，司法程序继续进行，乱过一阵，该怎么样还怎么样，陪审团认定属实，法官不能随意推翻。美国电影《十二怒汉》，就是类似场景。人们的判断力总会寻求利益博弈最大化，长期来看，公平的司法对所有人有益。我们的政府也要适应这样的场景，让人们逐渐意识到司法的独立既有利于社会，也有利于政府的效率

---

44 〔法〕米歇尔·克罗齐耶.法令不能改变社会〔M〕.张月译.上海:上海人民出版社，2008:27.

和对权力的制约。

　　美国高校的危机管理，无论事情大小，都有团队共同处理，并根据事态的差异，不同的学校领导出面主导。我们也一样，涉及学生的危机处理，由主管领导召集会议讨论，涉及实验室安全等重要事宜，由相关领导出面主导；学生安全是第一位的，责任其次，避免出现重大人身伤害是首先考虑的问题；校园危机处理不当会严重影响学校的声誉，包括政府和社会机构对学校捐赠和科研经费的支持。不同之处在于他们不那么强调学校承担社会稳定的责任，同样是14年11月底黑人青年被枪击案白人警察无罪的判决结果造成全美大范围抗议游行示威，加州大学圣地亚哥分校的学生甚至围堵校园附近的五号高速公路，造成严重的交通堵塞，警方去现场驱散学生，告诉他们这样的行为造成公众的愤怒和谴责，根本不会听他们的抗议，他们的行为适得其反；学校通知各院系，要求他们按照参与的名单一一约谈学生，提醒他们什么是适度的行为。警方已经告知学生继续围堵公路必将承担法律责任，学校也对学生进行谈话教育，没有因为处置不当造成新一轮的危机，围堵公共道路的严重事态就这样平息下来。在这个事件中，警方履行职责是首要的，他们第一时间出警驱散学生，警告学生继续围堵将可能面临的官司，将要承担的法律责任。警方对学生进行了训诫，没有直接抓人，学校协助警方教育学生。学校和警方的界限是清楚的，学校不承担其他的社会压力，处理问题遵循法律与学校责任的界限，不会因为社会压力或者政府压力采取超出权限的行为，没有造成学生情绪反弹，引起新的对抗和冲突。

　　在加州大学圣地亚哥分校，学校对于学生的行为比较关注如下几种情况：允许学生在校内自由演讲，但是不许诋毁和人身攻击，不许悬挂造成人身攻击或者导致危险的横幅标语，不允许冲击教学和学校正常秩序。学生在校园公共区域聚集需要进行申请报备并且只能在划定区域内活动。美国宪法第一修正案保护公民自由表达的权利，因此学校不能因为自己的喜好禁止学生发表言论。研究者曾经目睹加州大学圣地亚哥分校学生在校内组织抗议涨学费的示威聚集，据说他们的抗议活动每年都有，加州的学费依然不断上涨，抗议显然无效，学校管理的决定权不在学生手里，学生抗议表明他们的态度而已。当然抗议时间比较长，比如 Cooper Unnion，学校历史上长期免费提供教育，董事会和校友会也支持免费，最后由学校董事会决定让步。这个决定经过一定的程序，在程序合法的情况下集体决定，并非个人意志。

对于他们来说，学生自杀不是危机事件，因为不会对学校的运行造成影响。这种观点跟本研究开展之时听到的意见一致。美国大学的学生事务管理部门认为学生自杀是一个问题，学校需要关心这样的行为是否导致其他人模仿，造成新的自杀事件，但是他们不会花很大精力去处理，他们的逻辑是既然自杀，就必然是自主选择的行为，自己应该承担责任。中国大陆高校的的类似事件处理的复杂性，在于两边不同的社会秩序和文化传统、社会心态，导致我们这里处理过程无法遵循正常的程序和规则。在各种制度规则不清晰的情况下，家长没有其他的社会支持，失去孩子就失去了重要的生命意义和寄托，在情绪崩溃之际，倾向于跟组织或者机构去讨说法，要求赔偿，不管这个诉求是否有依据。这个逻辑的出发点在于个体的归属关系，人既然死在这里，就一定需要某个组织出面承担。公众舆论认为死者为大，围观不嫌事大，道德判断多于理性，对法律的了解有限，对危机的理解存在分歧。

中国高校的学生事务管理需要花很大精力去处理跟家长的关系，处理社会舆论压力，在缺少共识的前提下，这样的沟通，与其说是解决问题和分歧，不如说是为了维持局面。

美国高校发生火灾，地震，传染病等等，他们需要沟通教师采取停课措施，教师们有时候不会认为事态有那么严重，不愿意停课以后再找时间补课。学生事务管理依然是学生危机的主要负责人和部门，他们的危机紧急应急小组不一定包括律师，要根据责任来判断，律师进来主要涉及到责任和赔偿等问题。发生学生危机事件之后最重要的是组织讨论和交流，让大家明白存在的漏洞，以及可以补救和改进的措施。对于工程以及诸多应用性学科而言，出事故就是不断改进的机会，从事故中才能发现问题并解决问题，因此危机管理被视为在一次次犯错之后发现组织漏洞的机会。我们的危机管理在处理结束之后倾向于避而不谈，没有充分利用机会培训教育新人，缺少讨论和分享，新人不知道危机可能潜藏何处，每一次危机管理都是新的体验。危机管理相关信息可能不便于在媒体公众面前公开，但至少可以在行业内部分享，对于这些经验的整体了解，是培训新人最好的教材。

对比美国高校的历史发展，我们身处的突发危机事件对学校管理的困扰应该是社会的阶段性问题，从措手不及的反应转向法律维权意识和组织程序的规范化，相关人员越来越清楚法律和规则，越是明确的规则，误解和冲突会更少。公众总是在成长，真相不可能长期被隐瞒，依靠法律规范无序和混乱，依靠社会的理性认知来达成共识，高校能够逐渐消除突发危机事件对正常管理的困扰。

上世纪六十年代的美国，参加民权运动的黑人学生未经申诉被大学除名，学生们除了抗议种族歧视和社会不公，同时开始争取学生权益。家长参与教育权益诉讼的一个知名的案例，是 MIT 学生酗酒致死引发的。"在巨大的学业压力下，许多 MIT 学生都有偷偷酗酒的解压习惯。而西蒙斯楼的兴建与 MIT 最近的宿舍改革，其实便源自一起因酗酒而导致的悲剧。1997 年 9 月 29 日，18 岁的 MIT 大一新生司各特·克鲁格(Scott Krueger)因为酒精中毒而死亡。悲剧发生前，他刚刚加入 MIT 的 Phi Gamma Delta 兄弟会，为了向'老大哥们'表示一下，克鲁格开怀畅饮，不想却以悲剧告终。由于事故发生时克鲁格住在位于波士顿 Phi Gamma Delta 兄弟会的集体宿舍中，MIT 需承担连带责任，最后，MIT 向克鲁格的父母赔偿了 600 万美元，其中 125 万美元用于设立克鲁格奖学金。"[45]父母起诉了学校，校长承认辜负该生以及父母信任，此后 MIT 改变住宿政策，不允许本科生住在校外，学校加强培训雇员，聘请住宿导师。这一事件标志着家长开始维护子女大学教育权益。

上世纪七十年代开始，父母作为美国大学合作伙伴关系的相关活动兴起，并逐步完善，除了学校与家长之间的邮件，热线联系，家长们热心参与相关活动，还成立了家长委员会，家长联谊会，大学组织了家长们参与的区域性项目，家长们参与了大学的筹集基金，大学每个月向家长推送信息的比例高达 73.6%。进入 21 世纪，家长被高校视为重要的合作伙伴，他们希望建立跟大学的良好关系，理解子女教育情况，而不是被视为数字或者符号。大学的家长与家庭项目鼓励家庭成员参与孩子的大学生活，承认父母是大学的天然盟友，鼓励他们参与大学活动并建立长期关系。UCSD 的家长与家庭项目提供公开出版物以及公开的联系方式，专门安排家长周日，新生导航等活动，并设立专门办公室处理相关事宜。同时，大学也遵守 1974 年通过的教育隐私保护法案，未经学生许可，不可提供信息给家长。大学从新生入学到毕业，以及未来漫长的岁月中，都与家长保持密切合作。

社会不是一个简单的系统，教育也不能用一个简单的办法来解决教育问题。教育政策的制定者需要考虑规模效率，无论是基础教育还是高等教育，投入产出比可能是政府关心的主要问题。中小学教育可能更加需要良好的社

---

45 http://hebei.ifeng.com/edu/liuxue/detail_2013_11/07/1432693_4.shtml

会氛围，教育除了对学生施加影响，也应该对社区施加影响，起到教化的功能。因而需要学校、家长互相之间的信任，需要长时间的稳定的合作关系，一所新建的学校难以达到这样的效果，无论他们的校舍怎样完善。现在的学校规模越来越大，跟家长和周围的社区没有什么关系。学校不太重视听取家长的意见，他们的教育主管部门的意见更为重要。家长会不过是校长们对家长训话而已，或者老师们向家长报告孩子们的情况，互相之间的交流很少。因为工作繁忙，家长们也很少有时间跟老师和学校面对面沟通，中小学教师跟家长的沟通比较关注成绩，大学教育环节家长与学校的沟通聚焦在学业困难与心理问题两个方面。

除了开学迎新，家长们送孩子入学到校，学校可能组织家长会跟家长们沟通，其他时候联系比较少。通常学生出现紧急状况才会联系家长，包括心理、身体和学业出现特殊情况。这是一个矛盾，大家认为成年的学生应该自己照顾好自己，承担责任，不应该跟父母联系过于紧密。但是大学教育的成本，尤其是能够进入精英大学的孩子，家庭为此付出的教育成本惊人，更不用说家长对子女教育给予的期望，在孩子成长过程中付出的时间和精力。在此前提下，学生的成长就不是个人的问题，家庭希望更多了解甚至参与也就可以理解。

2. 组织内部权力分配与责任分担

除了政府、社会的责任，高校自身存在不少问题，比如某些管理规定比较模糊，为极端事件留下了政策空间；学校内部权力如何分配决定了院系、职能部门之间的责、权如何匹配，直接影响到突发事件处理时学校的执行力；学校是否直接面对媒体和舆论，直接诉诸法律，将决定学校对整个社会的影响和引领示范效果。本文提出了一些问题和建议，对学校的职责、院系的职责的界定等等诸多问题进行了初步研究，但是摆脱组织困境需要进一步清晰组织的角色和边界。

同时，研究者注意到当组织处于松散状态时，无组织无纪律不但损耗了组织的资源，降低组织效率，也对个人有负面影响，甚至也会毁了一些学生，并非每个人都是具有自律能力的人。美军西点军校培养出来的企业家比较多，这些人在军队工作多年，他们熟悉军队有效运转的方式，纪律严明，令行禁止，以快速反应和执行力来保证效率，尤其是他们被严格训练的职业素养要求他们具备快速应对和处理生死攸关的重大危机的能力。当这种能力迁移到商业活动中时，他们将商场视为战场，同样能够在激烈而残酷的竞争中击败对手。教授们则擅长理论分析，重视培养学生的思想和方法，对于学生的要求比较宽松，允许学生自由发挥。思想和方法的训练确实不需要军队那般严明的纪律，但是学生解决现实问题的能力同样重要，校园学生社团弥补了课堂教学的不足。社团和学生组织对学生成长很重要，他们借此学习如何融入组织。而高校学生事务管理对社团的重视程度不够，以为是学生的自娱自乐而已，忽略了社团在学生的发展中可能为他们提供的组织归属感。在研究者看来，社团是学生学业之外找到自我认同和组织归属感并学会承担责任的重要渠道，他们通过这个平台得以训练培养社会化能力，理解社团组织的运行管理。

从十九世纪末大学的世俗化开始，美国的道德教育就已开始了边缘化过程，他们虽然屡次试图以科学教育、艺术教育带来取代宗教对于青年和社会的教化功能，但是似乎不是很成功。科学教育因为学科分化，对于完整的世界的认识比较困难，难以提供完全的教育；选修课制度也经历了反复，受到怀疑和批评。自由与保守之间的平衡不断在摇摆。最后他们还是以校园文化结构的建立来推动学生的群体归属感和道德认同感，延续下来一直到现在。他们从 1920 年代开始为学生提供宿舍，以此为增进学生群体归属、密切联系的途经，同时建立各种学生社团，尤其是体育运动代表队，使得学生的忠诚度、归属感、荣誉感都大为增强。中国高校也开始重视社团和学生组织对学生的社会化的功效，意识到仅仅依靠教学环节来解决学生的社会化教育，依靠教师个人的魅力来解决道德和价值观教育比较困难，需要建立起学生之间互动的平台，让学生在参与的过程中学会道德约束。在剑桥大学攻读研究生的学生说，他们的导师鼓励他们多参加社交活动，多跟其他专业领域的人交流，这样既有利于科研的新突破，也有助于学生缓解科研压力，找到社会支持。学生社团组织对于培养学生认识完整的世界和塑造他们的价值观的影响力不可低估。

3. 组织创新

社会发展期待着组织有所创新，以回应公众的诉求并承担起社会责任。"无论是组织还是个人均必须在他们的工作中不断创新和变化以适应社区的要求和需求的变化。为了应对这些挑战，要充分地利用我们所有的人力资源。在这些资源中，最重要的是创造力——用新方式来考虑解决老问题的能力，改变我们认识问题的视角的能力，或者用创造新的和有效率的方法使我们的组织运行得更好，服务于公众的需求的能力。如果不能这样做就有损于我们个人和组织，也有悖于公共服务的价值观。"[46]组织要发展，创新是必然，但是如何创新很困难。

本研究对高校学生突发事件处理中存在的组织困境进行了审视，观察。有的研究者所指出，"美国是市场经济国家，其社会经济、政治制度的基本结构与后来发展出来的现代高等教育管理体系和现代大学模式之间没有根本冲突。就理性管理、效益追求、民主参与三个原则而论，更是美国社会制度在高等教育管理领域中的自然延伸。此外,美国现代高等教育管理体系和现代大学模式在二战前就已初见端倪，1950 年后的发展只是其进一步扩大与完善。而中国在进行高等教育制度创新的同时，社会经济、政治体制改革也在进行之中。也就是说，中国要在社会制度变革的同时进行高等教育制度创新。对两类制度改革之间协调的困难和复杂性，无论如何估计都不为过。"[47]各种社会问题与教育问题纠结在一起，大学仅仅依靠自身来改变相当困难。学校如何创新来应对社会的复杂性与多样性，尚待今后继续深入观察和思考。

中国的变化还在进行中，一方面经济发展，社会组织结构改变，另一方面，人的思想还停留在传统中，开启民智依然艰巨。在高校与政府和社会的关系上，高校尚不具备主动权和决定权，"20 世纪末中国高等学校得以从政府系统中游离出来,这其实是国家主动放弃的结果,而不是高等学校固有的法律地位所决定的。因此在高等学校与政府的关系之间还存在着许多不确定的因素,高等学校的法律地位还有可能出现大的反复。"[48]诸多的不确定性影响高校的管理，影响高校与各种社会关系的利益界定。

4. 人才选拔制度与社会利益分配

高校学生和他们身上的突发事件备受关注，一方面因为他们考入名校非常不易，更重要的是高考制度与社会利益分配密切相关。"高考是一种资源的分配的制度：对农家子弟而言，它是进入城市的重要渠道，对平民百姓，它

46 〔美〕罗伯特·B·登哈特,珍妮特·V·登哈特,玛丽亚·P·阿里斯蒂格塔.公共组织行为学〔M〕.赵丽江译.北京:中国人民大学出版社，2007:69.
47 赵炬明.中国大学与院校研究〔J〕.高等教育研究，2005(8)
48 劳凯声，教育体制改革中的高等学校法律地位变迁〔J〕.北京师范大学学报(社会科学版)2007 年第 2 期(总第 200 期)

意味着'干部'身份的获得；对于弱势阶层而言，高考是向上流动的机会，对强势阶层则是维持、强化并复制既有的优势地位的手段。因此，高考改革的实质，就是对资源的重新分配。"[49]该研究者指出，自1998年开始以扩招为代表的高等教育改革，增加了普通百姓的学费支出，也逐渐拉大了普通大学与精英大学、普通家庭子弟与精英家庭子弟之间的距离。其显著表现在"在教育过程中，优势资本实现了叠加，而且这种叠加不仅仅是某一种资本在起作用，而是'赢者通吃'。比如，如果一个家庭在经济上有优势，那么这种资本往往可以在教育过程中也可以同时转化为政治优势、文化优势，这种叠加效应在自主招生考试中得到了充分体现。"[50]该研究选取恢复高考之后1978—1998年间的A大学新生家庭情况登记表以及2000——2010年自主招生的报名信息等材料进行家庭情况信息在内的数据分析，对以自主招生为代表的高考选拔制度改革提出了质疑："十余年的高考改革，使高考的政治—社会功能渐渐削弱，工农子弟所占的比例一直呈下降趋势，……社会上的贫富分化和阶层矛盾同样复制到了一流大学内部，这是一个值得高度警惕的危险状况。"[51]作者认为高考改革沿着这样的思路进行下去，中国社会的分化只会更加严重。

　　该研究反映出部分社会现实困境，与本研究的案例相呼应。如果教育与社会利益分配没有那么强的关联，大学也许不会成为冲突的场所。中国社会长期稳定的重要因素都与教育有关，当今社会的稳定也同样强调教育公平，以便为社会不同阶层之间的正常流动创造条件。"社会的稳定取决于各阶层之间流动机制的畅通。中国历史上之所以能够维持较长时间的稳定，很大程度上得益于孔子的'有教无类'和隋唐以来的科举制度。教育观念上的平等和'宰相出于青衣'的制度设计，使得我们封建王朝遇到危机时，不乏岳飞、曾国藩一类的可用之才。传统计划体制下，虽然户籍制度隔离了城乡居民，但招工、考大学、当兵提干，还是给农村青年开放了一条进城的路。市场经济本来强调'机会均等'的，但近年来以改革的名义大幅度提高学费，则断了农村贫困家庭子女的大学梦。这不仅有损于高等教育的质量，而且堵塞了

49　林耀国.高考改革的政治分析—以A大学为案例〔R〕.北京大学中国与世界研究中心，2011,8.

50　林耀国.高考改革的政治分析—以A大学为案例〔R〕.北京大学中国与世界研究中心，2011,8.

51　林耀国.高考改革的政治分析—以A大学为案例〔R〕.北京大学中国与世界研究中心，2011,8.

正常的社会流动渠道。"[52]教育机会平等不仅仅是学费问题，更是选拔标准问题，在强调综合素质优秀的改革趋势下高等学校的选拔标准可能不利于农村子弟，他们受阻于先天不足，在学科竞赛、表达能力、活动能力、艺术才干等诸多方面均很难与城市精英阶层的子弟同等条件竞争，很难获得自主招生、加分录取等特殊政策支持。

Duke 的前校长 Nanerl O. Keohane 在赴任之前是 Wellesley 的校长，作为一名女性政治学教授，她是一个眼光开阔的校长和政治学家，某种程度上也是一个比较保守的传统主义者。上世纪末全球化的声浪高涨，她在自己的文章里表达了清晰的观点，表明美国对全球化有自己比较清醒的看法——敏感技术仍然需要保护；招收国际学生的同时如何保护美国利益，也不损害学术的交流；一切需要从本土、本区域、社区的角度出发去考虑，因为没有人可以摆脱这些因素在成长过程中的烙印。对于美国利益来说，传统也需继承———但是不能在打击恐怖主义的旗号下损害自由主义的传统。

如何保障学校在学术上的活力同时履行社会责任，承担社会责任，也培养学生承担社会责任，是她认为 Duke 重要的目标。Duke 同样存在教学与科研的问题，教授们愿意培养研究生，因为研究生来可以成为合作伙伴，不愿意给本科生上课，这似乎是所有大学的问题。美国大学聘用很多临时人员用于教学，包括研究生和博士后，终生职位主要用于研究，所以如何建立起这些人对于一所大学的认同，形成共识？她也没有给出特别好的办法，尝试筹集资金聘用长期人员充实教学，或者鼓励教学，看来还是比较困难。精英大学如何履行社会责任，回答仍然是为美国社会提供需要的研究成果、人才，维护美国在全球化中的利益。当然，她也谈到以多样化的办法解决美国社会多元化的问题。

她在多篇文章里讲到招生的平等问题。美国大学的教育平等是政治正确的表述，以政治正确的名义出台了诸多法律。但是精英大学的录取政策，受到诸多利益影响，备受诟病的北京高价学区房，正是学习模仿美国模式的后果。我国教育资源的合理分配曾经依靠政府强制推行的政策，但是自从建立重点中小学、大学，教育资源的分配就不可能公平。在相当长时间里，中国大学的贫困学生比例比较高，可能得益于高考选拔模式的标准化，得益于中小学教育资源分散，其中不乏一些优质教师因为历史原因被迫遣散到了各地

52 王梦奎.中国中长期发展的重要问题〔M〕.北京:中国发展出版社，2005:383.

带来的教育资源公平。更重要的是，当时中国社会的差异较小，即便存在城乡差异，但是贫富分化不明显，社会流动性也比较差，教育成为唯一的社会流动渠道。现在的社会流动性不仅只有教育，还有经济手段，以及随着经济水平改变带来的巨大的社会资源差异。大学教育的理想状态，应该让学生在复杂的、不同社会阶层、背景的人员构成的大学校园里学习，培养学生去适应真实的社会，了解真实的社会。在一个相对单一的环境之下长大的孩子，不知道社会生活的真实状况，未来的发展可能受限于单一性；如果学生都来自精英家庭，他们不了解跟自己不同的家庭背景的孩子，对于社会来说，也失去了一个培养负责任的"接班人"的机会。从社会利益的角度，不同社会阶层的利益共享和共同发展，可能是最好的社会发展模式，教育被寄予这样的预期。但是现实远比理想更为复杂。

国家"98 5"工程等项目支持的高校获得越来越多的社会资源，这些名校的毕业生也当然获得更多的社会认同，更容易往上流动。"历史上，人们把高等教育看作是是个人为生活（从一般意义上说）及为某种职业或专业（从特殊意义上说）做好准备的一种机会。"[53]社会发展对教育的依赖和需求使得教育不再是个人的事情，政策制定者需要考虑教育公平，促进社会发展，避免教育加剧社会矛盾激化和社会分层。"市场促成了利益追求各不相同的诸多利益群体，教育是一个利益冲突集中的领域，不同的人对教育有不同的利益追求，试图通过教育实现不同的目的。同时，教育又是一个涉及社会公平的敏感领域，人们关注着教育的公平与效率问题、教育的公益性问题、教育的普及化或大众化问题。"[54]中国历史上曾经长期稳定的人才选拔制度面临着包括高考制度在内的新的制度的严峻挑战，而社会稳定决定于社会是否能够提供平等的教育机会，人才选拔制度是否能够实现社会公平流动，真正发挥维护国家利益的作用。研究者认为这是校园危机背后更为复杂的社会问题与教育问题，尚待今后继续研究。

在社会存在变数的时期，组织的困境在于各种的不确定性，组织难以取舍，对自己的边界和责任的划分依赖于其他的因素。但是，研究者依然对未来持乐观态度，相信这些困境可以得到解决，"在一个理性化的社会里,组织与

53　〔美〕约翰·布鲁贝克.高等教育哲学〔M〕.王承绪等选译.杭州:浙江教育出版社，
　　1987:75.
54　劳凯声，社会转型与教育的重新定位，《教育研究》2002 年第 2 期

组织之间的冲突会使得组织间的界限更加分明,人们为了一致对外而紧密地结合起来,组织内的矛盾也暂时得到化解;在社会系统中,组织边界冲突还可能使组织保持相当的独立性和一定界限,有利于保持社会各要素之间的平衡,促进社会的分化与整合。"[55]因为社会矛盾导致的组织困境和危机，在信息公开与社会心理承受能力逐渐改变的情况下，也逐渐在往理性的方向努力，这些危机对组织的成长以及社会建立共识是有益的。

　　危机是现象，危机背后是社会深刻变化、变迁的挑战和希望。人是有力量的，管理者在组织困境中既是见证者、亲历者，也是组织走出困境的推动者。中国社会历经数千年的变迁，正面临"三千年未有之大变局"，各种社会矛盾深刻复杂，既是巨大的挑战，也是社会变革的机遇，深刻的变化就蕴藏在组织困境中，等待被转变为新的希望。组织和个人只有从危机中学习，从危机中寻找希望，才能临危不乱，走向新的机遇谋求发展。

55 齐美尔,林荣远译. 社会学—关于社会化形式的研究〔M〕.北京:华夏出版社，2002.

参考文献

中文文献

1. 〔以〕叶海尔·德罗尔.逆境中的政策制定.王满传，等译，张金马校，上海远东出版社，1996.

2. 〔美〕迈克尔·罗斯金.罗伯特·科德.詹姆斯·梅代罗斯.政治科学.林震等译，华夏出版社，2001.

3. 〔美〕拉雷·N·格斯顿.公共政策的制定　程序和原理.朱子文译.重庆出版社，2001.

4. 〔美〕戴维·伊斯顿.政治体系　政治学状况研究.马清槐译.商务印书馆，1993.

5. 〔美〕托马斯·R·戴伊.自上而下的政策制定.鞠方安等译.中国人民大学出版社，2002.

6. 〔美〕约翰·G·冈内尔.政治理论：传统与阐释.王小山译.浙江人民出版社，1988.

7. 〔美〕艾伦·C·艾萨克.政治学:范围与方法.郑永年等译.浙江人民出版社，1987.

8. 〔美〕James M·布坎南.Roger D·康格尔顿.原则政治，而非利益政治——通向非歧视性民主.张定淮，何志平译.社会科学文献出版社，2004.

9. 〔美〕约翰·W.金登.议程、备选方案与公共政策.丁煌，方兴译.中国人民大学出版社，2004.

10. 〔美〕海伦·英格兰姆，斯蒂文·R·史密斯.新公共政策　民主制度下的公共政策.钟振明，朱涛译.上海交通大学出版社，2005.

11. 因巴尔.D.E.（Inbar，Dan E.）.教育政策基础.史明洁译.教育科学出版社，2003.

12. 〔英〕托尼·布什.当代西方教育管理模式.强海燕译.南京师范大学出版社，1998.

13. 〔美〕约翰·布鲁贝克.高等教育哲学.王承绪等译.浙江教育出版社，1998.

14. 〔美〕詹姆斯·杜德斯达.弗瑞斯·沃马克.美国公立大学的未来.刘济良译.北京大学出版社，2006.

15. 〔美〕威廉·墨菲.D.J.R.布鲁克纳.芝加哥大学的理念.彭阳辉.世纪出版集团.上海人民出版，2007.

16. 〔美〕弗兰克·H·T·罗德斯.创造未来 美国大学的作用.王晓阳等译.清华大学出版社，2007.

17. 〔美〕沃尔特·范伯格.乔纳斯·F·索尔蒂斯.学校与社会.李奇译.教育科学出版社，2006.

18. 〔美〕索尔斯坦·凡勃伦.学与商的博弈 论美国高等教育.惠圣译.上海人民出版社，2009.

19. 〔澳〕布莱恩·克里藤登.父母、国家与教育权.张东辉译.教育科学出版社，2009.

20. 〔美〕乔治·凯勒.大学战略与规划 美国高等教育管理革命.别敦荣主译.中国海洋大学出版社，2005.

21. 〔美〕埃里克·尤斯拉纳.信任的道德基础.张敦敏译.中国社会科学出版社，2006.

22. 〔美〕阿尔文·古尔德纳.新阶级与知识分子的未来.杜维真等译.人民文学出版社，2001.

23. 〔美〕理查德·A·波斯纳.公共知识分子衰落之研究.徐昕译.中国政法大学出版社，2002.

24. 〔法〕费迪南布·伦蒂埃.批判知识分子的批判.王增进译.中国社会科学出版社，2007.

25. 〔英〕保罗·霍普.个人主义时代之共同体重建.沈毅译.浙江大学出版社，2010.

26. 〔法〕阿兰·图海纳.我们能否共同生存.狄玉明，李平沤译.商务印书馆，2003.

27. 〔美〕安德鲁·芬伯格.可选择的现代性.陆俊，等译.中国社会科学出版社，2003.

28. 〔美〕罗伯特·阿克塞尔罗德.合作的进化.吴坚忠译.上海世纪出版集团 上海人民出版社，2007.

29. 〔法〕达尼洛·马尔图切利.现代性社会学.姜志辉译.凤凰出版传媒集团 译林出版社，2007.

30. 〔德〕齐美尔.社会是如何可能的.林荣远编.广西师范大学出版社，2002.

31. 〔法〕米歇尔·克罗齐耶.埃哈尔·费埃德伯格.张月译.行动者与系统——集体行动中的政治学.世纪出版集团 上海人民出版社，2007.

32. 〔美〕戴维·E·阿普特.现代化的政治.陈尧.上海世纪出版集团，2011.

33. 〔美〕弗雷德里克·沃特金斯.西方政治传统 近代自由主义之发展.李丰斌.新星出版社，2006.

34. 〔英〕安东尼·吉登斯.现代性的后果.田禾.凤凰传媒出版集团 译林出版社，2011.

35. 〔英〕大卫·G·格林.再造市民社会——重新发现没有政治介入的福利.邬晓燕.陕西出版集团，2011.

36. 〔美〕哈罗德·伊罗生.群氓之族 群体认同与政治变迁.邓伯宸.广西师范大学出版社，2008.

37. 〔美〕罗伯特·门斯切.市场、群氓和暴乱 对群体狂热的现代观点.郑佩芸，朱欣微.上海财经大学出版社，2006.

38. 〔美〕凯斯·R.桑斯坦.极端的人群 群体行为的心理学.尹宏毅，郭彬彬.新华出版社，2010.

39. 李友梅，肖瑛，黄晓春.社会认同：一种结构视野的分析 以美、德、日三国为例.上海人民出版社，2007.

40. 〔英〕齐格蒙特·鲍曼.个体化社会.范祥涛.上海三联书店，2002.

41. 〔英〕齐格蒙特·鲍曼.共同体.欧阳景根.江苏人民出版社，2003.

42. 〔德国〕诺贝特·埃利亚斯.个体的社会.翟三江.陆兴华.译林出版社，2003.

43. 〔美〕埃里克·霍弗.狂热分子.梁永安译.广西师范大学出版社，2008.

44. 〔英〕布劳尼斯娄·马林诺夫斯基著，张帆译.自由与文明，世界图书出版公司，2009.

45. 〔美〕斯蒂芬·沃切尔.社会心理学.金盛华等译.江苏教育出版社，2008.

46. 马克斯·韦伯.新教伦理与资本主义精神.郑志勇译.江西人民出版社，2010.

47. 蔡定剑.民主是一种现代生活.社会科学文献出版社，2011.

48. 〔德〕尤尔根·哈贝马斯.合法化危机.刘北成，曹卫东译.世纪出版集团 上海人民出版社，2011.

49. 彼得·F·德鲁克 著.德鲁克文集（第三卷）社会的管理.徐大建译.上海财经大学出版社，2006.

50. 罗斯．韦伯.组织理论与管理.吴思华等译.台北长桥出版社，1979.

51. 闵家胤.社会系统等级结构研究.中国社会科学出版社，2011.

52. 〔印〕R·A·沙曼.组织理论和行为.郑永年等译.广西人民出版社，1988.

53. 〔美〕查尔斯·蒂利.身份、边界与社会联系.谢岳译.上海世纪出版集团，2008.

54. 〔英〕A.N.怀特海.教育与科学理性的功能.黄铭译.大象出版社，2010.

55. 〔美〕约瑟夫·泰恩特.复杂社会的崩溃.邵旭东译.海南出版社，2010.

56. 〔英〕安东尼·吉登斯.超越左与右—激进政治的未来.李惠斌译.社会科学文献出版社，2003.

57. 〔美〕弗朗西斯·福山.大分裂 人类本性与社会秩序的重建.刘榜离，等译.中国社会科学出版社，2002.

58. 〔美〕李侃如.胡国成等译.治理中国 从革命到改革.中国社会科学出版社，2010.

59. 〔法〕P.布尔迪厄.杨亚平译.国家精英——名牌大学与群体精神.商务印书馆，2004.

60. 〔美〕塞缪尔·P·亨廷顿.王冠华等译.变化社会中的政治秩序.上海人民出版社，2010.

61. 〔英〕伯特兰·罗素.储智勇译.权威与个人.商务印书馆，2010.

62. 〔美〕赫伯特·马尔库塞.刘继译.单向度的人.世纪出版集团，上海译文出版社，2008.

63. 〔美〕珍妮·奥克斯.程亮等译.教学与社会变革（第二版）.华东师范大学出版社，2008.

64. 金观涛.刘青峰.兴盛与危机 论中国社会超稳定结构.法律出版社，2011.

65. 金观涛.刘青峰.开放中的变迁 再论中国社会超稳定结构.法律出版社，2011.

66. 金观涛.刘青峰.中国现代思想的起源 超稳定结构与中国政治文化的演变（第一卷）.法律出版社，2011.

67. 秦晓.当代中国问题：现代化还是现代性.社会科学出版社，2009.

68. 〔法〕米歇尔·克罗齐埃.刘汉全译.科层现象.上海人民出版社，2002.

69. 〔美〕珍妮·H·巴兰坦.弗洛伊德·M·海默克.教育社会学——系统的分析.中国人民大学出版社，2011.

70. 郑文.英国大学权力协调与制衡.北京大学出版社，2011.

71. 〔美〕罗伯特·K·殷.周海涛译.案例研究方法的应用.重庆大学出版社，2009.

72. 〔美〕罗伯特·K·殷.周海涛译.案例研究 设计与方法.重庆大学出版社，2004.

73. 〔美〕菲利普·布儒瓦.焦小婷译.生命的尊严 透析哈莱姆东区的快克买卖.北京大学出版社，2009.

74. 应星.大河移民上访的故事.三联书店，2001.

75. 李琼.政府管理与边界冲突：社会冲突中的群体、组织和制度分析.新华出版社，2007.

76. 段海峰.行政法视角下的高校管理.人民出版社，2010.

77. 湛中乐.公立高等学校法律问题研究.法律出版社，2009.

78. 吕继臣.中国公立高等学校法人制度研究.北京师范大学出版社，2011.

79. 安宗林.李学永.大学治理的法制框架构架研究.北京大学出版社，2011.

80. 李福华.大学治理的理论基础与组织架构.教育科学出版社，2008.

81. 母国光.翁史烈.高等教育管理.北京师范大学出版社，1995.

82. 刘祖云.弱势群体的社会支持——香港模式及其对内地的启示.社会科学文献出版社，2011.

83. 〔美〕凯瑟琳·莫塞斯.刘莉萍译.教育管理的案例研究.教育科学出版社，2010.

84. 〔英〕杰勒德·德兰迪.黄建如译.知识社会中的大学.北京大学出版社，2010.

85. 〔美〕德里克·博克.徐小洲译.走出象牙塔——现代大学的社会责任.浙江教育出版社，2001.

86. 王淑娟.美国公立院校的州问责制.知识产权出版社，2010.

87. 〔日〕铃木敏正.玄美兰译.危机管理系统.辽宁科学技术出版社，2009.

88. 〔美〕劳伦斯·巴顿.许瀞予译.危机管理 一套无可取代的简易危机管理方案.东方出版社，2009.

89. 〔美〕史蒂芬·A·拉佛.王占波译.走向精益.机械工业出版社，2010.

90. 彼得·圣吉.李晨晔译.必要的革命 可持续发展型社会的创建与实践.中信出版社，2010.

91. 〔荷兰〕阿金·伯恩.保罗·特哈特.〔瑞典〕埃瑞克·斯特恩.邦特·桑德留斯.危机管理政治学.河南人民出版社，2010.

92. 〔美〕科塞.孙立平等译.社会冲突的功能.桂冠图书股份有限公司，1994.

93. 〔美〕弗朗西斯·福山.彭志华译.信任 社会美德与创造经济繁荣.海南出版社，2001.

94. 〔英〕巴鲁克·费斯科霍夫.莎拉·利希藤斯坦.保罗·斯洛维克.人类可接受风险.王红漫.北京大学出版社，2009.

95. 薛澜，张强，钟开斌.危机管理，清华大学出版社，2003.

96. 王梦奎.中国中长期发展的重要问题.中国发展出版社，2005.

97. 胡百精.中国危机管理报告 2008-2009.中国人民大学出版社，2010.

98. 卢福营.冲突与协调——乡村治理中的博弈.上海交通大学出版社，2006.

99. 蒋树声.建设科学高效的应急管理机制.群言出版社，2009.

100. 王旭坤.紧急不避法制 政府如何应对突发事件.法律出版社，2009.

101. 张彦.高校学生危机管理研究 典型案例与处理机制.北京大学出版社，2008.

102. 王冬芳.非政府组织与政府的合作机制:公共危机的应对之道.中国社会出版社，2009.

103. 陈永明.教育危机管理.天津教育出版社，2007.

104. 陈毅.博弈规则与合作秩序 理解集体行动中合作的难题.上海人民出版社，2010.

105. 肖鹏英.危机管理.华南理工大学出版社，2008.

106. 张进，王以超.危机中国.中国友谊出版公司，2009.

107. 陈丽华，王寰瞳，李倩.公共视角下的危机管理.中国社会科学出版社，2009.

108. 王军.突发事件应急管理读本.中共中央党校出版社，2009.

109. 韩丽丽.我国突发事件应对与社会政策制定模式研究.社会科学文献出版社，2010.

110. 李华.农村公共管理中国农业出版社，2009.

111. 朱力.韩勇.乔晓征.我国重大突发事件解析，南京大学出版社，2009.

112. 张欢.应急管理评估.中国劳动社会保障出版，2010.

113. 蔡定剑.公众参与——风险社会的制度建设.法律出版社，2009.

114. 丁烈云，杨新起.校园突发事件应急管理.华中师范大学出版社，2009.

115. 孙斌著.学校突发事件应急管理.气象出版社，2008.

116. 王宏伟.重大突发事件应急机制研究.中国人民大学出版社，2010.

117. 张彩云，郭晓峰，王存银.公共危机与管理.兰州大学出版社，2009.

118. 刘圣汉.应急管理学.中国矿业大学出版社，2009.

119. 陈安，陈宁，倪慧荟.现代应急管理理论与方法.科学出版社，2009.

120. 桂维民.应急决策论.中共中央党校出版社，2007.

121. 张小明.公共部门危机管理.中国人民大学出版社，2006.

122. 罗豪才.软法与公共治理.北京大学出版社，2006.

123. 肖鹏军.公共危机管理导论.中国人民大学出版社，2006.

124. 〔美〕约翰·克莱顿·托马斯著，孙柏瑛等译.公共决策中的公民参与.
中国人民大学出版社，2010.

125. 王茂涛.政府危机管理.合肥工业大学出版社，2005.

126. 阎梁，翟昆.社会危机事件处理的理论与实践.中共中央党校出版社，2003.

127. 聂磊.危机管理中的社会组织研究.知识产权出版社，2011.

128. 江大海，唐德龙，王生卫.变革管理.中国人民大学出版社，2004.

129. 孙立平.断裂：20 世纪 90 年代以来中国的社会.社会科学文献出版社，
2003.

130. 孙立平.博弈—断裂社会的利益冲突与和谐.社会科学文献出版社，2006.

131. 孙立平.重建社会—转型社会的秩序再造.社会科学文献出版社，2009.

132. 孙立平.守卫底线—转型社会的基础秩序.社会科学文献出版社，2007.

133. 李琼.政府管理与边界冲突.新华出版社，2007.

134. 周雪光.组织社会学十讲.社会科学文献出版社，2003.

135. 许倬云.从历史看组织.上海人民出版社，2011.

136. 〔美〕约翰·肯尼思·加尔布雷思.赵勇译.富裕社会.凤凰出版传媒集团.
江苏人民出版社，2009.

137. 〔美〕约翰·肯尼思·加尔布雷思.王中宝译.美好社会——人类议程.凤
凰出版传媒集团.江苏人民出版社，2009.

138. 苏力著.制度是如何形成的.北京大学出版社，2010.

139. 〔美〕斯蒂芬·P·罗宾斯著，孙建敏译.组织行为学（第十版）.中国人民大学出版社，2005.

140. 〔美〕威廉·G·坎宁安，保拉·A·科尔代罗.赵中建译.教育管理：基于问题的方法.江苏教育出版社，2002.

141. 〔美〕克里斯·阿吉里斯.郭旭力译.个性与组织.中国人民大学出版社，2007.

142. 〔美〕琳达·埃莉诺，格伦娜·杰勒德.郭少文译.对话：变革之道.教育科学出版社，2006.

143. 〔英〕查尔斯·汉迪.方海萍等译.组织的概念.中国人民大学出版社，2006.

144. 〔美〕詹姆斯·汤普森.敬乂嘉译.行动中的组织——行政理论的社会科学基础.上海人民出版社，2007.

145. 〔法〕埃哈尔·费埃德伯格.张月等译.权力与规则 组织行动的动力.上海人民出版社，2005.

146. 〔美〕温德尔 L.弗伦奇，小塞西尔 H.贝尔，罗伯特·A.组织发展与转型 有效的变革管理.机械工业出版社，2006.

147. 〔美〕多萝西·马西克，约瑟夫·塞尔策，彼德·韦尔.组织行为学 体验与案例.中信出版社，2004.

148. 〔美〕罗伯特·B·登哈特，珍妮特·V·登哈特，玛丽亚·P·阿里斯蒂.公共组织行为学.中国人民大学出版社，2007.

149. 〔美〕斯蒂芬·P·罗宾斯.孙健敏译.组织行为学.中国人民大学出版社，2005.

150. 〔美〕弗雷德·鲁森斯.王垒等译校.组织行为学.人民邮电出版社，2009.

151. 〔美〕罗伯特·G·欧文斯.窦卫霖译.教育组织行为学.华东师范大学出版社，2001.

152. 史密斯-巴克林协会.孙志伟译.非营利管理.中信出版社，2004.

153. 〔美〕罗伯特·T·戈伦比威斯基，杰里·G·史蒂文森.非营利组织管理案例与应用.中国人民大学出版社，2004.

154. 〔美〕彼得·德鲁克.吴振阳等译.非营利组织的管理.机械工业出版社，2007.

155. 〔美〕彼得·德鲁克.朱雁斌译.21 世纪的管理挑战.机械工业出版社，2006.

156. 〔美〕彼得·德鲁克.许是祥译.卓有成效的管理者.机械工业出版社，2005.

157. 〔英〕贝蒂塔·范·斯塔姆著.创新力 企业生存与发展的内在动力.高等教育出版社，2004.

158. 〔美〕罗伯特·哈里斯，阿米达·拉塞尔著，郭武文译.多元化趋势 众多变革失败的原因及对策.华夏出版社，2004.

159. 〔美〕安杰洛·金尼奇.王慧敏译.组织行为学精要.电子工业出版社，2009.

160. 玺璺.象牙塔里的困惑 大学生心理障碍个案与诊治.世界图书出版公司，2004.

161. 大原浩一，大原健士郎，崔玉华译.森田疗法与新森田疗法.人民卫生出版社，1995.

162. 张源侠著.空镜救心 中国禅与现代心理诊疗.中国戏剧出版社，2005.

163. Nancy McWilliams，钟慧等译.精神分析案例解析.中国轻工业出版社，2004.

164. 姚芳传.情感性精神障碍.湖南科学技术出版社，1998.

165. 翟书涛，杨德森.人格形成与人格障碍.湖南科学技术出版社，1998.

166. 张家恕，倪泰一.心理医生病案录.重庆大学出版社，1997.

167. 王卫红.抑郁症、自杀与危机干预.重庆出版社，2006.

168. 贾西津.心灵与秩序 从社会控制到个人关怀.贵州人民出版社，2004.

169. 段鑫星，程婧.大学生心理危机干预.科学出版社，2006.

170. 郑日昌.大学生心理诊断.山东教育出版社，1999.

171. 郑日昌.大学生心理咨询.山东教育出版社，1999.

172. 郑日昌.大学生心理卫生.山东教育出版社，1999.

173. 肖旭，陈正权.心理健康教育环境论.电子科技大学出版社，2007.

174. 〔美〕朱迪·维奥斯特著，吕家铭译.必要的丧失.上海三联书店，2007.

175. A·班杜拉著，缪小春等译.自我效能 控制的实施（上、下册）.华东师范大学出版社，2003.

176. 〔美〕朗达·布里顿.陈逸群译.你害怕什么——驱逐恐惧与压力的心理课程.上海远东出版社，2004.

177. 克里希那穆提著，胡因梦译.心灵之旅 般若之旅.台海出版社，2004.

178. 克里希那穆提著，廖世德译.心灵之旅 心灵自由之路.台海出版社，2004.

179. 〔美〕 Richard K.James，Burl E.Gilliland 著，高申春等译.危机干预策略.高等教育出版社，2009.

180. 〔美〕斯坦尼斯拉夫·格罗夫著，刘毅等译.非常态心理学 现代意识研究的启迪.云南人民出版社，2003.

181. 〔英〕Neil Frude 著，李虹等译.变态心理学.清华大学出版社，2008.

182. 〔英〕阿兰·德波顿著.陈广兴，南治国译.身份的焦虑.上海译文出版社，

2007.

183. 〔美〕卡伦·荷妮著，陈收等译.神经症与人的成长.国际文化出版公司，2000.

184. 〔美〕艾里克·J·马施，大卫·A·沃尔夫著，孟宪璋等译.儿童异常心理学.暨南大学出版社，2004.

185. 〔美〕艾伯特·J·伯恩斯坦博士著，范蕾等译.情绪管理.中国水利水电出版社，2005.

186. 〔美〕劳拉·E·贝克著，桑标等译.婴儿、儿童和青少年（第五版）.上海人民出版社，2008.

187. 〔美〕史蒂文·达克著，姜学清译.日常关系的社会心理学.上海三联书店，2005

188. 钱穆.中国历代政治得失.生活·读书·新知三联书店，2010.

189. 钱穆.国史新论.生活·读书·新知三联书店，2010.

190. 贺麟.文化与人生.商务印书馆，1988.

191. 费孝通.乡土中国.世纪出版集团，2007.

192. 顾明远.中国教育的文化基础.山西教育出版社，2004.

193. 陈志武著.为什么中国人勤劳而不富有.中信出版社，2008.

194. 马克·贝磊等著，杨慧娟译.教育补习与私人教育成本.北京师范大学出版社，2008.

195. 曾毅，顾宝昌，郭志刚.低生育水平下的中国人口与经济发展.北京大学出版社，2010.

196. 褚宏启.教育法制基础 教育部人事司组织编写，.北京师范大学出版社，2002.

197. 何致瑜.国际教育政策发展报告.天津人民出版社，2004.

198. 黄明东.教育政策与法律.武汉大学出版社，2007.

199. 宋维红.学校公共关系理论与实践.中央编译出版社，2007.

200. 张东娇.公众、事务与形象 学校公共关系管理导论.重庆大学出版社，2005.

201. 徐建华，徐跃飞，管斌全.学校竞争力——学校走向卓越的力量源泉.上海三联书店，2006.

202. 李茂.彼岸的教育.华东师范大学出版社，2006.

203. 陈学飞.国际视野中的高等教育探索.中国海洋大学出版社，2009.

204. 爱弥儿・涂尔干.陈光金.道德教育.上海人民出版社，2001.

205. 〔美〕杜威.王承绪译.道德教育原理.浙江教育出版社，2003.

206. 联合国教科文组织国际教育发展委员会编著，华东师范大学比较教育研究所译.学会生存　教育世界的今天和明天.教育科学出版社，1996.

207. 董雅华.知识，信仰，现代化——中国政治社会化中的高等教育.复旦大学出版社，2005.

208. 郑永廷.张彦.德育发展研究——面向21世纪中国高校德育探索.人民出版社，2006.

209. 高德胜.知性德育及其超越　现代德育困境研究教育科学出版社，2003.

210. 史秋琴.城市变迁与家庭教育　上海家庭教育报告书.上海文化出版社，2006.

211. 魏志春.校长视野中的政府教育管理职能转变.北京大学出版社，2011.

212. 唐清利.找寻高校内部纠纷的处理规则：法律经济学视角下的私权与公权界限模糊领域，法律出版社，2008.

213. 汪玉凯.界定政府边界.中国友谊出版公司，2010.

214. 龙献忠.治理理论视野下的政府与大学关系研究.湖南大学出版社，2007.

215. 王伟.中国社会保障法律制度研究.中央民族大学出版社，2008.

216. 周振超.当代中国政府"条块关系"研究.天津人民出版社，2009.

217. 郑文.英国大学权力协调与制衡.北京大学出版社，2011.

218. 罗伯特・M.罗森兹威格.王晨译，林薇校.大学与政治——美国研究型大学的政策、政治和校长领导.河北大学出版社，2008.

219. 张维迎.大学的逻辑.北京大学出版社，2005.

220. 〔法〕米歇尔・克罗齐耶.张月译.法令不能改变社会.上海人民出版社，2008.

221. 周丽华.德国大学与国家的关系.北京师范大学出版社，2008.

222. 范恒山.事业单位改革：国际经验与中国探索.中国财政经济出版社，2004.

223. 李汉林，渠敬东.中国单位组织变迁过程中的失范效应.上海人民出版社，2005.

224. 金国坤.行政权限冲突解决机制研究.北京大学出版社，2010.

225. 刘晔.理性国家的成长　中国公共权力理性化研究.重庆出版社，2005.

226. 周川，马娟.现代学校制度与学校自主发展研究.黑龙江人民出版社，2011.

227. 郑杰.学校何以难办.中国轻工业出版社，2010.

228. 欧阳光.董事、校长与教授：美国大学治理结构研究.高等教育出版社，2011.

229. 周玲.大学组织冲突研究.华东师大博士论文，2006.

230. 刘伟.高校应急管理能力研究.中国矿业大学博士论文，2009.

231. 高恩新.过程、行动者与危机管理——当代中国农村重大群体性事件的发生机制研究.复旦大学博士论文，2008，5.

232. 韦伟强.中国危机管理法制化研究.华东师范大学博士论文，2008，5.

233. 吴宇清.我国高等院校危机管理研究.中国农业大学硕士学位论文，2005，11.

234. 张培.中美高校危机应急管理机制比较研究.西南政法大学硕士论文，2009，6.

235. 余惠琼，游敏惠.关于美国高校学生事务管理研究的几个问题.重庆科技学院学报（社会科学版），2008，8.

236. 储祖旺，刘金锭.论高校学生工作使命.中国高教研究，2008，2.

237. 时长江.论高校学生事务管理专业化发展.中国高教研究，2007，8.

238. 李赛强.美国高校学生事务管理专业硕士生培养模式初探.教育行政学院学报，2008，6.

239. 吴亚玲.英国高校学生事务概况及启示.中国高教研究，2005，5.

240. 张彦.刘杉杉.项习.从危机管理走向服务建设———高校 BBS 管理初探.思想教育研究，2006，12.

241. 张彦.构建科学高效的院系基层学生工作体系.思想教育研究，2006，9.

242. 张彦.现代化学生工作体系与大学生思想政治教育.2009 年 12 月 3 日在第五届中国青少年发展论坛〈2009〉主论坛上的主旨演讲.

243. 张彦.试论大学生思想政治教育的精致化问题.中国高教研究，2009.

244. 张彦.以"精致化"要求推进大学生思想政治教育新发展.思想教育研究，2010.

245. 肖冬丽，岳贤蓉.社会公益性角度下的高校责任.成功（教育），2009，10.

246. 王强.关于当代大学社会责任及其冲突问题的思考.辽宁教育研究，2008，4.

247. 刘少雪.试论大学的社会责任.上海交通大学学报（社会科学版），1999，1.

248. 王守军.关于大学社会责任的一种结构化分析思路初探.清华大学教育研究，2005，1.

249. 杨兴林.关于现代大学社会责任的再审视.江苏高教，2009，1.

250. 杨德广.试论现代大学的性质和功能.高等教育研究，2001，1.

251. 王冀生.超越象牙塔:现代大学的社会责任.高等教育研究，2003，1.

252. 王晓阳.张京顺.美国大学的社会责任与学术自由理念.清华大学教育研究，2000，4.

253. 龚放.试论现代大学的社会责任.北京大学教育评论，2008，2.

254. 申万兵.论柔性管理理论在高校学生工作中的应用.思想教育研究，2009，8.

255. 孙霄兵.在法治基础上构建现代大学制度.中国高等教育，2006，19.

256. 董云川.现代大学制度中的政府、社会、学校，高等教育研究，2002，9.

257. 李琼.转型期我国社会冲突研究综述.学术探索，2003，10.

258. 李琼.社会冲突的新视角: 边界冲突.学术探索，2004，10.

259. 袁贵仁.建立现代大学制度推进高教改革和发展.中国高等教育，2000，3.

260. 靳希斌.教育产权与教育体制创新—从制度经济学角度分析教育体制改革问题.广东社会科学，2003，2.

261. 李爱民.对中国公立大学组织的社会学分析.现代大学教育，2007，3.

262. 谈松华.教育管理制度创新与建立现代学校制度.中国高等教育，2003，07.

263. 刘春花.学校教育的责任边界与有限性.教育发展研究，2009，21.

264. 张应强.高等教育质量观与高等教育大众化进程.江苏高教，2001，5.

265. 许杰.治理视角中大学运营效率探析（下）.国家教育行政学院学报，2010，9.

266. 周其仁.如何应对不确定性.2008 年企业家领袖年会.招商周刊，2008，26.

267. 赵炬明.中国大学与院校研究.高等教育研究，2005，08.

268. 劳凯声.重构公共教育体制: 别国的经验和我国的实践.北京师范大学学报（社会科学版），2003，4.

269. 劳凯声.高教体制改革中如何理顺政府与高校的法律关系.中国高等教育（半月刊），2001，20.

270. 劳凯声.高等学校的行政化问题及其改革.人民政协报，2010-3-17（C02）.

271. 劳凯声.重新界定学校的功能.教育研究，2000，08.

272. 劳凯声.教育体制改革中的高等学校法律地位变迁.北京师范大学学报(社会科学版)，2007，2.

273. 劳凯声.社会转型与教育的重新定位.教育研究，2002，2.

274. 劳凯声.论现代国家与教育的关系.教育研究与实验，1992，4.

275. 陈学飞.美国高等教育的调节机制.高等教育研究，1990，4.

276. 陈学飞.周详.大学法人与章程性质：以美国殖民地学院章程为例.国家教育行政学院学报，2011，9.

277. 陈学飞.高校去行政化:关键在政府.探索与争鸣，2010，09.

278. 钟秉林.关于大学"去行政化"几个重要问题的探析.中国高等教育，2010，9.

279. 张光慧.高校去行政化问题研究.人民论坛，2010，20.

280. 李立国.赵义华.黄海军.论高校的"行政化"和"去行政化".中国高教研究，2010，5.

281. 孟繁华.建立现代大学制度应" 去三化".清华大学教育研究，2011，6.

282. 马陆亭.范文曜.我国现代大学制度的建设框架.国家教育行政学院学报，2009，05.

283. 周湘浙.注重制度建设和体制创新　推进现代大学制度的建立.中国高教研究，2005，4.

284. 龙献忠.朱咏北.政府公共权力重构与高等教育治理.高等教育研究，2005.

285. 黄秋丽.校园安全呼吁校园安全法.光明日报，2001-3-27（C2）.

286. 曲正伟.关于制定"校园安全法"的几点思考.教学与管理，2001，7.

287. 汪庆华.关于借鉴国外经验.加强我国校园安全管理的思考.公安教育，2010，12.

288. 方展画.王东.美国校园危机管理的组织架构分析.高等教育研究，2008.

289. 张俊宗.现代大学制度：内涵、主题及主要内容.江苏高教，2004，4.

290. 韩水法.大学制度与学科发展.中国社会科学，2002，3.

291. 喻岳青.政府对高等教育宏观管理的职憾：调控与服务.辽宁高等教育研究，1995，06.

292. 林杰.美国大学的组织冲突及冲突管理.清华大学教育研究，2007，2.

293. 向常春.龙立荣.论组织冲突的哲学基础.自然辩证法研究，2009，8.

英文文献

1. Dennis L Thompson edited *Moral values and higher education: a notion at risk.*Brigham Young University.1991.

2. George W. Noblit and Van O. Dempsey: with Belmira Bueno. *The social construction of virtue: the moral life of school,* Albany: State University of

New York Press, 1996.

3. Julie A. Reuben, *The making of the modern university: intellectual transformation and the marginalization of morality,* the University of Chicago Press, 1996.

4. Nannerl O. Kcohane, *Higher ground: ethics and leadership in the modern university,* Duke University Press, 2006.

5. Long, Edward LeRoy, *Higher education as a moral enterprise,* Georgetown University Press, 1992.

6. B. Edward McClellan, *Moral education in American: school and shaping of character from colonial times to the present,* Teachers College, Columbia University, 1999.

7. A. Bartlett Giamatti, *A free and ordered space: the real world of the university,* W. W. Norton & Company, Inc. 1988.

8. George Z. F. Bereday, *Universities for all: International perspectives on mass higher education,* Jossey-Bass Inc.publishers, 1973.

9. Ernst L. Boyer, *Scholarship reconsidered: priorities of the professoriate, The Carnegie Foundation for the Advancement of Teaching,* Princeton University Press, 1990.

10. Clark Kerr, *The uses of the university,* Harvard University Press, 1963.

11. Clark Kerr, *The future of industrial societies: convergence or continuing diversity?* Harvard University Press, 1983.

12. Derek Bok, *Universities and the future of America,* Duke University Press, 1990.

13. Derek Bok, *Universities in the marketplace: the commercialization of higher education,* Princeton University Press, 2003.

14. William G.Bowen and Derek Bok, *The shape of the river: long-term consequences of considering race in college and university admissions,* Princeton University Press, 1998.

15. Derek Bok, *Higher leaning,* Harvard University Press, 1986.

16. Derek Bok, *beyond the ivory tower: social responsibilities of the modern university,* Harvard University Press, 1982.

17. Edited by William K. Buckley and James Seaton. *Beyond cheering and bashing: new perspective on the closing of the American mind,* Bowling Green State University Popular Press, 1992.

18. Edited by Mitchell Cohen and Dennis Hale, *The new student left: an anthology,* Activist Publishing Company, 1966.

19. *New students and new places: policies for the future growth and development of American higher education,* a report and recommendations by The Carnegie on Higher Education, 1971.

20. Karen Arnold and Ilda Carreiro King edited *College student development and*

academic life: psychological, intellectual, social, and moral issues, Boston College, Garland Publishing, Inc. 1997.

21. Lawrence E. Dennis and Josepb F. Kauffman editors, *The College and the student: an assessment of relationships and responsibilities in undergraduate education by administrators, faculty members, and public officials,* American Council on Education, 1966.

22. John S. Brubacher, *on the philosophy of higher education,* Jossey-Bass Publishers, 1978.

23. Robert H. Bonthius, F. James Davis, and J. Garber Drushal, *The independent study program in the United States,* Columbia University Press, New York, 1957.

24. James A. Perkins edited. *The university as an organization,* the Carnegie Commission on higher education, 1973.

25. David A. Hoekema, *Campus rules and moral community,* Rowman & Littlefield Publishers, Inc, 1994.

26. Rai, Shirin. *Resistance and reaction: university politics in post-Mao China Hemel Hempstead,* Hertfordshire: Harvester Wheatsheaf, 1991.

27. Pruett, Harold L, *Crisis intervention and prevention,* San Francisco, Jossey-Bass, 1990.

28. Vught, Frans A. van, *Governmental strategies and innovation in higher education,* London: Jessica Kingsley Publishers, 1989.

29. Justiz, Manuel J, *Higher education research and public policy,* New York, Macmillan, 1988.

30. Cardozier, V. R., *Important lessons from innovative colleges and universities,* Number 82, Jossey-Bass INC., Publishers, San Francisco, 1993.

31. Adams, Donald K., *Education and national development: priorities, policies, and planning,* Asian Development Bank Comparative Education Research Centre, The University of Hong Kong, 2002.

32. Manzon, Maria. *Building alliances: schools, parents and communities in Hong Kong and Singapore,* Comparative Education Research Centre, The University of Hong Kong, 2004.

33. Kuh, George D. *Cultural perspectives in student affairs work,* American College Personnel Association, 1993.

34. Bryan, William A. *Using professional standards in student affairs,* Number 53, Jossey-Bass INC., Publishers, San Francisco, 1991.

35. Witchel, Robert I, *Dealing with students from dysfunctional families,* Number 54, Jossey-Bass INC., Publishers, San Francisco, 1991.

36. Kochhar, S. K, *Guidance and counselling in colleges and universities,* New Delhi, Sterling Publishers; New York: Apt-Books, 〔distributor〕, 1984.

37. Gallagher, Phillip J, *Handbook of counseling in higher education,* New York,

N.Y: Praeger, 1983.

38. T Margaret J. *Barr and Associates, the handbook of student affairs administration,* published by Jossey-Bass Publishers, 1993.

39. Moore, Paul L, *Managing the political dimension of student affairs,* San Francisco, Jossey-Bass, 1991.

40. Wallenfeldt, E. C. *American higher education: servant of the people or protector of special interests?* Westport, Conn.: Greenwood Press, 1983.

41. Shattock, Michael, *the Structure & governance of higher education,* Guildford, Surrey: Society for Research into Higher Education, 1983.

42. Shils, Edward Albert, *Universities, politicians, and bureaucrats: Europe and the United States,* New York: Cambridge University Press, 1982.

43. Eurich, Nell, *Systems of higher education in twelve countries: a comparative view,* New York, N.Y.: Praeger, 1981

44. St. John, Edward P, *Public policy and college management*: Title III of the Higher Education Act, New York, N.Y.: Praeger, 1981.

45. Becher, Tony, *Process and structure in higher education,* London: Heinemann Educational Books, 1980.

46. *Carnegie Council on Policy Studies in Higher Education,* San Francisco: Jossey-Bass Publishers, 1980.

47. MacTaggart, Terrence J., *Restructuring higher education: what works and what doesn't in reorganizing governing systems,* San Francisco: Jossey-Bass Publishers, 1996.

48. Shattock, Michael *The creation of a university system,* Oxford, OX, UK, Cambridge, MA, USA: Blackwell Publishers, 1996.

49. Rothblatt, Sheldon.*The European and American university since 1800: historical and sociological essays,* Cambridge: Cambridge University Press, 1993.

50. Weaver, John A. *Rethinking academic politics in (re)unified Germany and the United States,* New York: RoutledgeFalmer, 2001.

51. Matthews, Joan McKeen. *From politics to policy: a case study in educational reform,* New York: Praeger, 1991.

52. McCaffery, Peter, *The higher education manager's handbook: effective leadership and management in universities and colleges,* London; New York: Routledge Falmer, 2004.

53. Pamela B.Joseph, Sare Efron, *Moral Choices/Moral Conflicts: Teachers' self-perceptions,* Journal of Moral Education, 1993, Vol.22, No.3.

54. D. Kay Johnston, *Cheating: reflections on a moral dilemma,* Journal of Moral Education, 1991, Vol.20, No.3.

55. Deborah J.Tippins, Kenneth G.Tobin, and Karl Hook.*Ethical Decisions at the Heart of Teaching: making sense from a constructivist perspective,* Journal

of Moral Education, 1993, Vol.22, No.3.

56. Trygve Bergem, *the Teacher as Moral Agent,* Journal of Moral Education, 1990, Vol.19, No.2.

57. David T.Hansen, *The Moral is in The Practice,* Teaching and Teacher Education,

58. 1998, Vol.14, No.6, p.643-655.

59. Carol Logan Patitu, Melvin C. Terrell, *Benefits of Affirmative Action in Student Affairs,* NEW DIRECTIONS FOR STUDENT SERVICES, no.83, Jossey-Bass Publishers, 1998.

60. Steven P. Segal, Sharon Riley, *Caring for Persons with Serious Mental Illness: Policy and Practice Suggestions,* Social Work in Mental Health, 2003, Vol. 1(3).

61. *Grading the States: A Report on America's Health Care System for Serious Mental Illness,* National Alliance on Mental Illness. 2006.

62. Joe Marrone and Ed Golowka, *If Work Makes People with Mental Illness Sick, What Do Unemployment, Poverty, and Social Isolation Cause?* Institute for Community Inclusion

63. William Thomas Mallon, *Abolishing or Insituting Tenure: Four Case Studies of Change in Faculty Employment Policies,* 2000

访谈提纲

1. 您所经历的学生突发危机事件
2. 处理过程中最棘手的问题是什么
3. 如何解决
4. 经验和教训
5. 邱庆枫事件与山鹰社山难中，您如何处理相关学生以及家属的安抚
6. 您觉得院系面对危机需要解决的问题是什么
7. 如果再有一次机会，您如何应对危机

后记与致谢

本书是从我的博士论文改编而成的。再一次拿起论文，重新审视几年前的文字，我不得不承认，自己的工作太多不完备、不清楚。这些年来，我的工作充满了日常事务的繁琐性，写作是一个静心去思考的过程。这个过程让我放下那些具体细微的琐碎，放下原来的焦虑与固有的观念，从研究者的角度以新的视野去理解那些经历过的冲突。当论文完成之后再去回顾，这样的过程和经历弥足珍贵，我从中获益颇多，为此特别要感谢我的导师陈学飞老师。学飞老师指导我不断去提炼核心概念，不断完善论文的理论框架。学飞老师以长者风范给予后辈晚学以指导、关心，不断督促和鼓励我对论文进行反复修改。学飞老师的包容、耐心、冷静和理性引导我逐渐深入，在磨练我的耐力和信心的同时让我逐渐深入到问题本质，在论文修改的过程中磨练文字，清理思路，逐渐体会到理论探究的魅力所在。

论文写作过程得到了教育学院郭建如、阎凤桥、文东茅、施晓光、林小英、朱红、张冉、李春萍、郭文革、蔡磊砢、沈文钦、刘云杉、蒋凯等多位老师以及程化琴、包海芹、涂端午、刘妍、江凤娟等诸位师门同仁的指点，如果没有他们耐心听我的陈述，没有他们及时的忠告和鼓励，我还会走很多弯路。感谢林钧敬、张彦、郭瑛、沈扬、李桂霞、侯玉杰、仲文英、周岳明、田立青、孙丽、蒋广学、朴文丹、魏中鹏、金永兵、李支敏、孙华、邹惠、刘雨龙、马春英等老师把他们的时间和经验分享给我，用他们的经验、经历为我开阔了视野和思路。

论文写作的过程，给了我机会不断阅读和思考，让我自省，让我保持好奇心和了解世界的兴趣，这种关注令我的视野不致狭隘。学生突发危机事件的处理，除了我的工作对象，除了对学校和学院的责任，对我也是一次次危机。在我工作的二十多年里，学生事务管理经历了很多的变化，我自己也经历了很多的不确定，我所经历的突发事件不断地挑战我处理危机的能力和勇气。虽然经历的过程备受折磨，我感谢这些经历给予我不同的人生体验，让我有机会洞察社会和人性，让我直面人生最惨淡和绝望的一面，也看到人生的希望和教育者的责任。希望这些危机案例带给教育研究者更多的思考，希望高校逐渐能够理性回应组织冲突，挽救那些处于困境中的学生和他们的家庭。拯救他们，就是拯救国家的未来。深受学生喜爱的刘川教授在他 2009 年被学生推选为北大十佳教师的时候，曾经发表过感言："只有现在坐在教室里的学生有更美好的未来，我们的国家才会有更美好的未来。"这应该是所有教育者的责任。

感谢生命给予我的一切。感谢所有在我的生命中曾经给予我温暖和关爱的师友，我受惠于他们太多。我在工作岗位上得到了很多的支持和鼓励，我的学业、思考和成长更是伴随着无数无法一一言谢的一字之师，一言之师，他们以思想和智慧的无限魅力不断鞭策我，以智慧、勇气和信念激励我成长。感谢我的父母，他们多年从事中学教育，为国育才，报效国家的理想主义情怀，坚守职业操守的担当，都对我的职业生涯起到了言传身教的影响。

我刚开始准备报考博士研究生的时候，女儿还很小，她自己躺在床上看书，总是很期盼地问我，"妈妈，你什么时候给我讲故事？"我总是说等我考试结束。考试结束了，还有课程，还有论文，有很多的工作以及繁杂的事情。现在女儿已经不再要求我为她做什么。而时光就已经过去了，她已经从儿童长成青年，开始忙碌于自己的事情，沉侵在她自己的世界里，有了她对世界和人生的思考。看着孩子在一年年中改变，我惶然于时间等不及，生命等不起，时光不再来。一句老套的俗语，只有到了年纪才真正明白。没有这件事情结束之后会如何的期待，每一件事情都很重要，都要照料。人生在它倏忽即逝的过程里充分展示了所有的细节。而人生的经验和理性在岁月的打磨中渐渐沉淀，我们对自己和世界的认识才逐渐清晰。即便文字成稿，现实还会给我们新的线索，新的思考和启发，教育不仅仅是外向的，也是我们内在的。当我们面对被教育者的时候，也是内心自省的时候。

就像学飞老师说的，人生要做到不害怕，不后悔。他希望学生们如同一池深水，"深深的水，静静地流"。我们的人生要做到勇敢不害怕，还应该有更多的读书、思考与内省，才可能把自己变成"深深的水"。

所有的致谢一言难尽。再次感谢所有支持我、关心我、激励我成长的师友，谢谢大家！